长篇历史章回小说

张养浩

曹恒灏 著

山东城市出版传媒集团·济南出版社

图书在版编目(CIP)数据

张养浩/曹恒灏著.—济南:济南出版社,2020.12(2021.7重印)
ISBN 978-7-5488-4273-6

Ⅰ.①张… Ⅱ.①曹… Ⅲ.①张养浩—传记
Ⅳ.①K825.6

中国版本图书馆CIP数据核字(2020)第259660号

张养浩 曹恒灏 著

出版人 崔 刚
责任编辑 丁洪玉
装帧设计 焦萍萍 王 焱
出版发行 济南出版社
地 址 山东省济南市二环南路1号(250002)
编辑热线 0531-82056181
印 刷 阳信龙跃印务有限公司
版 次 2021年1月第1版
印 次 2021年7月第2次印刷
成品尺寸 170mm×240mm 16开
印 张 16.5
字 数 240千
印 数 1—3000册
定 价 58.00元

目 录

第一回
白云湖上诗豪放　白云楼高赋恢弘

诗曰：

桑梓秋来风景佳，浩然紫气愈雍华。
蛟龙击水腾青岸，鸥鹭翔空穿彩霞。
寄远登高少年志，吟诗作赋壮心葩。
今朝丰翼宏图展，万里风云正叱咤。

话说元世祖至元二十五年（1288）重阳节前日，真是一个秋高气爽、艳阳高照的吉日。

白云湖——这一山东东路西南道济南路总管府章丘县境内的最大湖泊，迎来了一位未及弱冠的才俊，此人日后乃当朝词曲苑的领军人物。这位身材魁伟、年方十八的英俊少年，姓张名养浩，字希孟，号顺庵，祖籍本邑崖镇（又名燕镇），其祖父张山携家迁徙至同属济南路辖下的历城县，而其伯祖父张万则仍居原籍章丘。

书中交代，张养浩系唐代名相张九龄之弟张九皋之二十三代孙。其《寿子》诗中便自认为是少昊青阳氏第五子挥的后裔。其曾祖曾授从五品武散官武略将军，尝任阳丘（章丘古称）燕镇监酒一职。其祖父张山早岁从戎，为人耿直豁达，乐善好施，“有所得，靡计多寡，辄周济人家”，娶妻苗氏、杨氏。苗氏生二子：长子兴、次子郁。张郁，字威卿，十六岁即担起中落家庭重担。曾行商于江淮之间，娶妻许氏，生三子：长子张英，早卒；次子张塞，亦早逝（遗二子：居、安）；三子即张养浩。张郁亦个性爽直兼仗义疏财。父祖辈对张养浩影响颇深。《元史·张养浩传》记载：“幼有行义，尝出，遇人有遗楮币于途者，其人已去，追而还之。”由此可见其品行端正、操守规矩，盖自幼受淳朴家风熏陶之故使然。

却说值重九佳节前夕，张养浩奉家父之命，返归章丘崖镇老家探望本家亲戚，归途特绕至这风景瑰丽的白云湖游览。

这白云湖因“白云英英出其中”而得名。斯天然湖泊形成于汉代，乃由章丘境内百脉泉“一泉成河”的绣江河与巨野河汇以小清河，经年而成的辽阔水域。这水泊相连、沟渠如网的白云湖又名刘郎中陂，却是端的有些渊源。据《章丘县志》记载：“在县西十余里，有大冢，相传有敬墓。”敬者，娄敬也，汉初齐国卢（今济南长清）人，曾劝谏汉高祖刘邦建都长安，云：“都案秦之故地，此亦扼天下之肮而拊其背也。”刘邦采纳其谏议，为表彰其功而赐国姓“刘”，拜郎中职，号奉春君。司马迁曾就娄敬“脱挽辂，衣其羊裘”拜见汉高祖皇帝事评曰：“脱挽辂一说，建万世之安，智岂可专也。”（《汉书·娄敬传》）

只说这颇有历史渊源的白云湖，果真风光四季迥异，尤以当下这金秋时节的景致愈加奇丽迷人。但只见：

荷花映日红依旧，莲叶接天碧故然。
绿波荡荡，金鳞闪动鱼虾跃；
白云悠悠，银翼展开鸥鹭翔。
芦花香共稻花香，堤柳烟连炊烟迷。
击棹飞歌，丰收渔夫皆喜悦；
观山倒影，豪放骚客几流连！

当下张养浩牵着坐骑，踏上湖中那道东西悠长的林荫堤道。只见高大的杨柳夹堤，宛如一条翠龙探出湖水来。漫步青堤，放眼碧湖，张养浩不禁联想起前朝大学士苏东坡笔下的杭州西湖及苏堤来。宋元祐四年，苏氏知杭州时，为体恤民生，造福一方，而疏浚西湖，并利用浚挖出的淤泥构筑成一道全长六里的长堤，植杨柳夹堤，为那秀西湖增添了一道靓丽的风景。南宋以来，这“苏堤春晓”为“西湖十景”之首。所谓苏堤，盖当地黎庶感念知州大人之政泽，而冠以赞誉矣。而苏学士那首《饮湖上初晴后雨》诗，作为历代吟赞西湖的最优秀诗篇，亦与那杭州美景一并流芳后世：

水光潋滟晴方好，山色空蒙雨亦奇。
欲把西湖比西子，淡妆浓抹总相宜。

“美哉，白云湖！”望着面前那浩渺秀丽的湖光山色，张养浩禁不住发自内心地对家乡上佳山水赞叹一句。

“哎，那前面可是希孟贤弟！”突然，后面传来了一声嘹亮的探问。张养浩闻听，迅速回过头来，一看，登时呵呵笑着回应道：“竟是这般得巧！熙先仁兄亦来此游玩乎！”原来此君姓段名旭，字熙先，与张养浩同乡兼同窗，互引为知音挚友。其曾祖父段徽曾任章丘县主簿一职。当下段旭又给张养浩引见了一旁那位年龄相仿、身材修长的儒生：“希孟，这位是张升元兄，今儿我俩一同来这白云湖游览一番。”接下来彼此寒暄见礼。一交谈，张养浩才知这位张公子原来竟是原山东行尚书省兼兵马都元帅、知济南府事张荣之玄孙。说来张、段两家有秦晋之好：张荣次子张邦直，娶了段徽次女。盖张荣知段主簿有经济之才，乃辟为幕府，相善则联姻矣。这张公子与张养浩初晤便觉投缘，论起又皆出自清河张氏，又如何不倍加亲近！

这时，堤柳婆娑起舞，湖波激荡涌动，原来平地狂飙起兮。于是，

三人各牵坐骑下了长堤，抬头见湖南岸有一挑着酒幌子的处所，遂行去。那热情的韩姓掌柜，殷勤地请这三位贵宾至湖滨一草亭子中就座，在此把盏观赏湖上景致，果真不失雅趣。

张养浩举目留意到这亭柱上的一副楹联：

荷香夏送一湖水
柳雾春笼十里堤

再看落款处，乃“易安居士诗句”六个字，就不禁脱口惊讶道：“好诗句！原是李易安的大手笔，无怪乎！”

一厢的张升元微笑颔首，言道：“然哉。李清照可是你们章丘的骄傲，一代词女，果真是婉约豪放笔力皆不俗也！”

不大工夫，那韩掌柜便与小二为嘉宾摆上了一桌具有白云湖特色的佳肴：白莲藕、炸莲花、醋熘黑鱼、麻辣小龙虾、白云湖鸭蛋……最后，韩掌柜特地给推荐了所谓的“碧筒饮”，这登时引起张养浩三人的极大兴趣。只见韩掌柜取来几片带茎秆的荷叶，先将之卷拢成盏形，尔后用簪刺穿叶心与茎相通，最后注酒入叶中，饮者握弯曲的茎管凑近嘴边吸酒即可。

一时，二张一段持“碧筒杯”，佐以湖乡人烹饪出的风味佳肴，真是香溢齿颊，食之陶醉。只听段旭朗声道：“二位仁兄，吾等在此亭中把盏观瞻这湖上美景，在下便不免想起杜工部的一首诗来，正是那《同李太守登历下古城员外新亭，亭对鹊湖》。”说着，他站起身形，面冲着那波光粼粼的白云湖，即兴朗诵起来：

新亭结构罢，隐见清湖阴。迹籍台观旧，气溟海岳深。
圆荷想自昔，遗堞感至今。芳宴此时具，哀丝千古心。
主称寿尊客，筵秩宴北林。不阻蓬荜兴，得兼梁甫吟。

“嗯，昔年杜子美莅临咱济南，在此的北海李太守热情款待，并邀游历下览胜，设宴历下亭，引得大诗人留吟多首佳作啊!”张养浩说着，击箸诵起杜甫的另一首《陪李北海宴历下亭》诗来：

东藩驻皂盖，北渚凌青荷。海右此亭古，济南名士多。
云山已发兴，玉佩仍当歌。修竹不受暑，交流空涌波。
蕴真惬所遇，落日将如何。贵贱俱物役，从公难重过。

“看!”段旭突然一指那湖上，只见那苇丛顶端飞起一只白沙鸥，悠悠白云下，正展翅翩翩而飞，煞是引人注目。“子美曰：‘飘飘何所似，天地一沙鸥’，恰是哉!”段旭侧转脸来，冲张养浩笑着复言道，“希孟贤弟，如是美景雅致，又岂能无即兴佳吟乎？请示之!”他自然知晓自己这位饱读诗书又极富即兴创作天资的同窗好友，定早已诗酿胸中，故此一提。

但见张养浩微微一笑，瞥了一眼那位张公子，随即一拱手站起，回应道：“那不才便献丑了，诚请两位仁兄笑正!”他略低首沉吟，遂朗诵出一首即兴古风诗作《游湖有感》：

肇余复乡土，树石皆华滋。眄彼湖波绿，顿觉香可卮。
携朋访莲叶，浩浩何所之。俯视乱山影，与树相参差。
商飚一披拂，夹岸蛟龙嬉。举手欲揽玩，复恐阳侯悲。
平生慕天游，不意今有兹。赤壁坡仙笛，渼陂少陵诗。
二子孰可继，沙鸥弄晴曦。

“绝妙好诗!”张升元听罢，拊掌称赞，“‘眄彼湖波绿，顿觉香可卮’，果真精妙佳句也!”

酒至半酣，游兴复生。三人又租乘一叶扁舟荡入湖中央。张养浩三

人坐轻舟上，望天边，白云蹁跹，红霞璀璨，环绕着一轮庄严金日；看波间，又是另一番迷人景致：一道残阳铺水中，半湖瑟瑟半湖红；远处，有几叶渔舟游弋；芦苇丛中，飞起几只欢鸣的鸥鹭，似是在引颈（jǐng）唱晚迎归舟！嗬，此情此景，不正是千百年来，无数文人骚客吟咏赞叹过的“白云棹罢归来晚”的极妙景象吗！

再说由章丘返回历城的次日，便是中华民族的传统节日重阳节了。张养浩应邀赴张升元府上做客。

说起这张府，在济南城中，那可是赫赫有名的建筑。这大宅院位于济南城东西、南北交叉点上，南望千佛山、北邻大明湖，堪称济南的“心脏地带”。昔年任山东行尚书省兼兵马都元帅、知济南府事的张荣，便看好这处风水宝地，在此建起私人府邸。元世祖忽必烈即位后，封张荣为济南公。其病逝后，又被追封为济南王，谥号“忠襄”，其子孙亦承继祖荫。这张府亦不断扩建，因此院中修建了不少楼、台、亭、阁。白云楼，即是其中最显赫的建筑。

却说这张氏府邸中圈入一池堪与那趵突泉相媲美的名泉——珍珠泉。那白云楼即立于斯泉南岸。高楼明泉相映生辉，果真美轮美奂。这白云楼仅楼基便高丈余，登斯楼，举目四望，那碧波浩渺的大明湖、青峦绵延的千佛山，便尽收眼底。而逢隆冬雪霁初晴之际，凭栏眺远，那白云缭绕、晴光沃野的绮丽如画景致，尤蔚为大观，此即著名的“白云雪霁”，为“济南八景”之一。

且说重九之日，张养浩有幸受邀登上了这远近播名的白云楼，心情自是既兴奋又爽怡。当下倚栏危坐，东道主张升元陪段旭、张养浩诸新朋旧友，边品香茗，边谈论起高祖张荣那些富有传奇色彩的逸事来：生逢乱世而起的一代枭雄张荣，生得神态魁梧，状貌奇伟，且英武有胆魄。《元史·列传》记其“尝从军，为流矢贯眦，拔之不出，令人以足抵其额而拔之，神色自若”。

“张公真勇士也！”听了有关济南王张荣的赫赫战功和不凡英举，

张养浩禁不住由衷赞叹。当下又应张升元公子请，挥毫写下一篇大气磅礴的《白云楼赋》：

吁其高哉！兹楼之有如此兮，括万象于宏敞，飞四阿于鸿冥。初疑阳侯海底，鞭出一老蜃，喷云噀雾，扶舆五色，凝结而成形。又疑大鹏九万失羊角，踞兹胜境而不去兮。翼结华鹊之烟雨，背摩霄汉之日星。我来宣郁一登眺兮，众山故为出奇秀，恍然身世游仙庭。凭栏俯视魄四散，耳根便闻风铁音泠泠，上有浮云容与卧苍狗，下有惊湍澎湃奔流霆。

忆昔我公，分符握节尹东土，声名遐迩流芳馨。脯鳞脍凤，群贤方此日高宴，不意有奸闯境，阖城万室无一宁。公秉疾传出闻上，乱臣必讨存诸经。雄兵一夕自天至，纵余渠帅独典刑。九重赐券且舆盟，带砺宠光浮动堂舆庭。

惜余才疏生晚后，机会不及奋笔为拟《燕然铭》。雄心霸气、龙韬虎略见无复，空闻燕雀鸣幽扃。当时风景今尽易，惟有风光山色无年龄。朱帘香歇桂花老，金铺色暗苔痕青。长歌慷慨吊陈迹，风动仿佛来英灵。忽然暮色自远而至兮，断霞斜照忽明灭，诗成欲扫云间屏。贪征兴废玩余景，须臾不觉一轮古月升东溟。

十八岁才俊在开篇首先便描绘了登临这雄伟宽敞的白云楼，极目四望所见之壮观景象，面对那奇秀山水，一时便恍然置身仙境而浮想联翩，油然追念起那营建白云楼的老英雄济南王张荣来。想当年张公用兵控制济南以东章丘、邹平、长山、淄川等地，保境安民，后归依蒙主，授任为金紫光禄大夫、山东行尚书省兼兵马都元帅、知济南府事。蒙古太宗三年，公率部渡黄河与犯境金兵作战，身先士卒冲锋陷阵，创下战功赫赫。公主政济南，注重民生，使辖内经济发达，黎庶安居乐业。元廷中书省对地方进行政绩考核，济南被评为天下第一。元世祖忽必烈为表彰张公之政绩而封其为济南公。公病逝后，朝廷又追封其为济南王，谥号“忠襄”，一言以概之，张公一生，可谓显赫荣臻，堪称济南之荣耀焉。

抚古览今，张养浩感叹自己晚生而未得有机会一睹张公之“雄心霸气龙韬虎略”，不然，自己一准会为英雄拟书一篇告捷报，如汉之班固为抗侵车骑大将军窦宪作颂而“燕然勒功”。接下来，张养浩又生出物是人非之喟叹，抒发了自身怀才不遇的一种忧郁情愫。

且说那张升元一时阅毕张养浩这篇豪宕凌厉、笔气遒劲的即兴《白云楼赋》，真是发自内心地钦佩，当下冲张养浩拱礼称谢，言道：“希孟贤弟大手笔，如此佳篇，愚兄在此揖谢了！”一厢的段旭亦为自己这位同窗之横溢才华而如自己拥有般自豪，遂对张升元言道：“吾这同窗之好学，可是乡里闻名，所谓昼则默诵、夜则闭户，张灯窃读，传为佳话也！”

张升元颔首称许，当下又沉吟道：“希孟贤弟如斯博学通古之才华，又岂能默默于世间，当求闻达矣，不然，岂不辜负了这满腹诗书！”

张养浩听了，微笑莫言。

原来，自那蒙古人主宰中国，建立起元朝后，便废停了自隋朝所立的科举制度，一时那天下读书人奉持的“学而优则仕”的上进梦途便给折断了，真可谓入仕无路。因此，虽然张养浩饱读古今先贤圣人经书，但并未存那步入仕途之念。虽然其父张郁亦尝希望儿子走那“以禄代耕”之路，但张养浩酷爱经学，最大梦想却是读天下书，交天下友，做一代名扬天下的高士罢了。只如今，张养浩却未曾料想，他挥毫书就的这篇即兴《白云楼赋》，却改变了自己的命运，从而激发了他所羡慕的古代贤达般的内心潜质，得以实践古人一贯推崇的“修身、齐家、治国、平天下”之儒家最高入世境界。

再说这日，时任山东肃政廉访使焦燧应邀做客张府。席间，张升元自请为凑雅兴，起身为在座嘉宾吟诵了张养浩的那篇《白云楼赋》。那位廉访使焦大人虽主管考核各地吏治职责，却亦颇留心民间有才华者予以举荐给朝廷。当下闻听这篇《白云楼赋》，便被这篇赋章中所展露的奇丽文才所吸引，不禁问张公子所赋者谁。张升元暗自窃喜，心道：要的就是汝等达官注意！于是，他便将张养浩如何博学如此这般褒赞了一番，连其曾祖授前朝从五品武散官武略将军、尝任章丘燕镇监酒职事也说了，无非欲证明张养浩乃系出身官宦之家。果然，廉访使焦燧听了，对写出如是佳赋的青年才俊张养浩尤欣赏起来。他自然亦明了这济南王之后裔所表露出的荐才心迹，遂言道："如此年少，能写出如此锦章，诚如贤契所言，乃一才俊，当尽其才分为朝廷所用也。"焦燧说至此，略沉吟，对张升元道："这样，你可带这张养浩来见我，待我亲自考他一考，再做计议！你可明吾意?"

张升元闻之，喜不自禁，连忙拱手回应："在下自然明了大人尊意，明日即陪那张养浩登府拜谒大人，在此先代其谢过大人了！"

翌日，张升元如约，携张养浩赴廉访使署拜见那焦大人。

俟在客厅中分宾主落座后，焦燧又仔细打量起眼前这颇有儒子风度的十八岁少年来，只见张养浩：生得眉清目秀，气宇轩昂，广额丰隆，裹头扎巾，身着左衽袍衫，浑身透着一股儒雅而又不失英气，果真相貌不凡。当下，焦燧又与张养浩攀谈一番，心中确信面前这未及弱冠的后生果真才思敏捷睿智非常，亦相信自己见到的那篇出自这少年之手的《白云楼赋》中，所表露的那种渴望为国家建功立业的志向与情怀是真挚真实的。于是，爱才之心油然而生，遂决定向朝廷举荐这位章丘籍的少年奇才。

最后，张养浩应命，抄录下自己的一首律诗，即自己十七岁游舜祠时吟就的一首《过舜祠》：

太古淳风叫不还，荒祠每过为愁颜。
苍生有感歌谣外，黄屋无心揖让间。
一井尚存当日水，九嶷空忆旧时山。
能令子孝师千古，瞽叟元来不是顽。

焦燧阅毕，频频颔首，朗声对张养浩道：“好！贤契如此才华抱负，当为朝廷所用，老夫当效欧阳文忠公，助孺子出人头地也！”

这正是：才高犹须贵人荐，机遇更与智子嘉。

欲知后事如何，且看下回分解。

第二回
出人头地初入仕　抚古雅风夜怀贤

诗曰：

学正才高得其所，东平福地几题名。
文叔昔日奉廉洁，希孟今朝持慎行。
书上腹存铭圣训，洎头体察重民生。
位卑未敢忘忧国，天下胸怀赤子情！

却说山东肃政廉访使焦燧阅罢张养浩呈上的一首十七岁时作的《过舜祠》律诗，不禁赞赏有加，言道："前朝欧阳文忠公赏识苏学士才华，谓'老夫当避路，放他出一头地'，今老夫亦当效之，为国荐汝耳！"原来，焦燧见此吟舜祠诗，便念起舜井旁立的那通苏轼题写的欧阳修《留题齐州舜泉》诗碑来，诗云："岸有时而为谷，海有时而为田。虞舜已殁三千年。耕田浚井虽鄙事，至今遗迹存依然。历山之下有寒泉，向此号泣于旻天。无情草木亦改色，山川惨淡生云烟。一朝垂衣正南面，皋夔稷契来联翩。功高德大被万世，今人过此犹留连。齐州太守政之暇，凿渠开沼疏清涟。游车击毂惟恐后，众卉乱发如争先。岂徒邦人知乐此，行客亦为留征轩。"此诗乃宋熙宁二年（1069）苏轼赴青州知州任时路经齐州所作。

且说张养浩听了廉访使大人欲效欧阳文忠公一语，着实受宠若惊，此典出自欧阳修《与梅圣俞书》中语：“读轼书，不觉汗出。快哉快哉！老夫当避路，放他出一头地也。”后欧阳修提携苏轼、苏辙兄弟，使二人高中进士，步入仕途。欧阳修当时为文坛盟主，能无私赏识才俊，并出言“放他出一头地”，胸襟着实了得。欧阳公卒谥号“文忠”。其喜嘉奖掖后进，苏轼、苏辙、曾巩、王安石皆出其门下，后苏轼亦如师范，大力提携才德兼备之士，如一代婉约词宗李清照之父李格非，亦有幸位列“苏门后四学士”之一。李格非与张养浩同为章丘籍人。另张养浩病逝后，亦谥号“文忠”，此真天意凑合，此为后话。

简短截说，转过年来，山东肃政廉访使焦燧便荐张养浩为东平府学正，时年这位章丘才子方才十九岁。不经意间得遇贵人，走上了其家父所期盼的“以禄代耕”的仕途之后，张养浩自亦意气风发，直欲一展平生襟抱焉。

话说这东平府位于鲁西南，东望泰山，西临黄河。古称“东原”，《尚书·禹贡》中“东原底平”为东平得名之始。隋开皇十年（590）置郓州，隋大业二年（606）改郓州为东平郡。唐乾元元年（758）复易为郓州。至宋代至道三年（997），置京东西路抚使郓州。宋宣和元年（1119），改郓州为东平府（治须城）。至元代，改东平府为东平路，须城为路城。

且说张养浩被荐的学正一职，乃宋朝国子监所置，司掌执行学规，考核训导。至元代，除国子监外，礼部及行省、宣卫司任命的路、州、县学官亦称学正。

张养浩履新赴任前，父母为其操办了婚事，迎娶的是郭氏之女，贤惠淑能。婚后不久，张养浩即告别双亲和新娘子，只身赴任上。

单表做了这东平学正，张养浩心中还有另一层别人体会不到的亲近感。原来，前面提到的其章丘同里、一代词宗李清照的父亲李格非，于宋熙宁九年（1076）中进士，初任冀州司户参军，试学官，后调任郓州为教授，亦即这东平路学官，正所谓同里加同职，岂能不倍感亲切！而对于李格非、李清照父女二人之博学广才，张养浩一向是推崇的，尤其是李格非那篇寄托了自己对国家安危忧思的《洛阳名园记》，张养浩曾再三拜阅，产生了极大共鸣。《宋史·李格非传》云："尝著《洛阳名园记》，唯洛阳之盛衰，天下治乱之候也。其后洛阳陷于金，人以为知言。"而关于李格非在郓州教授任上廉洁清正的风节，张养浩亦知晓，从而愈加敬重这位同里先贤。时李格非为元丰年间（1078—1085）丞相王珪之乘龙快婿，但却品格高尚，注重操守，甘守清贫。《宋史·李格非传》记载："郡守以其贫，欲使兼他官，谢不可。"那郓州郡守因赏识其文才，便按照宋时惯例，想让李格非兼任其他职务，以增加些俸禄。然李格非却自认为应专职敬业，不可过多分散精力，而予以辞谢。这份清正为官的操守，诚为士林楷模。

再表在这东平学正任上，张养浩在治学、辅政诸方面，皆以前贤李格非为模范。他在训学时曾以李格非之语教导莘莘学子："李文叔尝曰：盖文章以气为主，气以诚为主。故老杜谓之'诗史'者，其大过人在诚实耳！又云：'文不可苟作，诚不著焉，则不能工。'"在讲解李格非代表作《洛阳名园记》时，对该文记所彰显的那份文人忧国安民的忧患意识，尤语重心长，云："文叔文末所发论：'放乎一己之私，自为之，而忘天下之治忽，欲退享此，得乎？唐之末路是也。'实对前朝腐败终至覆亡之必然，一针见血指出焉。如是为学，诚真学士也！所谓'先天下之忧而忧'实为士之胸襟矣，汝等当奉此操守立于世，若为国家栋梁耳！"

这日，张养浩来至境内的梁山泊体察民情。却说这梁山泊又称蓼儿泊、大野泽、巨野泽，乃山东境内数一数二的淡水湖泊，湖区面积数百余里，沿湖乡民主要赖捕捞为生。

且说张养浩阅闻这梁山泊因连年战乱及自然灾害，又加疏于组织清淤，湖水面积比以往缩减不少，这便直接影响到沿湖渔民的生计。于

是，得暇便独自来亲自巡察一番，以期能掌握实情向上司汇报，亦可寻找相应解决对策。

当下张养浩在湖畔寻到一位年纪约在六旬开外的老渔夫，与其攀谈起来。这位一脸沧桑的老人家在谈到眼前这因经年战乱而失修致泥沙淤塞、原辽阔的湖水面积锐减的母亲湖时，语气中充满了无限悲凉与无奈。张养浩听得眉头紧锁、一脸凝重，心头罩上了一层郁闷愁绪。

一时又谈及这梁山泊的漕运来。原来这湖泊西近京杭大运河，东连大汶河，北通黄河，自古便是漕运要枢。时下一谈论及此，那老渔夫嘴上叼着旱烟管猛吸一口，尔后重重吐出一口烟来，这才道出一句："又哪比得往日！"张养浩亦明白过来，皆因连年战乱，正所谓民不聊生，那商运又如何能景气！

凝眸望着那梁山泊，张养浩禁不住联想到了老家章丘的白云湖来。其实那"白云英英出其中"的故乡湖亦存在相似状况，虽然湖上风光仍饶胜概，但怠于疏浚致湖水渐消，亦是不争事实。唉，经年战乱，加之官府为政多弊端，直接影响了湖民生存，如今自己责无旁贷，当务之急即向上司禀报，以亟待解决目下景况，疏浚整修扩展梁山泊，加以保护其天然风貌，从而利富当地民生。想及此，张养浩心头愁云渐开，原本紧锁的眉头亦稍舒展开来。他对老人家保证般郑重道一句："放心，老人家，官家很快会予以修葺，改变这湖泊淤塞现状的！"

却说这梁山泊三面环水，景色端的优美，素有"小洞庭"之美誉。沿湖人文古迹遍布。当下，经老渔夫指点介绍，张养浩举目望去，那湖东岸便有这东平八景之一的"黄石悬崖"；西岸那四周陡峭、顶端平坦的山峦，即为前朝绿林好汉晁盖等啸聚的司里山，又称作棘梁山，眼前这梁山泊则以此山而冠名矣；北岸有当地百姓为纪念唐朝名将程咬金而建的程公祠、铧山等景点。而对老渔夫提到的彼岸那洪顶山摩崖刻佛经，张养浩尤其产生了浓厚的兴致。于是，张养浩当下告别了老渔夫，又上马奔那厢而去。

再说这洪顶山山势陡峭，两峰相峙，有“双峰竞秀”之美称。远看古柏参天，近观泉水淙淙，流经所谓的“飞来石”，遂下泻成瀑，景致果然幽胜。而那经文即镌刻在那双峰下的巨大崖壁间。张养浩依次观摩过来，见所有铭刻除少量双钩线外，均为圆底阴刻，书体则多隶中带楷，兼有行书韵味。

张养浩在那署名“僧安道一”的《文殊般若波罗蜜经》摩崖刻经前，驻足观摩良久。此经文计九十八字，以佛祖如来与文殊菩萨对话的形式，阐释如何修成至大智能境界。引起张养浩格外关注的还有那安道一大书特书的“大空王佛”四字，其中那“佛”字便足有丈高有余，堪称气势磅礴。张养浩会意，此彰明以“大空为尊为佛”之喻义也。最后，站到北山崖最西处安道一所书《文殊般若波罗蜜经》卷上一摘录崖刻前，张养浩低诵着那“不生不灭，不来不去，非名非相”的经句，陷入深思中。所谓禅悟，在这位年方十九岁的才俊心中，仿佛一下子如法灌顶一般，若有顿悟来……离了洪顶山，张养浩又策骑来至梁山泊东南的乐郊池亭观瞻。此亭系宋代东平郡太守刘敞修建的一处园林。驻足其间，张养浩油然念起昔日欧阳文忠公泛舟梁山泊后，登临是处留题下的那首《乐郊诗》来：

乐郊何所乐，所乐从公游。三日公不出，其民蹙然愁。
一闻车马音，从者如云浮。吾问郓之人，无乃失业不。
云惟安其业，然后乐其休。乐郊何所有，胡不考公诗。
有山在其东，有水出逶夷。有台以临望，有沼以游嬉。
俯仰迷上下，朱栏映清池。草木非一种，青红随四时。
其余虽琐屑，处置各有宜。乐郊何以名，吾为本其意。
自古贤哲人，所存非一世。当时偶然迹，来者因不废。
郓非公久留，公去民孰赖。此亭公所登，此树公所憩。
俾民百年思，岂取一日醉！

这首诗显为欧阳修酬赠东道主而作，“公”乃郓州东平“父母官”无疑。起句一问一答，开门见山表明“何所乐”，继而直书此公广受辖属黎庶拥戴程度，所谓“从者如云”。于是作者不禁要考究其原因，便问郓州当地人生活诸项。回答是安居乐业，休养生息皆有度。这当然有赖于其父母官的治理业绩，正所谓为官一任、造福一方。接下来作者登临池沼，所见亭台水榭、草木繁茂，真是易安佳境。诗后半部由景生情，发而以论，谓“自古贤哲人，所存非一世”，诚哲理之语，而“公去民孰赖”句，则再次对那父母官之政绩予以高度褒扬。最后，作者目睹面前草草木木、亭亭沼沼，抒以大感慨：为官一任，理当泽惠斯民，使百姓永世感恩怀德，又岂能浑浑噩噩，碌碌无为，整日耽乐于酒色间！

是夜，归返学署中，张养浩即执笔草拟请疏浚扩展梁山泊策议。提笔伊始，他又念及欧阳文忠公那首《乐郊诗》来，顿觉笔有千钧重般，盖心中深感关乎民生，责任重大焉。所谓“贤哲人”，如大学士苏轼，知杭州而留苏堤，清淤西湖而惠泽庶民，至今世人尚颂之，果真“所存非一世”。吾等虽为小吏，忧国悯民自责无旁贷也，不求“俾民百年思”，但求无愧乎已心是哉！

转而张养浩又由那昔年东平太守刘敞修建的供百姓游玩小憩的乐郊池亭，以尽享与民同乐之仁政雅风，联想及前贤李格非笔下《洛阳名园记》中那前朝公卿大臣在京都争相营建台榭园林专供个人享乐之“盛况”记载，心下自是感喟不已。唉，文叔公所云“放乎一已之私，自为之，而忘天下之治忽，欲退享此，得乎？唐之末路是也。”斯言不过二十年，那宋王朝便覆亡了，而这前车之鉴，今世未忘者又几人？

当下张养浩脑际首次闪现出“牧民忠告”四字，然哉，所谓父母官，当为民作主，当思民之苦，当谋民之福，当使庶民“安其业”“乐其休”，方无愧无憾矣。官者有两口，俸禄自食，一者；泽民以生息，二者。张养浩如是悟得，不觉哑然失笑，旋敛容又沉思起如何下笔来。

俟这请疏梁山泊策言书半，不觉月高映窗。张养浩搁笔，起身离开书案，在房中舒展了一下肢体。这时，他又想起昼间听老渔夫言及那梁山泊土山岛上的藏梅寺中有口大钟，乃与这东平府院中那口大钟合称为“姊妹钟”的逸事来。那土山岛又称“聚义岛”，盖因宋时晁盖、宋江等“智取生辰纲”后，为躲避官府缉拿而来此岛寺院聚义而得名。晁盖死后即葬此岛上，因其生前喜爱梅花，故后人便将那原名“观音堂”的寺院易名为“藏梅寺”，并铸大钟，时敲之而纪念这位“替天行道”的民间英雄。而东平府院中的这口大钟，则喻时刻为民做主之长鸣警钟。这“姊妹钟”岂非果真耐人寻味又发人深省：相矛盾乎！诚所谓彼民钟此官钟也。听那老渔夫言，如若撞击其中任一口钟，则另一口必应声而和，此灵异现象，又如何不令人惊诧，细思量来，颇觉个中意味深焉，却又是只可意会不可言传矣。

那老渔夫自称梁山泊西岸石庙村人，并言那村庄原名石碣村，当年追随晁盖起事的阮氏三兄弟即该村人，因武艺高强，抗官府、杀渔霸，后便同晁盖同聚大义，做下“智取生辰纲”等一系列大事。后来村民为纪念这阮氏三雄，便在村中建起一座“三贤殿”。讲及此，老渔夫还给张养浩道起流传至今的一首歌谣来：“吴用石碣访三贤，水泊梁山闹翻天。天下英雄大聚义，百姓扬眉是青天。”

诗中所言“吴用”者，系当时这支梁山泊起义军足智多谋的军师也。唉，自古所谓官逼民反，诚然。张养浩喟叹一声，伸手将两扇对开窗户推开。顿时，当空一轮皎洁明月映入眼帘，使得他心头陡然一动：今古一轮月，兴衰千载明。幽幽史为鉴，朗朗道能行！

当下，张养浩又念及那梁山泊老渔夫对官府“立租算船纳直”，即按各渔家所有船只交纳租税一事颇有怨言，如今想来亦颇觉湖民疾苦不堪原因之所在。而这也揭示了历代梁山泊一带所谓“寇盗”不绝之深层原因。他曾翻阅一宗宋徽宗年间郓州一李姓官员的劄子，中云：“蒲鱼荷茨之利，皆日计月课，纤悉无遗，遂致泺傍之人无所衣食，强者结集为寇盗，弱者转徙于沟壑。”试想，这东平沿湖渔民全赖捕鱼之利维持生计，而官府设苛税勒索搜刮，倘有怠慢违抗，即以盗贼论处严惩，这的确是不计民生之政弊。“必须除此弊端，以缓解民怨矣！”张养浩右手握拳，重重捶击在窗台上，竟浑然不觉疼痛！

俟掩上窗，复折回书案后落座，张养浩目光又不经意间落至案头那本翻开的诗抄集上，那一页是自己抄录前朝名相韩琦出知郓州时，吟梁山泊的一首诗：

> 巨泽渺无际，齐船度日撑。渔人骇铙吹，水鸟背旗旌。
> 蒲密遮如倦，山遥势如彭。不知莲芰里，白昼苦蚊虻。

捧卷在手，张养浩又不禁遐思及远：今宵月下，那梁山泊可复现苏子由当年期盼的“更须月出波光净，卧听渔家荡桨声”之美好夜景！此系苏辙一首《夜过梁山泊》诗中佳句。张养浩亦抄录在册，并长叹息之，盖感喟当年苏大学士之胞弟所见所闻那梁山泊一时盛况。当下又翻至抄有苏辙几首题为《梁山泊见荷花忆吴兴》的绝句页面一阅：

> 花开南北一般红，路过江淮万里通。
> 飞盖靓妆迎客笑，鲜鱼白酒醉船中。
>
> 菰蒲出没风波际，雁鸭飞鸣雾雨中。
> 应为高人爱吴越，故于齐鲁作南风。

苏诗直写尽这水乡大泽至美无以复加矣，致使苏才子恍然有置身于美哉江南之感慨。

翻页又见苏辙一首《梁山泊》诗，有其自注云“时议者将干此泊以种菽麦”，诗曰：

近通沂泗麻盐熟，远控江淮粳稻秋。
粗免尘泥污车脚，莫嫌菱蔓绕船头。
谋夫欲就桑田变，客意终便画舫游。
愁思锦江千万里，渔蓑空向梦中求。

盖此诗背后附衍一段典故，宋邵博著《邵氏闻见后录》记载，其时王安石变法，推行新政。时某位趋炎附势小人，迎合提议：将那东平梁山泊八百里湖水放掉，改建农田以种菽麦，则获利大焉。荆国公闻听，一笑之后，慢悠悠地反问道：此法颇佳，不过，那放掉的水哪里安顿呢？在座的时任东平太守刘敞之弟刘攽讽刺道：在那梁山泊侧再凿一个八百里的湖，可安顿矣！苏辙此诗即表达了听闻此议论后的一份担忧，盖出自一片体恤民生之士子忧心矣。

浮想联翩，又深思熟虑，俟微曦临窗，一篇疏浚扩展梁山泊以利庶民的策言书就。张养浩复阅之再三，终长舒了一口气，心境亦豁然敞亮起来。

欲知后事如何，且看下回分解。

第三回
作吏怀忧悯黎庶　赴京求仕交名流

诗曰：

悯农疾苦饥寒迫，天雨粟思为吏良。
知己相交同秉义，济民乐善几倾囊。
心怀鸿志图高展，指向鹏程欲远翔。
从此浩然吾正气，大都冉冉起朝阳！

话说张养浩自经举荐为东平学正后，在任上勤于致学诸项，使东平莘莘学子受益良多，一股清新学风亦蔚然普及。而这位方及弱冠的有志才俊，却是另有一番抱负。盖博学经书，每以古之贤达为楷模，这便是“大济苍生”的宏图壮志。基于此，在致学之暇，张养浩足迹几乎踏遍了东平府辖内所有县邑，对百姓的农林牧渔诸状况皆有较深入的了解，关于他们的疾苦及实际生存状况，掌握了最直接的资料。

却说至元二十七年（1290），即张养浩履职东平学正第二年入秋以来，赶上这东平境内淫雨连绵，直接影响到了地里庄稼的生长。所谓“民以食为天”，如此自然灾害，着实让那赖薄田里刨食存活的农夫们叫苦不迭，眼瞅着就要面临颗粒无收的境况，只好又携儿带女，离乡背井去他乡乞讨为生了。

这日，张养浩戴笠披蓑，只身去乡下巡视灾情。

且说张养浩行至斑鸠店镇某村庄，老远便听到哭泣声，待走近了，只见一衣衫褴褛的中年汉子正与妻儿话别。看那儿子十一二岁的样子，身上披着一件明显是大人穿的、打着好几处补丁的衣服，那场景甚是让人不忍再睹。

这时，又见那村中走出一身着长衫、面貌清瘦的秀士模样的后生。当下见他走到那一家人跟前，将手中撑着的那把油纸伞塞到那汉子手中。正欲说话，一抬头却看见了站在不远处的张养浩，登时惊喜地趋前拱手施礼，问道："这不是学正大人吗？您如何大驾光临我们这乡野僻村了呢？"原来这秀士姓吕名叔泰，曾求学于学正张养浩门下，其贫而好学，颇得师长赏识。

当下张养浩便问起那一家人的情况。吕叔泰叹口气，尔后回答道："不瞒先生，这是学生一本家兄长，正要出门去讨营生。唉，这连绵淫雨，闹得地里颗粒无收，着实没辙呀！"张养浩闻听，目光暗淡，面色阴沉起来。

接下来，吕叔泰延请恩师到其寒舍一坐。进了家门一看，果真是寒舍：小院中茅草屋几间，屋中除了一张破桌子、两把椅子、一张床，便几乎再无其他家什。张养浩瞅在眼里，复念及这吕学生如是苦读精神，心头不禁唏嘘连连，他亦从其身上看到了自己在家苦读的影子。

师生交谈，张养浩才知道这村庄有个颇雅的村名：子路村，相传正是那圣人孔子门生仲由曾读书处。仲由，字子路，孔子得意门生，以政事见称于世。其性情伉直好勇，深得孔子赏识，云"千乘之国可使治其赋也"，并称使自己"恶言不闻于身"。当下吕叔泰又陪张养浩去拜谒位于村中的"子路祠"，乃是依山势而建，有正殿、左右各一瓦殿的小祠院落，建于宋嘉祐年间（1056—1063）。

一时张养浩念起孔子评价"由也事亲，可谓生事尽力，死事尽思者也"的这位至孝门生，又想及眼前自己这位父母双亡的清贫学生，心中恻隐顿生，遂道：“俟见郡守大人，自当荐汝于衙中任点职务，以尽汝才！”

分手之际，张养浩掏出身边的一点碎银，吩咐吕叔泰代为送给那出门去的中年男子留在家中的妻儿。离了子路村，张养浩一边徐行雨中，一边想着亲眼所见因灾荒而致百姓与亲人分离出外逃荒的一幕，不觉间潸然泪下，徐吟成《悯农》诗一首：

父子传衣出，夫妻趁熟分。未言先欲泣，乍见内加焚。
征负敲门急，充饥饮水勤。何当天雨粟，四海共欢忻。

俟返回东平路府中，张养浩面见郡守，即提出鉴于灾情而减免相应捐税之建言，同时举荐吕叔泰为掌书记。

翌日，那恼人的连阴雨终于歇下来，张养浩十分高兴，出城去观看那田地一番，见那雨后嫩笋都钻出土来，只是那野花经风吹雨打，皆折弯了头茎，不免心生怜惜之念。

伫立陇上，张养浩油然而生思乡之情，想起自己的老父亲和继母，还有聚少离多的妻子，想起自己的诸多文友，心下真是别有一番滋味。转而再念及自己年方弱冠之龄，于这异乡作吏，禀性使然，能守正不阿，耻与昏僚为伍，忧民生而郁郁，唉，圣贤云“达则兼济天下，穷则独善其身”，自己恪守儒家穷达之道，如今位卑言轻，亦只能如此罢了，奈何！

且说由城外返归寓所后，张养浩心怀犹不能平复，索性提起案头狼毫笔，踱至壁下，将方才酝酿成的一首五律诗题上：

疾雨歇檐滴，顽云开日华。穴垣惊暗笋，抢地惜幽花。
市隐静于野，客居闲似家。故园亦皆寓，心定自无哗。

方搁笔归座，突有人递上家书一封。张养浩展阅，登时喜上眉梢。原来这乃一封喜报：爱妻郭氏日前生下一子！

当下初为人父、喜不自胜的张养浩，即起身去郡守处请假，自然获准。于是，张养浩更不怠慢，即刻骑上一匹快马，旋扬鞭驰离路府，踏上了返乡路程。

俟星夜兼程策骑返归山东历城家中，待见到初生爱子那叫人怜爱非常的小模样，张养浩顿感一路驰奔的疲劳劲一扫而光，亦不忌满身仆仆风尘，便将爱子抱于胸前，笑眯眯地端详个不够，直到母亲尚夫人进房来微笑提醒，张养浩才觉得自己冒失，遂又将爱子小心翼翼地放回躺在床上的爱妻郭氏身子内侧。

这时，尚夫人又笑着提示一句："儿啊，如今你这已做了爹的，亦该琢磨给你这长子、俺的孙儿起一个乳名不是，嗯?"听到继母这话，张养浩有些不好意思地抬手搔搔后脑勺，回应道："娘亲说得是，容儿思量一下。"低首间，突然就想起了接阅这家书之际，动身时，抬头看见云端飞临一只孤雁，当时不知怎的，脑际就闪现出一代词宗李清照的一句词来："雁过也，正伤心，却是旧时相识。"如今闻母亲提示，心头一动，嗯，就给爱子起乳名叫"雁奴"吧，想定了，遂对尚夫人讲了出来。那尚夫人及郭氏闻听，皆表赞同。于是，"雁奴"便在张家叫开了。

却说此次在历城家中逗留期间，陪家人之暇，张养浩亦与文友诗朋多有交往，并在同窗段旭陪同下，慕名登门去拜访了现如今赋闲在家的原监察御史刘敏中前辈。

刘敏中，字端甫，号中庵，元太宗后制三年（1243）生于章丘县西皋村。其曾祖父和祖父都曾任过地方小吏，其父刘景石亦曾做过淄州官吏，然为政廉洁刚正，耻与污吏为伍，故不为容，旋以疾免归。受精通五经并擅辞章的家父教诲，刘敏中自幼好学而品端。《元史·刘敏中传》记载，其"卓异不凡，年十三，语其父景石曰：'昔贤足于学而不求知，丰于功而不自炫，后人所弗逮也。’”刘父特为之聘当地名流学者授之，“乡先生杜仁杰，爱其文亟称之”。刘敏中后遂以日益彰显之文名被荐入朝，授以中书掾职。至元十一年（1274），由中书掾擢升为兵部主事，并拜为监察御史。禀性刚正不阿的他，疾恶如仇，因对尚书右丞兼总制院使桑哥独揽朝政大权，结党营私、贪赃索贿行径直言敢谏予以弹劾，从而得罪了权贵，遂不惜辞官归籍。

且说对刘敏中这样一位人品文品皆佳的同里贤达，张养浩自然仰慕已久。如今机缘巧合，张养浩自然要去拜谒一下。同窗好友段旭家父与这中庵先生往日交善，于是这回便陪着他去西皋村登门拜谒。

刘敏中见两位同里年轻才俊来拜访，自是十分欣悦，着正装在书房中接见。交谈中，刘御史对这位东平学正的敏捷才思欣赏有加，当下言道：“早闻贤契才学渊源，前遂以一篇《白云楼赋》被举荐为学正，如今一席谈，果吾章邑才俊也！”

张养浩听了，直道“惭愧”，又见刘敏中沉吟道：“贤契才学，岂止一学正为任，当寻机求大发展，方不负满腹经纶耳！信有他日腾达时！”

当下，张养浩对刘敏中为御史时廉洁自律、敢于弹劾奸邪之气节表露出敬佩之情，刘敏中微笑着摇手谦道：“此御史者之本分也，又何足道哉！”接着，他又意味深长地对张、段两位年轻才俊言道：“尝记往昔与同侪各言其志，乃曰‘自幼至老相见而无愧色，乃吾志也’，今以此言赠予汝等相勉耳！”张养浩、段旭二人听罢，皆敛容颔首，同声回应道：“谨记师训！”

却说刘敏中与张、段二位同里后学谈得投机，遂吩咐家人于自家的含辉亭中摆下酒宴，继与二人叙谈，一时便谈及当下流行起的散曲来。此乃继唐之诗、宋之词以后，自金以来在北方兴起的一种新文体，即所谓同音乐结合的长短句歌词，包括小令和套数两种形式，时人又称之为“乐府”抑或“今乐府”，究其源，系产生于民间的俗谣俚曲，后渐为士大夫喜爱，有元一代，遂成气候。

张养浩早由段旭处听闻面前这位御史同里前辈颇好此道，于是趁酒兴便请一示大作以学习。刘敏中闻听，一笑，遂令书童去取来昨日刚作的一首小令示于二人阅。

张养浩双手持诗笺，见是《正宫·黑漆弩》曲牌，题曰《村居遣兴》，计两首：

高巾阔领深村住。不识我、唤作伧父。
掩白沙翠竹柴门，听彻秋来夜雨。
闲将得失思量，往事水流东去。
便直教画却凌烟，甚是功名了处？

吾庐恰近江鸥住。更几个、好事农父。
对青山枕上诗成，一阵沙头风雨。
酒旗只隔横塘，自过小桥沽去。
尽疏狂不怕人嫌，是我生平喜处。

一时阅毕，张养浩陷入深思中，随后提出请赐予己。刘敏中颔首微笑，言道："遣兴之作，贤契不嫌，自拿去便是。"张养浩揖谢过。当下，这三人又攀谈一番，张、段二人遂向主人谢过告退。刘敏中相信这时下学正小吏胸怀鸿鹄之志，因此郑重嘱咐几句。张养浩自谨记于心，与段旭再次拱手祝中庵先生居乡福安，尔后各自上马，离了这西皋村。刘敏中直望着二人绝尘远去，方折回庄上不提。

俟返回历城家中，张养浩秉烛再阅中庵先生赠予的那两首曲词，心中那份初阅时生出的隐隐困惑又涌上来，其中那句"闲将得失思量，往事水流东去"，让他似乎窥见那位刘御史经历了一番在朝为官的宦海浮沉后郁郁又转豁达的心境。更深层的复杂意味，却是才为地方小吏一载的他尚难以全然体验到的。此时，年轻的张养浩更记住了中庵先生临别时对自己前程的寄语。事实上，一个年方二十岁又饱读经书的才俊，期待襟抱得开、一践鸿志的雄心，是抵云天朝阳般昂昂然的。

转眼又至至元二十八年（1291）重九佳节，张养浩携已任路府掌书记的吕叔泰登临五岳之首的泰山一览。及至巅峰“孔子瞻鲁台”下，张养浩回视，见吕叔泰已是大汗淋漓、气喘吁吁，便去搀扶这位身体孱弱的门生，一同登上那“泰山岩岩，鲁邦所瞻”的巨石。俯视那苍茫的齐鲁大地，师生二人顿觉心旷神怡，胸怀为之开阔。

只见吕叔泰渐渐恢复了常态，竟兴奋地临风吟诵起前朝大诗人杜子美那首著名的《望岳》诗来：

岱宗夫如何，齐鲁青未了。造化钟神秀，阴阳割昏晓。

荡胸生层云，决眦入归鸟。会当凌绝顶，一览众山小。

吕叔泰吟罢，又冲着张养浩祝愿道：“先生，您就要任满了，学生在此借杜工部这首望岳诗祝福您步步登高，会当一览众山小！”

张养浩听罢，呵呵大笑，回应道：“叔泰啊，咱们彼此共勉，亦祝你得遂鸿志。”

身处五岳之首的顶峰之上，两位才俊意气风发，吕叔泰展臂笑言道：“真想如那王子晋般由此乘鹤飘下矣。”随即吟道：“王子宾仙去，飘飖笙鹤飞。”那神态甚是惬意。

张养浩听出其所吟乃系前朝宋之问《缑山庙》诗中之句，又见他那般快意状，不禁亦受了感染，一时诗兴勃发，旋即即兴吟成《登泰山》诗一首：

风云一举到天关，快意平生有此观。

万古齐州烟九点，五更沧海日三竿。

向来井处方知隘，今后巢居似觉宽。
笑拍洪崖咏新作，满空笙鹤下高寒。

“啉，美哉！壮哉！”吕叔泰听罢，拊掌赞叹。

“孟子曰：‘孔子登东山而小鲁，登泰山而小天下。’叔泰呀，如今吾等登临，当信诚是哉！”

却说张养浩在东平学正任上三年期满后，遂遵从父亲张郁意愿，决定赴京求仕进，临行前特再至西皋村拜谒中庵先生。见面后，见先生气色甚佳。交谈中才知，如今那把持朝政不可一世的桑哥业已被罢相。首先中书平章麦术丁和右丞崔彧联名弹劾桑哥结党营私、贪赃受贿，指控其“当国四年，中外诸官鲜有不以贿而得者，其昆弟故旧妻族，皆授要官美地”“大都高资户多为桑哥等所容庇，凡百徭役止令贫民当之”。另，深得元世祖忽必烈宠信的中书平章政事不忽木亦揭露桑哥蒙蔽圣上、紊乱朝政及以权势诬杀谏言者诸罪状。最终，世祖纳谏，罢黜桑哥相位，俟贪赃罪被证实而下狱。是年七月，颁诏谕诛桑哥。

当下，刘敏中书就一封写给时任中书右丞陈英的信函，尔后交于张养浩，嘱咐道：“希孟啊，你到大都后，可持此函前去拜见陈大人，我在书中已举荐了你，相信届时会有所安置。”张养浩揖谢。临了，刘敏中相赠《送张希孟秀才赴京》诗为其饯行，诗云：

冥漠文章脉，来从太极先。欲求宁有得，已绝岂无传。
廓廓英华表，悠悠土苴边。爱君千里马，为赠绕朝鞭。
礼乐春官府，清时重选贤。飞翔从此地，昂耸看他年。
远器含余蕴，横波下众川。古人出孝事，耿耿要君全。

再说张养浩抵元之京城大都后，首先便去中书右丞陈英府上拜谒。陈彦卿阅过好友刘敏中那封举荐信，又与张养浩攀谈一番，证见这年轻人果然才学博广，当下便答应予以引荐。

移日，陈英荐张养浩为礼部掾属。不久，经陈右丞引荐，张养浩又晋谒了中书平章政事不忽木。这不忽木早年于东宫奉职时，拜师大儒王恂，后又入国子学，师从另一大儒许衡，因此对儒学甚为尊崇，故多向皇上进言恢复学校制度及以儒家之“仁”治民等主张。如今自然对张养浩的才干颇为赏识，故很快便推荐其为御史台掾史，后又改荐为中书省掾属。张养浩自此居京，结交了大批贤达名流，无论阅历抑或文学修养，皆增广甚焉。

欲知后事如何，且看下回分解。

第四回
尊师高学著传道　痛子夭折泣悼文

诗曰：

卓然成就宗师法，明理著作出乎情。
奇诡叹兮明墓志，悲哀痛矣子茔铭。
厚俗敦本切之实，激电熙风撷彼英。
大道存焉渊奥甚，凛然生气载其行！

话说张养浩自晋京伊始，便得到陈彦卿、不忽木诸贤达的赏识，先后被荐为礼部掾属、御史台掾属、中书省掾属。在此期间，张养浩秉持职守，谦恭待人，被誉为能臣。

居京第二年，张养浩将妻子郭氏和幼子雁奴接来同住，租赁的是三间带小院的简陋民居。张养浩俸禄有限，所以生活便比较拮据清贫，但学者本色使之处之泰然。张养浩尝与郭氏戏语："子曰：'君子固穷也！'有娇妻爱子诗书伴希孟，知足矣！"

某日，张养浩看护患咳喘病的幼子雁奴，自己亦不慎染上风寒，便请了假居家小养。

且说这日，那中书平章政事不忽木为拟一份奏折欲找张养浩商榷，闻其有疾在家，当下便亲至其家中探望。这是他第一次来张寓所，张养浩十分感动，强挣着病体起迎。不忽木问疾毕，又环视房中摆设，却见除了简单的桌椅床柜，几乎是家徒四壁，便禁不住赞叹道：“此真台掾也!”其对张养浩的清廉自守，发自内心地钦佩。

却说虽然居京清贫，但张养浩并未在意，作为一名自幼好学者，能广泛结交天子城内外一大批大儒名流政要，诚感幸莫大焉。除平易近人、尊崇儒学，被称为“纯儒”的不忽木外，张养浩还去晋见了翰林学士承旨唐寿卿、翰林大学士姚燧等名儒，虚心求教；并结交了几位年龄相仿的学士，互引为知友，其中与元明善、曹元用二位最交善投缘，三人被誉为“三俊”。元明善，字复初，大名府清河人，年长张养浩一岁，累任省掾，后擢升太子太学。曹元用，字子贞，祖籍山东定陶，年长张养浩两岁。幼时嗜书，常夜读达旦（这点倒真与张养浩相类耳，史载，张养浩十岁时每尝彻夜读书，父母虑其健康故而加以限制，小希孟便“昼则默诵，夜则闭户，张灯窃读”）。始以镇江路儒学正考满游学京城，由翰林承旨阎复荐为国史院编修，初授御史台掾属，后转中书省右司掾，与张养浩同僚矣。

且说张养浩对“以古文雄天下”的大文豪姚燧最是尊崇，拜学门下，而卓然有成。姚大儒，字端甫，号牧庵，洛西人，祖籍营州柳城。十三岁时，结识名儒、著名理学家许衡，后正式拜许氏为师，从学理学。至元八年（1271），许衡开国子学，姚燧从师征至大都，后任秦王府文学，始步入仕途。之后累任陕西汉中道提刑按察副使、山南湖北道按察副使、大司农丞、翰林学士等职。姚氏修史为文，为当时文人推崇备至，奉为文坛盟主。张养浩作为受诲者，对恩师之崇敬，更不在话下，及后在《牧庵姚文公集序》中一赞语以概之：“皇元宅天下百许年，倡明古文，则牧庵姚公一人而已。”盖张养浩师法姚公，得誉“魁杰”，可见受益匪浅。张养浩博采众家，形成了自己独特的散文风格，其主张“经纶所以行道，著述所以传道”，认为为文应“依据义理而切于日用之实”，所以其文多因事寓怀，无呻吟虚作，正如中书省参知政事孛术鲁翀在为其《归田类稿》序中所赞誉的："其文渊奥昭朗，排宕妥帖。其动荡也，云雾晦冥，霆砰电激；其静止也，风熙日舒，川岳融峙，绵有姿容，辟翕顿挫，辞必己出。"

单说张养浩为文中，祭文尤写得情真悲切，令人叹其奇诡。

成宗贞元元年（1295），张养浩文友、东平路濮州儒学正王友开过世。闻噩耗，张养浩悲痛之下，应亡友家属请，写下缅怀祭文一篇，对文友敢于蔑视权贵，因吃酒丢职而安之若素的处世豁达不羁，赞赏有加，惊为奇人：

濮州儒学正王友开墓志铭

走旧闻京师王友开，跅驰不羁，豪于诗酒。吟必饮，饮必醉，醉即矢口道时事失得，虽势官要人居傍，无所惮。

至元二十四年，孽臣柄国，威而好杀，中外凛如。君时醉，入省，攘袂叫呼，或旋庭中，或箕踞当路坐，过者举掩耳走避，目为狂子，弗恤也。后主文翰者恐其久必及，遂荐为濮州儒学正，实欲因之以制其肆。或谓必不屑。君笑曰："诸公台阁，我何人？敢择官为？"乃怀檄饮市中，会醉且暮，归遗其檄。他日交游来祖行，始言其故，众咋唶迂久。君第曰："命焉耳矣。"恬无毫发动。

至元二十九年，余偕计京师，质所闻良然。一日，客有过者，颜黳哆吻，奋髯见乎，以为武人而易之。问焉，乃君也。于是握手交喜如平生。未几，余辟礼曹掾，君日顾薄书间，或醉与醒，必读文及商古今人物，所见多与余合，窃甚伟之。然酗于酒，虽规劝百至，如水傃石，不见纳。恒于余索饮，余时始掾，非告不敢出，暇则酌部中，敓冗则与其直，命自饮于市，君亦欣然受之无所辞。其为人真坦不矫饰类此。诗文超迈闳逸，必醉乃能为之。然愈酒则其言愈奇，无酒殆不能作一寻常语。

元贞初元夏四月七日，暴疾，卒京师寓舍，旅殡文明门外某地，得年四十有七。讳兴宗，友开其字，世为恩州人。妻张氏，一子尚幼。铭曰：便于刺，戈不如锥；捷于捕，骥不如狸。惟其落落，百无一宜。竟赍志以逝，呜呼尤谁！

祭文中，张养浩对王兴宗这位山东老乡及同僚，“为人真坦不矫饰类比，诗文超迈闳逸，必醉乃能为之”赞奇非常，惊为奇人，由此可见在张养浩内心中，对这种狂放不羁诗酒风流，亦是不无激赏进而羡慕的，这就不难理解其后他做出去官归隐桑梓之举了。

从这篇墓志铭中“余时始掾，非告不敢出”句可窥，张养浩果然恭谨守职、不事张扬，正如其门生张起岩后来所云恩师“掾东曹日，不挟艺衒能，若不事事者，而其中凛然，不可干以私”。因职务之责，张养浩经常往来于大都、上都间公干，这在当时着实不是份美差事。上都本为蒙古汗国的开平府，中统五年（1264）加号为“上都”。《元史·地理志》云：“以阙庭所在，加号上都，岁一幸焉。”大都即元京都（今北京）。当时由此至彼路线为：由大都正北微西至昌平，西北八十至榆林，西行至统幕分二路，一路北行至上都。这一路线几乎皆为沙漠荒原，旅行境遇之苦不堪言可想而知。而张养浩奉命往行其间，亦用诗的形式如实记录下了身心感受及所见所闻，题曰《上都道中二首》：

穷塞惟沙漠，昔闻今信然。行人鬓有雪，野店灶无烟。
白草牛羊地，黄云雕鹗天。故乡何处是？愁绝晚风前。

幽都风土异，六月亦冰霜。草地宽于海，土山低似墙。
茹毛民谏古，啮雪客荒凉。自愧成何事，孑然天一方。

旅途艰难备尝，竟至无水可饮，唯以雪解渴，如此大漠野风境地，诗人不禁念及遥远的桑园，因为故乡代表着温馨与舒适，那里有温暖人心的亲情啊！

置身窘地，张养浩心头又蒙上一层苍凉：盘桓京城数载，只为小吏，这与当初的志向可谓远矣，惭愧也，如今却真真如杜工部笔下的“飘飘何所似，天地一沙鸥”也，唯策马前行，踽踽前行矣！

却说大德元年（1297），张养浩自十三岁那年失去生母许氏之后，又遭受了平生第二次沉重打击：他与郭氏六岁大的爱子雁奴不幸夭折了！失子剧痛，真何以堪！

爱子初病时，张养浩便请假在家中日夜看护，眼瞅着小雁奴被哮喘病折磨得日渐消瘦的小脸，做父亲的心如刀绞。由于自己素来清廉自律，所以微薄俸禄只能勉强维持一家三口生计，根本谈不上所谓积蓄，临了自然无银两去延请京城名医来给爱子做更好的救治。而张养浩又不愿向身边那几位同样清廉的文友张嘴借，当下便只有写封家书让人捎回山东历城家中去讨要应急。

见妻子郭氏整日以泪洗面，张养浩愈加感到愧疚：堂堂七尺男儿，竟无力让自己的妻儿过上较好一些的生活，值此时，眼睁睁见爱子染病卧床危在旦夕，却捉襟见肘无计可施，如何不愧煞！

夜深了，张养浩依然守护在爱子病榻前。小雁奴虽然才六岁年纪，却秀慧可人又乖巧，此刻见慈父已连着陪护两个昼夜未合眼了，于是便极力忍住咳喘带来的疼痛，挣力装出甜甜的微笑，对父亲言道：“爹，孩儿觉得现在好多了，您也去歇息一会儿吧！”

张养浩已让妻子郭氏去歇憩，故自己强忍着瞌睡陪护爱子。如今听小雁奴如此懂事言语，心下油然生出一股温情的暖流，遂伸出右手轻轻地抚摸着爱子消瘦的小脸，浅浅一笑，回应道：“乖儿子，爹是大人，能接连几昼夜不困倦的，无妨！”接下来，为安抚被病痛折磨的爱子，亦为驱赶倦意，张养浩便讲起自己童年时那段夜读的逸事来：“孩儿

啊，知道么，爹在像你这般大小年龄的时候，就十分喜爱那些经书，这点，吾雁奴儿倒果真似爹一样不是！只是呢，当时你那爷爷奶奶二老，却不让我夜里过长时间熬神阅读，为么呢？因为呀，那时你爹的身体亦较孱弱，所以呢，你爷爷奶奶为了我的健康考虑，便不许我熬夜读书。而爹呢，为了不让你爷爷奶奶操心，便佯作听从。”这时，小雁奴眨眨一双大眼睛，好奇地问了句：“佯作？那爹又如何做呢？”张养浩笑了笑，同样冲儿子眨眨眼，尔后才道出做法：“简单啊，那就是昼间只默默在心里背诵已阅过的经书，而到了夜间呢，则关上门窗，用布帘掩住窗户，再将昼间藏起来的小油灯点上。如此这般，你的爷爷奶奶从外面看不见亮光，便以为我睡下了。岂不知，你爹我却照旧夜读达旦，欢忻无比哟！呵呵！”

听了慈父这有趣的“张灯窃读”童事，小雁奴开心地咧嘴笑了起来。笑着笑着，小家伙只觉嗓子眼一阵堵痛，旋即忍不住接连地咳嗽起来，一张小脸登时因疼痛而胀赤如血红。张养浩慌得急俯下身来双手去捋儿子起伏的胸口。

这时，郭氏终不放心，披衣赶过来，见此情况，亦疾步赶至床前，帮着抚慰小雁奴。张养浩亦才抽身去厨下，亲自为爱子煎了一碗汤药，回转来喂儿子服下。小雁奴这才稍转平复，止住了咳。郭氏心痛夫君，便一再劝其去房中歇息一会儿。张养浩亦的确困至极点，遂去上房中躺一会儿。由于过度劳神熬夜，头一挨上枕头，便酣然入梦。梦中，恍见置身一陌生院舍，背后仿佛被一双手推着，身子就不由得登堂入室，又见那雪白粉壁上挂一条幅，张养浩凑目一看，见那上面题写的却是前朝诗人武朝宗一首题为《雁奴》的绝句：

断沙残汐葑田枯，寂历寒烟卧雁奴。
飞起不知何处落，数声蓦忽隔黄芦。

当下张养浩正惊异恍惚间，忽听得室外传来一阵雁鸣，听来却是那般凄厉，突然又变为婴儿的啼哭声了。

“雁奴！雁奴！”张养浩顿时从梦中惊呼醒来。他正躺着为梦中情境纳闷，耳畔突然又传来女人的哭声，仔细一听，非是虚幻，正是爱妻郭氏的悲号，登时心头一凉：不好！当下亦未及蹬上鞋子，便一步并作三步疾赶去那厢。只见郭氏正坐在床榻沿上，双手抱着小雁奴的上半身，边摇晃，边哭喊。张养浩疾步趋前，望爱子脸上，却已是煞白，减退了血色，急探手一拭其鼻下，早已没了气息，登时眼前一黑，便跌坐在床前地上。许久，方哀号一声“我的儿呀”，便悲泣起来。

就在小雁奴夭折的次日，张养浩的亲侄子、已故次兄张塞的儿子张安，奉祖父张郁之命，由家乡匆匆赶至京城大都，随身还带来了一张银票，本是用作救治小雁奴的医银，却不幸赶上小堂弟已不治夭折了。于是，张安便将那银票就京城银号中兑现出银两来，帮三叔操办起丧事来。

且说痛失爱子，张养浩接连几日茶饭不思，一直沉浸在哀痛之中。到头来，他将妻子郭氏并侄儿张安唤至跟前，言道：“雁奴今去了，但不能让吾儿孤葬于这异乡，总要让吾儿入了咱张家祖茔，我心方安！”郭氏一双泪眼望定夫君，点点头表示赞同。最后决定，夫妻二人同侄儿一同将雁奴灵柩运回山东历城乡里安葬。

回头张养浩请前来祭奠的好友曹元用代为递呈假条，随即便着侄儿张安去雇了两辆马车，一辆放置夭折爱子的灵柩，另一辆郭氏乘坐。张养浩与张安叔侄则各骑坐骑，就这样出了大都城，踏上返乡路程。

一路徐行，俟进入那历城县境，张养浩的另一个侄子张居早带着几名本家后生在庄外官道上迎候了。一时，这载着小雁奴灵柩的车驰至张家大门前，张父张郁与继室尚氏闻讯率一家人齐迎出门来。老夫妇俩一见到小孙子的灵车，便哭得老泪纵横。张养浩与郭氏亦潸然泪下，不能自已。

翌日，张家人便将小雁奴灵柩安葬于张家茔地中，让其陪伴在曾祖父张山墓前侧，这才算入土为安，得归其所。

怀着一腔悲怆，张养浩彻夜含泪书成《子雁奴圹铭》一篇，以寄托哀思。全文悲切哀婉，让人不忍卒读：

> 呜呼，抑不知何罪于天，穷且酷我如是邪！向儿不恙时，尝与其母议：明年吾掾满，苟得一官，归当朝夕抱此儿亲侧。俾吾父有以付千万世无穷之传，于子若孙之心期足矣。孰意其又弗果也。

拳拳怜子父爱心，诚彰显文表。悼文字里行间在表露沉重丧子悲痛之际，亦隐隐表达出张养浩历经宦海浮沉，世事沧桑之下，倍感人生无常的无奈及自己壮志难酬的郁闷。

俟丧事已毕，张养浩与父亲二人坐下来说话时，便道出了自己想致仕归家来侍奉双亲的念头。

张郁听了目下这唯一的儿子居京数载，此番竟道出如此话语，颇感意外，旋即便沉下脸，责训起消沉的三子来："怎么，丧子之痛便让你一蹶不振，罢了进取之心不成？如是，岂具男儿本色！哼！"见张养浩低首默言，张父停顿片刻，又语重心长地娓娓道来："子曰：'弟子入则孝，出则悌，谨而信，泛爱而亲仁，行有余力，则以学文。'孝敬父母当然是要的，然广泛地与众友爱交善，见贤思齐，亲近有仁德的贤达，也是人生在世当着力而为之的。如是，方可达完人，不虚度此生矣！吾儿慎思之！"

张养浩听罢父亲这一番谆谆训导，深为老人家的良苦用心而感动，当下真诚地回应道："浩儿垂聆严训，顿有如雷灌顶、茅塞顿开之悟。今后定一如既往，做'多闻，择其善而从之'有为者，不负二老殷望!"

张郁微笑捻须，颔首道："嗯，吾儿明日当须记圣人训：'不患无位，患所以立。'为父以为，当以仁德立世，实千万世无穷之传。吾儿啊，吾尚让汝谨记另一圣训：'士不可以不弘毅，任重而道远!'"

此后，张养浩带着老父亲的厚望与嘱咐，再次在心中振奋起"学以致用"以济苍生的志向，告别家人，踏上返京之途。

俟返回大都城，一件喜讯，令张养浩一颗尚沉浸在丧子之痛中的心，有了些许慰藉。原来，他的那位同里刘中庵先生，已然于此际复被朝廷起用，先几日由家乡章丘抵京，授以御史台都事职。刘敏中原却不知日前同里张养浩奉爱子灵柩返乡事。如今重返京城中，方才知道此前二人在梓里擦肩而过。当下，这二人持手寒暄，彼此皆兴奋不已。一时，刘敏中即在自己的新寓所中摆宴，权为张养浩接风洗尘。席间，刘敏中出示《木兰花慢·晓过卢沟》词一阕。张养浩捧阅，乃知为中庵先生此番晋京新作焉：

上卢沟一望，正红日、破霜寒。
尽渺渺飞烟，葱葱佳气，东海西山。
依稀玉楼飞动，道五云深处是天关。
柳外弓戈万骑，花边剑履千官。
寒窗萤雪一生酸。
富贵几曾看。
问今日谁教，黄尘匹马，更上长安。

空无语，还自笑。

恐当年、贡禹错弹冠。

拟把繁华风景，和诗满载归鞍。

阅毕，张养浩冲刘敏中一笑，不见外地调侃一句：“怎么，先生此番抵京未及歇鞍，便已先生归意?”

刘敏中闻听，捻须微笑，回应道：“此正落叶满长安日，愚叟重来一观，如不适意，自当还归去故园作伧父耳!”言罢，二人相视大笑。

欲知后事如何，且看下回分解。

第五回
慰友去职玉序琢　修身赴任志欲酬

诗曰：

升沉显晦亦嚣嚣，义命通明所立高。
守正四知知己道，为官一任任其劳。
得安独善隐君慰，堪济苍生士子骄。
否极泰来心志琢，经纶天下乐闻韶。

却说桑哥倒台后，刘敏中复得起用，与同里张养浩重晤于大都城中。这使身处丧子之痛中的张养浩心下释然些许。

当下互引为知己的这二人把盏叙话。刘敏中终向自己这位青年才俊同里道出此番晋京之意：“如今乱政孽臣已诛，吾辈正该为整振朝纲尽绵薄之切。作为御史台臣，自应知朝政要害，皆关乎国计民生，故应尽监察之责，审政弊而进谏，莫计自身利害为是哉！”

张养浩听了中庵先生这番铮铮肺腑之言，倍增敬佩之情，当下举杯响应道：“诚如先生言，希孟不才，愿遵先生教诲，不以位卑敢忘忧国，必勤政守正，为国效力也！”

“嗯，自幼至老相见而无愧，乃吾辈志也！来！同饮一杯！”刘敏中亦举杯朗声道。

时光如梭，一晃张养浩居京为官业已九年矣，时元世祖忽必烈已驾崩，其早亡的皇太子真金第三子铁穆耳即位，是为元成宗，定年号大德。成宗主政谨循世祖遗训，奉行“守成”国策，对外停止扩张，对内则施以仁政宽民，使黎庶得以休养生息。

且说成宗“守成”政治至其后期却衍生了诸多弊端，如法纪坏废，继而滋生严重的吏治腐败现象。于是，皇帝又纳谏施行所谓“更政”救策。在惩腐过程中，大德六年（1302），审理漕运万户朱清、张瑄行贿一案，一时轰动全国。《元史·成宗本纪》载，大德六年正月“江南僧石祖进告朱清、张瑄十事，命御史台诘问之”。次年正月，皇帝又命御史台、宗正府“籍其宗赀”。随即中书省诸重臣受贿事被发现。三月，枢密院大臣及监察御史上奏：“中丞董士选贷朱清、张瑄钞，不义。”一时，成宗皇帝勃然大怒，在一日内便罢黜八员中书省大臣，朝野上下为之震动。

却说时任中书省掾台的张养浩，不能不为这诸多上司因受贿被罢免而震惊。如中丞董士选新任伊始，他便曾就政议上书之。

这日，张养浩赴刘敏中寓所叙话，却又从彼处惊悉另一涉案详情内情：自己的交善文友元明善亦被发现与张瑄有染。《元史·元明善传》载云：“始，明善在江西时，瑄为其省参政，明善有马，骏而瘠，瑄假为从骑，久益壮，瑄爱之，致米三十斛酬其值。后瑄败，江西行省籍其实，得金谷之簿，书‘米三十斛送元复初’，不言以酬马值，明善坐免。”

再说张养浩听刘敏中将文友元明善涉案详情如此这般讲过，登时便坐不住了。刘敏中劝住了他，宽慰道：“复初已解释乃系张瑄以米酬马值，只可恨那张瑄未详注明缘故，唉，应无大碍吧！”

张养浩听了，再联想及皇上一怒之下连罢八员中书省大臣，显然对朱清、张瑄行贿案勃怒甚焉，所以只怕自己那位复初兄在劫难免。如是想来，便长叹息起来。

果然，元明善很快便被罢免中书左曹掾职。单说去职的元明善已不便滞留京都，返籍之日，张养浩、曹元用二挚友为其饯行，就在那卢沟桥旁一酒肆中话别。

席间，元明善对自己此番因受涉贿案牵连而免职却较泰然，居然笑用屈原《离骚》中句而语友“苟余情其信姱以练要兮，长颇颔亦何伤”！这令张养浩、曹元用二人皆不禁钦佩其洒脱不已。当下，张养浩挑拇指赞道：“诗云：‘有斐君子，如切如磋，如琢如磨。’如切如磋者，道学也；如琢如磨者，自修也。复初兄今以微故去职，却略无所动，可谓善处得失者矣，悟道也！”

元明善闻言，哈哈大笑，举杯朗声道：“前朝范文忠公谓‘不以物喜，不以己悲’，吾辈能为乎？期为也，乃无憾！”

曹元用亦颔首慨叹道：“子谓颜渊曰：‘用之则行，舍之则藏，惟我与尔有是夫！’愿复初珍重，亦愿吾辈三人常葆豁达姿态！”

张养浩目光转向窗外不远处那座卢沟桥，若有所思，随即深沉言道：“希孟窃以为，人之处世，其去就无越山林、朝市二途。出乎彼，入乎此。其出也，非苟利己；其处也，非苟洁身。要之，各适于义为无歉耳！”听罢挚友这一番精辟悟语，元、曹二人皆深以为然。

一时饮毕，三俊步出酒肆来，随即踱至那卢沟桥头。

且说这卢沟桥始建于金大定二十九年（1189），因桥身跨越卢沟河而得名。早在战国时期，这卢沟河渡口一带便为燕蓟交通要冲，原只有浮桥连接两岸。金朝定都燕京后，此处更成为南来晋京必经之路及重要门户。金世宗遂诏令建桥。三年后建成。这卢沟桥两侧护栏各有百余条望柱，柱头上均雕有石狮，形态各异，蔚为壮观。而“卢沟晓月”从金章宗年间即列为“燕京八景”之一。

驻足桥头，好友即将远别，曹元用微醉心酸，不禁长叹一声，随即吟诵起金朝翰林学士赵秉文的诗来：

河分桥柱如瓜蔓，路入都门似犬牙。

落日卢沟桥上柳，送人几度出京华。

听了这首诗，张养浩油然念及中庵先生那年复来京都经这卢沟桥有感而填的那阕《木兰花慢》词，遂对二人讲起：“尝记大德元年，中庵公复晋京，经此尝赋《晓过卢沟》一阕，今念来，其中句堪赠复初仁兄耳。”随即，张养浩便背诵起：

上卢沟一望，正红日、破霜寒。

尽渺渺飞烟，葱葱佳气，东海西山。

依稀玉楼飞动，道五云深处是天关。

柳外弓戈万骑，花边剑履千官。

寒窗萤雪一生酸。

富贵几曾看。

问今日谁教，黄尘匹马，更上长安。

空无语，还自笑。

恐当年、贡禹错弹冠。

拟把繁华风景，和诗满载归鞍。

元明善听罢这词，心潮起伏，当下强作欢颜，诙谐道：“中庵公是上长安，愚今却是下长安矣，且为空囊载归鞍哟！哈哈！”

“不！复初兄，无论天涯海角，有吾等呢，吾辈友谊永驻彼此心间矣！”说着，三双大手紧握在一起，六目相视，皆笑了起来。

再表自卢沟桥一别后，张养浩返京寓所，却夜不能寐，遂又秉烛提笔写下《送元复初序》一篇：

士所贵夫学者，安于内不摇于外而已。用则经纶天下不以为夸，否则著述山林不以为歉。盖经纶所以行道，著述所以传道，其升沉显晦虽若不同，揆诸事业则埒也。故士之处世，进不欣、退不戚，一意义命，嚣嚣然无如而不自得者，灼于此而已矣。大抵彼于焉不务，急利而徇名，所以伛伛于未得，施施于幸成，陨或乎失，狼狈乎退者，比比是，欲望穷达胥有所立，难矣。

清河元君复初，蚤宦学江南，富于观览，文辞踔厉奇刻，肖其为人，事有当言，剖露无所蕴。人以是重，亦以是忌焉，要其心无他也。比由枢密照磨辟掾中书，绰有才干声，未再岁以微故去职，略无所动，即浩然挈家而南，将读书山林间，弃其旧而惟新之图。呜呼，如君可谓善处得失者矣！

虽然，人不历成败，资分虽高，其课猷终不能底夫深远；且天将玉人于成，其颇颔顿挫，有所不能免，孟子所谓“空乏其身，行拂乱其所为”者信矣。吾恐复初此行，非惟不能深藏久遁，将因是反得厚其所养，而趋其所未至，他时挟所有而复来，则赫赫于时者，非子其谁哉？馆阁诸名公咸诗饯之，友生张某实为之序。

此篇在对挚友“善处得失”予以称赞后，又予以厚望，以亚圣“天将降大任于斯人也”句勉励之，信其此去必“厚其所养”“他时挟所有而复来，则赫赫于时”也，诚挚情使然，祝福广焉。后亦果然应验斯言，容后叙。

之后，张养浩与元明善之间常书信互叙友情，此古之雅风，书中每附衍诗词唱和之逸兴。其中有一首《折桂令·卢沟晓月》曲词，写道：

出都门鞭影摇红，山色空濛，林景玲珑，桥俯危波，车通远塞，栏倚长空。

起宿霭千寻卧龙，掣流云万丈垂虹。路杳疏钟，似蚁行人，如步蟾宫。

这首散曲令元明善品之再三，感喟良多。

大德八年（1304）重阳节之际，张养浩又收阅东平门生吕叔泰来函问候。书中言及“每念随恩师登泰山雅举焉”句，又顿惹起张养浩感慨万千。对吕叔泰才学的欣赏，对其怀才难遇的惋惜，以及对其境况的喟叹，一时使张养浩心头如室外那寒气凛凛的秋雨夜一般，百味杂集。于是，彻夜难眠的张养浩又将一腔对友情的眷念和对门生的牵念付诸笔端，写下《夜雨寄吕叔泰》诗一首：

隆隆暑威歇，稍稍秋意深。丰草渐改色，穷临亦萧森。
况兹风雨夕，微灯翳寒阴。潜恐泄幽语，徂雁遗哀音。
以我耿耿怀，知子难为心。含情睇层昊，咫尺犹商参。
裹饭孰子遗，载酒孰子斟？岂不欲一往，畏彼泥潦侵。
古人道义交，非惟让分金。斯事久索寞，念之恨弥襟。
愿言轨前躅，尚期勖来今。

且说这日，曹元用在中书省署遇见张养浩，遂邀请道：“愚昨日偶得一幅《李太白登泰山观日出图》，晚间请希孟贤弟过陋室，共赏之！”张养浩自然欣然应下。

书中交代，唐玄宗天宝二年（743），诗仙李白尝至鲁，并游览了五岳之首岱宗，观看了日出壮美景象，尔后写下《游泰山六首》：

其一

四月上泰山，石屏御道开。六龙过万壑，涧谷随萦回。
马迹绕碧峰，于今满青苔。飞流洒绝巘，水急松声哀。

北眺崿嶂奇，倾崖向东摧。洞门闭石扇，地底兴云雷。
登高望蓬瀛，想象金银台。天门一长啸，万里清风来。
玉女四五人，飘摇下九垓。含笑引素手，遗我流霞杯。
稽首再拜之，自愧非仙才。旷然小宇宙，弃世何悠哉。

其二

清晓骑白鹿，直上天门山。山际逢羽人，方瞳好容颜。
扪萝欲就语，却掩青云关。遗我鸟迹书，飘然落岩间。
其字乃上古，读之了不闲。感此三叹息，从师方未还。

其三

平明登日观，举手开云关。精神四飞扬，如出天地间。
黄河从西来，窈窕入远山。凭崖揽八极，目尽长空闲。
偶然值青童，绿发双云鬟。笑我晚学仙，蹉跎凋朱颜。
踌躇忽不见，浩荡难追攀。

其四

清斋三千日，裂素写道经。吟诵有所得，众神卫我形。
云行信长风，飒若羽翼生。攀崖上日观，伏槛窥东暝。
海色动远山，天鸡已先鸣。银台出倒景，白浪翻长鲸。
安得不死药，高飞向蓬瀛。

其五

日观东北倾，两崖夹双石。海水落眼前，天光遥空碧。
千峰争攒聚，万壑绝凌历。缅彼鹤上仙，去无云中迹。
长松入云汉，远望不盈尺。山花异人间，五月雪中白。
终当遇安期，于此炼玉液。

其六

朝饮王母池，暝投天门关。独抱绿绮琴，夜行青山间。
山明月露白，夜静松风歇。仙人游碧峰，处处笙歌发。
寂静娱清晖，玉真连翠微。想像鸾凤舞，飘飖龙虎衣。
扪天摘匏瓜，恍惚不忆归。举手弄清浅，误攀织女机。
明晨坐相失，但见五云飞。

却说是日公干已毕，张养浩便随曹元用至其寓所。当下二人一边小酌，一边就展开那幅《李太白登泰山观日出图》鉴赏起来。

酒至半酣，应好友请，张养浩提笔在这幅绘图上题诗一首：

岱宗郁郁天下雄，谪仙落落人中龙。
兹山兹人乃相从，气夺真宰愁丰隆。
玉堂一任云雾封，长啸飞度秦皇松。
夜呼日出沧海东，再为斯世开鸿蒙。
钧天帝居深九重，醉舞踏碎青芙蓉。
天孙玉女为敛容，却视五岳秋毫同。
长鲸一去不复逢，乾坤为黑号秋虫。
当年咳唾留绝峰，至今树石生香风。
我欲追之杳无踪，不意邂逅会此中，屋梁落月依然空。

题罢，张养浩就诗中句予以释解道：“泰山志载‘李白泰山吟诗刻，篆书在山上’，于是在东平任上时，尝携友登而访之，惜不得，如今未料想在这幅画中有幸见到了，幸甚啊！”曹元用听了，亦笑了。

大德九年（1305）春，张养浩掾满，知官差除为东昌路堂邑县尹。

且说刘敏中、曹元用诸位在京良友文朋为张养浩摆宴致贺。时刘敏中由此外出陕西行台治书侍御史任，复召为集贤学士、商议中书省事。

席间，时升为应奉翰林文字的曹元用颇为张养浩鸣不平。原来，掾满例得朝官安置，而张养浩为掾曹时勤于公务又富才名，如今却出宰外县，不过七品小官。

张养浩却颇不以为然，淡淡一笑，回应道："县近民，而堂邑大县，黎庶数十万，今以畀予，儒之效或得以利达人，固所愿也。"

刘敏中听了张养浩这番衷语，拊掌赞许道："希孟真胸有抱负矣！忧国忧民，赤子可鉴。子曰：'工欲善其事，必先利其器。'正如君言，县近民，正可习以济苍生之政术，日后方足当大任也！"言及此，刘敏中感慨地引以这几年出使辽东、山北诸郡，严惩贪官污吏，将恃贵暴横之徒绳之以法，而对黎民百姓又关怀备至，时逢锦州淫雨成灾，即令发放仓廪储藏米粟赈济灾民。"如此济民，不正为下官之利用乎？"张养浩、曹元用等闻听，皆颔首认同。

此时，刘敏中又自怀中取出一折本来，郑重言道："诚如范文忠公《岳阳楼记》中云'居庙堂之高，则忧其民；处江湖之远，则忧其君'，窃以为，无论庙堂抑或江湖，忧国忧民皆仕者本分也，能济苍生，吾辈之荣焉。如今愚拟一折子，乃针对朝政弊端，面陈十事，请诸君雅正！"

张养浩接过来，同曹元用等细阅，这十事为：整朝纲，省庶政，进善良，剔奸蠹，显公道，杜私门，广恩泽，实钞法，严武备，举封赠。果然是事事切中朝政要害，条条又关乎国计民生。张养浩击掌赞叹："中庵公之忧国忧民胸襟，天可鉴矣！"

话说在赴任之前，张养浩离了大都，先返回了趟山东历城省亲会友。正所谓：十年京华韬光养晦，翌日襟抱展翼张图。

张郁自然最为三子感到欣慰，父子俩单独叙话时，张父自以勤政爱民、为一方谋福祉、良仕奉持教训即将赴任的三子一番，张养浩自一一铭记。

此番归里，张养浩自然还要与段旭等一班乡友叙旧一番。那位张升

元张公子特于大明湖租下一画舫，在舱中摆下一桌佳肴，只为仕途得意的张养浩致贺。这酒自然喝得尽兴。张公子还让家人唤来两名歌妓唱曲佐兴。

酒过三巡，张养浩即席吟成绝句《大明湖泛舟》以记之：

浮空泛影泝流光，箕踞船头倒羽觞。
唤出湘灵歌一曲，水云摇荡莫山苍。

再表张养浩此次赴堂邑就任，妻子郭氏及两个儿子，长子强，次子引，悉留历城家中二老膝前尽孝。盖其决意全身心欲行一番作为考虑使然。

告别亲人之际，张养浩赋诗《留别乡里诸友》一首：

粉署衔香十许年，故乡重到重流连。
子牟恋阙心空赤，江总还家鬓尚玄。
金缕歌残华雀月，兰舟摇碎泺湖烟。
一襟离恨东卅路，莫讶羸骖不肯前。

诗人以战国魏公子牟和南朝陈宰相江总自诩，表达了对家乡亲友的眷恋之情，同时又抒发了此次赴任必为一方谋福祉以践宿志的决心。

这正是：十年磨一剑，万里展双翼。福泽济苍生，施仁知自励！

欲知后事如何，且看下回分解。

第六回
首毁淫祠罢庸吏　严惩暴徒宽民心

诗曰：

励精图治展身手，百里之奚何幸安。
罢赦同施分吏盗，宽严相济佩韦弦。
下田尊老苦窥也，兴学捐资善大焉。
己劳民逸广仁植，厚其所养德坤乾！

话说这东昌路堂邑县，隋开皇六年（588）置，沿其西北“汉代堂邑”之名，故名堂邑。宋熙宁初年，河决毁县城，东徙五里至今址重建。城竣之日，现数万白麻雀集上空，故又美其名曰“白雀城”。

元成宗大德元年（1297）春，这座千年古城又迎来新一任县宰——张养浩，时年三十五岁。其授任全称为：山东宣慰司东昌路总管府堂邑县尹，七品衔。

且说张养浩只带着一位年方十三岁的小童前来赴任。这小童乃系其同窗好友段旭举荐的一远房亲戚，机灵可人，张养浩一眼便喜欢上了，随即给其起了一新字号：效贤。顾名思义，向贤达看齐之意。

单表这主仆二人风尘仆仆莅临堂邑县当日，张养浩便召集县署衙中一干僚属会晤，并调阅以往县志，又详细询问了县境内诸项情况，转眼便到掌灯时分。这时，那位主簿杨辅学在旁提醒新上司："大人，诸议暂毕，您可否去与身体有恙的达鲁花赤大人会晤一下?"张养浩闻听，眉梢一挑，回应一句："嗯，即烦请杨先生引路拜会。"说着，张养浩便站起身来。

却说这县达鲁花赤，又称监县。元代县达鲁花赤始设于元太宗八年(1236)，悉由蒙古人担任。元初，县达鲁花赤掌印信，居上监督；后来则与县令一同过问户口、垦田、词讼、捕盗、赋役等庶政，并联署文案。书中交代，元代县依户数多寡分为上、中、下三等，上县为三万户以上，中县为一万户以上，下县为一万户以下。这堂邑县列为中县，设达鲁花赤、县尹各一员，并正七品；主簿一员，从八品；县尉一员，从九品。其下还有首领官典史一至二员及司吏若干名。县尉之下还设税务、儒学教谕及阴阳学、医学管勾教谕等。

却说拜会过那位行伍出身、少通文墨的达鲁花赤后，归途中，那位谦恭的杨主簿又有些迟疑地对张养浩进一言。原来，那县尹住的官舍"非吉宅"，前几任县尹皆有不幸事发生。所以，当下这位杨主簿规劝新县尹另择佳所而居。

张养浩闻听，看了一眼这位殷勤的杨主簿，尔后淡淡一笑，回应一句："无妨，本官吉人天相，呵!"

与杨主簿在县署门前揖别，张养浩步入衙中内宅。效贤见老爷归来，便急忙去厨下着人热了饭菜给端上来。张养浩伫立天井中，却未马上去用膳。本来一班县僚属吏提出要为新上司摆宴接风的，却被他给谢绝了。其实他亦早风闻这堂邑县官场风气不正，所谓迎来送往盛行。今儿去拜见那位达鲁花赤，明显看出这位托疾未随一班县僚迎接自己的监县之傲慢。自己初临堂邑，这上司便未予主动迎迓，张养浩明显感觉到了这个蒙古人的冷淡。环视这所谓的"凶宅"，张养浩深感这县尹一职责任不轻，嗯，既来之，则安之，只要自己清廉守正，处处凭一颗忧民济生之心去履行职务，便无所顾忌、坦诚无愧焉!

张养浩想及此，举头望空中高悬的一轮明月，默诵起同里前辈中庵先生送行时赠他的那段圣人警言：“其身正，不令而行；其身不正，虽令不从。”诚哉斯言，此真千古为政者奉持诫训也。所谓“上有所好，下必甚焉”，为官者最戒一个“贪”字，只要自己做到拒腐蚀不贪污不受贿，那就能带头改变这堂邑县官场中的不良风气，从而树以勤政为民之政风，何愁本邑不治！对，首先要施以吏治，亦算本官上任伊始烧的头一把火吧！

“效贤！”张养浩边抬腿往书房走，边唤道。那小书童应声疾步过来：“老爷，您用膳?”

张养浩笑道：“这倒不急，你快研墨!”

效贤一听，知老爷要书文稿，遂不敢怠慢，小跑着去办。张养浩坐至那张书案后，却又陷入沉思中。良久，效贤才见老爷提笔蘸了蘸自己研好的墨，取过案头那叠宣纸上头一张来，随即挥毫书写起来。效贤凑近一瞅，却认得，系“四知堂”三个大楷体字。于是，他便咧开嘴笑着言道：“哎，老爷，您这是给咱这新家题的堂号啊，对不?”

张养浩闻听，亦不禁爽朗地笑了，回道：“呵，小家伙，你说对了，正是咱这新家的堂号!”效贤歪头再端详那三个字，又有些纳闷地问：“敢问老爷，您题这‘四知’，倒是哪四知呀？请给俺讲讲如何?”张养浩见问，觉得亦真有必要给自己身边这亲信人补一课才是。于是，他便耐心地释解道：“这‘四知’缘于汉代一位通晓经典、饱览群书，有‘关西孔子’美誉的大儒杨震一则‘暮夜却金’的逸事。这杨震公，字伯起，系弘农华阳人。曾在桑梓办学三十余载，后应征为官，直做至太尉。出仕二十余年，杨震清廉守正，以‘清白吏’为座右铭。尝由荆州刺史调署东莱太守，赴任途经咱山东昌邑县时，是邑县尹王密，正是杨震在荆州刺史任上时举荐‘茂才’而提拔起来的官员，此番昼间谒见恩师后，又暗携十锭黄金乘夜深人静时分，至馆驿欲行孝敬，意在请杨震以后在仕途中再予关照。宁知杨震见状便斥责道：‘故人知君，君不知故人，何也？’意为我和你王密乃故交，我了解你的为人，如何你却不了解我的为人呢？那不知趣的王县令却回道：‘暮夜无知者。’意为这夜黑人寐时分，是不会有人知晓这事的。”效贤听到这里，眨眨眼道一句：“也正如今夜这般时候！嘿！”张养浩伸手轻轻一拍小书童的后脑勺，接着讲来：“那王县令未料到杨大人当即掷地有声地谴责他道：‘天知，神知，我知，子知，何谓无知者！’”

效贤听了，双手一握拳，跳跃着言道：“老爷，这句俺听明白了，这也正是您题写的‘四知’！”张养浩微微一笑，颔首，未再言语。

子夜时分，张养浩让效贤去歇息了，自己却毫无倦意，在灯下，犹自伏案翻阅着一卷《堂邑县志》，欲鉴以前县令治事为自己以后行政参考。一时掩卷沉思，良久，又提笔在手，轻晃着头，旋题下《初拜堂邑县尹》诗一首：

> 一县安危任不轻，初闻恩命喜愁并。
> 徒劳人尔岂吾意，何以报之惟此诚。
> 操刃岂容伤美锦，徇墙谁敢望高名。
> 前贤为尹规模在，他日须期与抗衡。

在这首七律诗中，张养浩表达了要把主宰的这一地方视为“美锦”加以治理的抱负和愿望。

翌日，张养浩便请人制作了一块镌刻有自己手书“四知堂”三字的匾额，尔后挂至内宅中堂之上。这令见者肃然，其中那位杨主簿尤暗自对这位新上司的端正品行钦佩不已。

是日，张养浩发布上任后第一道布告：将邑内三十余所淫祠尽相捣毁！这不啻一枚炸雷投入这堂邑县中，黎庶拍手称快。而一些司吏却因之诚惶诚恐，惶惶不可终日。

原来张养浩通过审阅县志文案，并利用半日走访暗查，已洞悉那些污吏与商贾勾结，借百姓迷信神灵而兴奢侈祭祀之风，行欺诈骗取钱财之径；淫祠皆是聚敛民财而兴建，百姓都是敢怒不敢言，任其搜刮。

张养浩勒令捣毁邑内淫祠，随即罢免查处了一批有关联的胥吏。原来一些不占编制、不享吏禄的袛候和候补吏员帖书，与几名吏员勾结，与那不法商贾同流合污，营私舞弊，利用淫祠而聚敛民财。此次遇到刚正不阿、爱民如子的新任县尹张养浩，他们巧取豪夺的恶径便算“寿终正寝”了。

几日后，张养浩又发觉县务中一个弊端，即规定每月初一、十五即朔、望两日，以前犯案在册的所谓“盗贼”须到县衙来参拜。张养浩由衙中刘姓书办处得知，这其中是有门道的，原来最早提出此规定的乃系当县的县尉武坦。这从九品的县尉掌有专门印信，平日无须署押县事，只令专巡捕权限。因此这堂邑县尉武坦便擅用职权，对邑内有案底的人施以勒索勾当。

张养浩就此又私下求证于杨主簿。杨主簿却颇显得语焉不详。张养浩见状，知这僚属有所顾忌，便有些不悦，严厉道：“对这事，本县定要查出个端倪来，杨先生焉不助我？却有何顾忌！”杨主簿见县尹态度坚决，终下了决心，遂向张养浩道出实情来：“大人息怒，卑职亦的确听闻武县尉素有向那些往昔犯案者索取钱财的勾当，那典史谈醒龙抑或有牵连。详实内情尚待大人加以明察！”张养浩听了，双眉紧锁，颔首默言。

移日，张养浩携杨主簿去谒见那位县达鲁花赤，将已掌握查实的县尉武坦擅权渎职罪行予以禀报。巧的是，那达鲁花赤向与这武坦县尉不睦，如今听闻张养浩揭发其罪状，当即拍案，道了句：“这厮如此勾当，罢免就是！”张养浩不知这达鲁花赤与武县尉之间不和，只是见他如此态度，心下稍安，这正中其下怀。

翌日，张养浩即坐大堂，宣告：“自即日起，停止让有案底的所谓‘盗贼’再于朔望日来县衙参拜。那些原本都是本分的良民，实出万不得已做了违法勾当，既然业已加之以刑，处罚过他们了，却还将以盗贼视之，这样做就断绝了他们改过自新之路，故理该停止。”站在堂下的武坦心中有鬼，听了县尹大人这当堂宣告，顿时低下了那向上的大脑壳。这时，却又猛听得上面的张县尹突然叫到自己的名字：“现已查实县尉武坦有营私舞弊、贪赃受贿行为，本县已征得达鲁花赤之准，现宣布停止武坦县尉一职，俟上报再行处置！”说到这里，张养浩加重了语气，威严朗声道：“各位县僚同仁听真，本县在堂邑一日，就不容有贪赃枉法及勒索敲诈百姓行为肆行，倘发现一例，绝不姑息，在此请诸位同僚自重！好，退堂！”

是夜，那谈典史谒见县尹，坦白自己曾接受武坦私底下给的纹银百两，擅自利用持案牍之权，行催科少缓渎职之事，盖涉及的系本邑某商贾逃税案。

张养浩看着谈典史放在案上的百两纹银，沉吟片刻，问道：“我且问你，可只涉案这一桩？”

“大人，请相信卑职，卑职既然诚心来向您交代，便绝不敢再隐瞒，的的确确只此一桩错事，尚请大人予以宽恕，再不敢妄为矣！”

只见张养浩站起身形，在房中踱了几步，最后停在谈典史面前，目光如炬，盯着这羞愧满面的属僚，发言道：“听着，本县姑念你系初犯，且又主动来自首交代并献出所受贿赃银，且宽恕你这一回，只是回去须将那逃税商贾的具体案情详实写下来，明日交与本县！”

“多谢大人宽恕，卑职这就回去连夜写好呈与大人！”那谈典史待退出县尹书斋，这才发现自己早已满头是汗，遍体生津。

却说通过捣毁淫祠、罢旧盗朔望日参拜等举措，严厉整顿了堂邑县吏治，顿时肃然政清，大快民心，尤其是那些犯过罪的人都感激涕零，互相劝诫道：“千万不要辜负了张公！”

再说那谈典史又向张养浩举报了境内李虎纠集一伙暴徒为害扰民事。当下张养浩一问方知，这李虎原是堂邑县西关一屠户，因酒后挥刀砍死一后生而畏罪潜逃，后便纠结了数十名地痞暴徒，专干起那残暴祸民勒索财物的勾当。百姓真是苦不堪言，也曾到县衙来告发求救，但是以前的县尹却畏于李虎匪党暴厉，而不敢过问。

“真是岂有此理！”张养浩听罢，登时拍案而起，“辖内有如此胆大妄为害民之徒，却听之任之，何为父母官！”然后，厉目望定谈典史命令道，“听好，明日辰时集结衙内所有刀弓手及兵勇，随本县去缉拿这伙歹徒！”

那谈典史顿时精神一振，挺胸受命道：“悉遵钧命。有大人之威，此番定擒拿李虎等鼠辈归案！”

单说张养浩亲率兵勇将祸害一方百姓的暴徒一举歼灭，匪首李虎亦被正法。这真真就轰动了堂邑县上下，人人拍手称快，交口称赞这新上任不久的县尹大人果然敢为民除害，是位真正爱民如子的父母官。就连那位行伍出身的达鲁花赤也对张养浩刮目相看，亲自主持了庆功宴，款待这位尚年轻的县尹。宴罢，达鲁花赤又约张养浩到自己府上啜茶。叙话间，这位蒙古人向张养浩表露出了自己屈尊这小县的不满情绪。张养浩听在耳里，笑在心中，只是表面上亦显出替对方感到惋惜之色，末了又不露声色地道上一句：“愚弟当年居京时，倒与吏部几位同僚有些交往，请勿忧，容当得便计议！”那达鲁花赤闻听大喜，当即对张养浩抱拳称谢道：“早闻贤弟向得平章政事不忽木大人器重，在此拜托了，先谢过！”

自此，这位一向傲慢待汉人同僚的达鲁花赤一改态度，对张养浩毕敬了许多，在县治方面听任张县尹独立而为，从而使张养浩在这堂邑任上得展身手，顺利推行自己的一系列政治举措，这亦真是堂邑县百姓的幸运与福气。

再说张养浩上任之后，先严肃整治吏僚，随即又深入民间做了半年调研，在充分了解百姓疾苦的情况下，着手制定了诸如减免赋税杂役、奖励垦荒等惠民措施。短短一年时间，便使邑内大多数黎庶得以安居乐

业，过上脱贫转富的生活。

且说这日，张养浩照例又欲去乡下巡视农事，天却突然下起了不小的雨。于是，效贤便在一旁劝阻道："老爷，您看这雨下得这般疾，咱是否改日再下去?"

张养浩摇首回应道："农耕者，最苦风雨之扰，所以，这样的天气，正该下去巡视一番。"于是，命驾起马车，随即冒雨出巡了。

单表马车出了北关城门，过了故县城，一路冒雨向西北徐行。俟至十里处一村庄外，张养浩在车上远远便看见一戴笠披蓑衣者由庄中走出，便令停车。一时见那人走近了，张养浩看清了那斗笠下是一张老叟布满皱纹的脸。张养浩随即下车来，迎住这老农，和颜悦色地问道："请问老伯，贵庄什么名字啊?"那老农见是一位官人模样的人向自己问话，顿时那历经沧桑的脸上现出一丝慌张，赶紧先冲着张养浩弓腰回道："回这位大官人，俺们这庄唤作千户营!"

"哦，千户营。那请问老伯，这下雨天，您这是要做什么去?"

又见老人家叹了口气，回道："俺是见这雨下得疾，这不便要来地头子瞅瞅庄稼不是!"

张养浩一听便明白了，这老农是担心雨大涝了田中庄稼，所以才冒雨出家门来瞧瞧的。

当下张养浩披戴上车上带的斗笠蓑衣，与这田姓老农一同去他家的地头走着看了一遭。那田老头居然快八十岁高龄了，身板却依旧硬朗得很，果然是种了一辈子地的结果。老农当下又邀请这位和蔼的官人到自己家中喝杯茶，张养浩却不想过多叨扰人家，便又邀老农暂至不远处一高台下避雨聊话。原来这台子名"宇文化及台"，谈起这，那田老汉兴致颇高，打开话匣子来。这宇文化及便是那隋炀帝杨广最宠信的近臣宇文述的长子，曾拜大将军，封许国公。这宇文大公子生性贪婪，又骄横跋扈，最后竟违背禁令与突厥人做买卖。隋炀帝知道了，便要送他上西天，还得亏是他的弟媳，也就是隋炀帝的长女南阳公主出面求情，才被免了死罪，谁知就留下了一个祸国殃民的国贼。后来，这宇文化及拥兵谋反，竟弑杀了隋炀帝，立了那秦孝王杨浩为帝，他自任了大丞相。后来众叛亲离，这宇文大公子便带着不足两万将士逃亡到这东昌路城，不久便被窦建德大将军与那原齐州农民义军首领、暂降附宇文化及的王薄里应外合活捉了，随后他及两个儿子以弑君害民罪行，一并被斩首了。说到这，田老汉一瞅张养浩，又道来：本是押送到那河间问斩的，但这宇文公子的魂魄却又化为水怪，来这儿祸害百姓，后来被白雀仙人除掉，尔后便埋到这儿并筑起这高台镇压住！

张养浩此前亦曾听杨主簿讲过这堂邑新县城竣工时有数万白雀翔集之佳话，却未知这背后还有一则“白雀仙人除掉宇文化及及水怪化身”的逸闻，便请田老汉道其详。于是，田老汉又道起这则传说来。话说宋熙宁年间（1068—1077），这堂邑新城土基刚筑起，城中那十字大街当央忽然塌陷出一个无底深潭，只见黑水涌出，又传出如牛一般的吼叫声，接着天空就降下狂风暴雨，一时天昏地暗，日月无光。老百姓都吓得逃命不迭。接下来暴雨不歇，城外的田地都给淹了。而那水怪更是夜夜吼叫并从深潭中爬出来祸害百姓和牲畜。老百姓叫苦连天，当时的县太爷着急上火却束手无措，正准备请调军队用武力镇压这水怪。正在这时，忽有一白衫白裙的少妇求见县太爷，当堂言自有制伏那水怪的办法。半信半疑的县太爷同意让她一试，并组织了数百兵丁民夫相助。是夜，众人围堵在这黑潭周围，手持火把，并擂鼓呐喊，还备下了许多火炮预备轰击。就在这严阵以待的声势下，忽见一只大白雀俯冲下来，照准潭中那水怪头上猛啄一口，那水怪顿时大声惨叫，头破溅出的血喷达数丈高。又见那只大白雀一阵狂啄，便见那水怪头几乎被啄掉，挣扎了几下就毙命了。众乡亲大胆围拢，近前探看，那作恶多端的水怪果然死了。登时那潭水也退去了，而那大白雀却不见了踪影。城很快建成了，竣工之日，突然飞来数万只白雀在新城上空盘旋鸣叫。县太爷及全城军民才明白过来，那只大白雀原来就是白雀仙人化身来拯救百姓的。于是，为感谢这白雀大仙除害救民的大功德，县太爷令在北堤修建了那座“白雀观”，并塑白雀仙人像，由此每年正月廿九日至二月初二日，都要在白雀观举行庙会，以祭奠白雀仙人。

张养浩听至此，心中道：原来如此。

一时雨霁，张养浩告别这颇知古的田老汉，又登车去几处巡视一番，黄昏时分，方令驾车回转县城。坐在车中，挑帘望着原野上一派雨后云雾缭绕、鲜花盛绽、生机勃勃的景象，张养浩禁不住脱口吟成《雨后行县》诗一首：

命驾行农事，江天欣晚晴。泥途迟马足，风树远莺声。
川回水云活，花浓田野明。长官非酷吏，耆老不须惊。

是夜，在宣化堂办完公务，退至内宅用完膳时，张养浩又想起今儿在那宇文化及台听那田老汉讲的古来，心中便琢磨开来：每一县邑皆附衍有一些人文传奇，并遗留诸多古迹，像这堂邑县，这则“白雀除妖救民”的故事宣扬了正义，有那白雀观存焉，不正世代宣以教化嘛，如此来看，益莫大焉。正该重视此堪教化黎庶善举，还有兴学一项，皆应予斥资助焉。想及此，张养浩兴致所来，禁不住击箸吟诵起来，却是又口占成《堂邑宣华堂退食》绝句一首：

县斋公退炷炉熏，聊为尘烦一解纷。
开户不教香远去，篁纹浮动半窗云。

翌日，张养浩便叫上杨主簿，出了县衙，沿大街步行至位于街东南的县文庙。

且说据县志载，这堂邑县文庙始建于金大定年间（1161—1189），计有棂星门、泮池、大成殿等建筑。当下历经百余年风蚀雨侵，皆出现不同程度的毁坏和倒塌现象。

张养浩与杨辅学驻足文庙天井中。良久，抚摸着一株几近枯萎的古柏，张养浩长叹一声，言道："树犹如此，人何以堪。靖谦兄啊，所谓十年树木，百年育贤，眼下这文庙这般破损严重，吾等有失责之嫌哟!"说至此，张养浩略沉吟，又接着道："这样如何，咱们从衙中挤出些银两，再发动本邑那般乐善好施的商贾老爷们捐助一些，尔后将这文庙修葺一番，如何?"

杨主簿听了县尹张养浩的一番话，颇感意外，旋就对此议深表赞同："大人明鉴，斥资修文庙，以彰显兴学教化之道，善莫大焉。"接着，他又不无忧虑地道出自己的担心："只是大人，要让那些唯利是图的商贾们自掏荷包搞这义善，怕有些难度吧!"张养浩听了，微微一笑，颇有信心地回答道："靖谦兄莫忧此事，我自有办法!"

杨主簿闻听一怔，又见县尹那胸有成竹的样子，不禁问道："大人有何高策，请道其详，在下愿洗耳恭听!"

欲知后事如何，且看下回分解。

第七回
执政辛劳身先卒　牧民忠告心得言

诗曰：

为政廉勤尊职守，牧民彰德重施仁。
抗灾前线身先卒，放赈义仓暖胜春。
勿夺其时劝农道，莫伤美锦答天心。
嘉言善举修书就，楷式堪宜万世遵。

话说就文庙修葺筹资事，张养浩对杨主簿道出自己想好的良策：“靖谦兄，你却不知，愚早已掌握那一班商贾逃税勾当，值此正可借以勒令其出资举以善事，当抵其咎！”杨主簿一听，拊掌赞许道：“如此甚妙，大人果然运筹周到，在下折服矣！”

接下来这事项亦果真顺畅，先是本县那些巨商，应邀参加县尹大人摆的宴席时，张养浩让典史谈醒龙给每位发下了一信封。俟皆拆阅过后，张养浩适时提出请这些乡贤为本邑文庙修缮尽些力，并言此次会增建乡贤祠于文庙中，让后人敬仰，凡捐资多者会名列其中。结果那些商贾经一惊吓（那信封中纸笺上注明各自逃税实况）一捧诱，自然都变得慷慨起来，纷纷当堂解囊捐助。资金到位，嗣后用了不到三个月时间，堂邑县文庙便修葺扩建，焕然一新地出现在黎庶眼前，一时又赢得赞誉一片。

却说张养浩在堂邑县尹任上第二年，即大德十年（1306）秋，天降涝灾，县境内过半庄稼遭淹，那些靠老天恩赐耕种为生的老百姓苦不堪言。

如此境况，着实令那一县之宰张养浩心急如焚，每每彻夜难眠。每日他都将其他公务放下，带上一班县僚下到灾区巡察，并亲率军民抗涝，妥善安置那些屋舍被淹的乡民。后来亲眼见众多受灾百姓家中断了炊，张养浩与僚属合议，遂决定开仓赈济。按律令，凡动用官仓储粮，须有朝廷批文。但张养浩深知，等朝廷批文下来，不知要饿死多少灾民，此救命之事焉能迟缓，遂禀于那达鲁花赤，称愿承担一切责任，随即令开仓施救，同时书呈文上陈本邑灾情并请赈济。后元廷体谅其恤民之举，亦未追究加罪。

且说在开仓赈济灾民同时，张养浩着人遍县张贴公告，严禁那些粮商米行擅自哄抬粮价以趁灾谋取不义之财，明示倘经发现必严惩不贷，因此堂邑县境逢灾却未出现乱市事。

这日清晨，那淫雨明显小了许多，张养浩带着效贤策马出城至郊外巡察。

俟来到那北堤，张养浩下马来，登堤观望。此际雨稍歇，空中乱云飘动，裂开缝隙间有日光映出，张养浩见了，心头一阵欣喜：天，终于要放晴了！再眺望那田间因水灾转而种植的荞麦泛青一片，心下着实宽慰许多，一时便口占《行水灾郊外》诗一首：

云驳疏阴漏日华，昽昽晨色散林鸦。
马前怪底犹明月，路转满川荞麦花。

大德十一年（1307）春耕时节，张养浩携杨主簿、刘书办等一班人下乡巡视。此回，张养浩看过几座村庄的播耕情况后，最后又特意绕至千户营庄视察。他居然还记得前年在此邂逅的那位田姓老农的庄稼地。果然，张养浩下车来，老远便瞅见了正站在自家地头上瞅着子孙播种的老人家。身板依然硬朗的那位田老汉抬头猛见跟自己打招呼的是一位身着官服的中年人，竟一时怔住了。原来上回张养浩乃系微服私访，这回呢，为表县官对春耕的重视，一行人特意着品服下乡来了。

“田老伯，您老忘了，前年也就在这里，您老引我看了您家这庄稼，尔后还引我去那宇文化及台，并给我讲了古！”这一提醒，那田老汉才恍然大悟，认出了面前这位笑盈盈的官人：“噢，原来您是一位官老爷呀，草民俺有眼不识泰山了！”“田老伯，那宇文化及水怪如今不再搞怪，您与乡亲们的播耕不会被耽误了吧？”听了张养浩这诙谐的发问，那老农呵呵笑着回应：“有你们这些父母官压着，如那白雀仙人一般，那水怪今年是不敢再闹腾了，俺们种庄稼的托你们的福哟！”张养浩与杨主簿目光对视，旋即亦都笑了起来。

这时，那刘书办对田老汉介绍一句：“老伯，知否，这位大人就是咱们的县尹老爷！”田老汉一听，顿时敛了笑容，嘴中道着“哎哟，草民失礼了，请县太爷恕罪”，便要给下跪，张养浩见状，疾步上前双手搀扶住了这位可爱的老农：“田老伯呀，您这么大年纪了，就不必多礼了！”

一时，周围正忙着耕种的乡亲们闻听是自己的父母官县太爷巡察来到了田间地头，便纷纷围拢过来参拜，也趁机一睹大人威仪。

当下见众乡亲都兴奋地拢过来，张养浩亦挺高兴，便即兴问询了他们时下各自的生活情况，最后演讲道：“父老乡亲们，方才你们讲的最让本县在意的一桩事，即是官府征用徭役，最好能避开农时，这点提得很好。你们大概都知道亚圣孟子吧，他就讲过一句：‘百亩之田，勿夺其时，数口之家可以无饥矣。’讲的即是不违农时，也就是不在农忙季节征劳役，以免误农耕，不然咱老百姓就要无粮可食，害莫大焉。在此，本县郑重承诺，今后谨遵圣训，不做误农时之事也，请父老乡亲们安心就是！”听了县尹大人这一番照拂民生的贴心承诺，围在张养浩周围的众乡亲，皆不约而同跪伏下来，口呼：“感谢青天大老爷怜顾！”

张养浩亦双手抱拳给这些淳朴的农夫们弓腰还礼。场面真真感染了那杨主簿、刘书办等一班随行僚属。

且说下乡巡视归途，至城郊远心亭处，天空淅淅沥沥飘下小雨，张养浩遂令至亭中小憩。张养浩凝目望着亭周围开始泛青的树木，在细雨风中生机显现，心情格外爽适，便随口吟出一句诗来：“不是春风巧，何缘有岁华。”一旁的杨主簿听出这是前朝名相诗人王安石《染云》诗中句，遂微笑着亦吟诵了一句沈约的诗句，却意在赞美县尹：“佩服瑶草驻容色，舜日尧年欢无极。”

却巧那典史谈醒龙返归在本邑的老家省亲，归途中碰见县尹、主簿等在这远心亭中小憩，忙跳下坐骑，上前来见礼。杨辅学眼尖，瞥见那匹白马鞍下驮着坛酒，遂笑着言道：“谈典史驮酒来，却舍得邀吾等品尝乎！”谈典史闻听，转身就提酒坛登石阶入亭来。于是，这几人便坐在亭中小酌起来。

俟返回衙中，已是黄昏时分，小雨也歇了。效贤给自家老爷沏了壶茶，便退了下去。张养浩边品茗，边阅览案头一宗文书。批阅毕，已近子夜。张养浩想着昼间事，又念及至今年底，自己在这堂邑县尹任期将满，回顾这二年多来履职情况，亦算差强人意。当下便涌上诗兴，徐吟就《堂邑远心亭归饮》诗一首：

小雨林梢生暮寒，野亭朋酒暂盘桓。
弄巷始见春风巧，作牧方知政事难。
吉网罗钳非我志，尧年舜日尽民欢。
他时考绩甘书下，自有知智后世看。

一时，张养浩又生了将自己这两年余治理县邑的心得经验总结成册的念想。

提笔伊始，张养浩首先想到了拜命受任后，为官者要省己、克性之偏，修身之重要做到戒贪，这是在堂邑任上罢免那渎职受贿的县尉武坦之流而所思也：“普天率土，生人无穷也，然受国宠灵而为民司牧者，能几何人？既受命以牧斯民矣，而不能守公廉之心，是不爱也，宁不为世所诮耶！况一身之微，所享能几？厥心溪壑，适以自贼。一或罪及，上孤国恩，中贻亲辱，下使乡邻朋友蒙诟包羞，虽任累千金，不足以尝一夕缧绁之苦。与其戚于已败，曷若严于未然。嗟而有官，所宜深戒。”

张养浩同时又想到拜命为一邑主宰者应切记诚爱民智：“诚生爱，爱生智，惟其诚，故爱无不周；惟其爱，故智无不及。”又想及：“国朝以来典章文物，亦须备考评观，一旦为官，庶不为俗吏所造迂也”，对国家诸项法典熟知于心，便不会为属僚居心叵测者蒙蔽。

在“上任第二”篇中，张养浩切身感受到“事不预知难以应卒”，故建议须做到尽力询访，“语其详，疏其概，先得其情”，不轻率应答，免使百姓失望。在任内，张养浩提出力戒仕之“瘴”说：“急催暴敛，剥下奉上，此租赋之瘴；深文以逞，良恶不白，此刑狱之瘴；侵牟民利，以实私储，此货财之瘴；攻金攻工，崇饰车服，此工役之瘴；盛栋姬妾，以娱声色，此幄薄之瘴也。”重申“知地之瘴者未必能死人，而能死人者，常在乎仕瘴也”。在警诫为官者本人，更郑重地提到“禁家人侵渔”的必要性，可谓振聋发聩：“居官所以不能清白者，率由家人喜奢好侈使然也。中既不给，其势必当取于人，或营利以侵民，或因讼而纳贿，或名假贷，或托姻属宴馈征逐，通室无禁。以致动相掣肘，威无所施。己虽日昌，民则日瘁；己虽日欢，民则日怨。由是而坐败辱者，盖骈首缧踵也。呜呼，使为妻妾而为之，则妻妾不能我救也；使为子孙而为之，则子孙不能我救也；使为朋友而为之，则朋友不能我救也。妻妾、子孙、朋友皆不能我救也，曷若廉勤乃职而自为之为愈也哉。盖自为虽阖门恒淡泊，而安荣及子孙；为人虽欢然如可乐，而祸患生几席也。二者之间非真知深悟者，未易与言。有官君子，其审择焉。”

在“察情”一则，张养浩写道：“夫善听讼者，必先察其情，欲先察其情，必先审其辞，其情直，其辞直，其情曲，其辞曲”，提议以《周礼》为鉴，以察人之辞、色、气、耳、目五声来审理诉讼，应以不自恃才能事为道德，即“以德化民”，做到视“民病如己病”，正所谓爱民如子一般：“民之有讼如己有讼，民之流亡如己流亡，民在缧绁如己在缧绁，民陷水火如己陷水火。凡民疾苦，皆如己疾苦也，虽欲因仍，可得乎？”

在“御下第四”中，张养浩在写至“御史”一则中，尤深悟焉：“吏佐官治事，其人不可缺，而其势最亲。惟其亲，故久而必至无所畏；惟其不可缺，故久而必至为奸，此当今之通病也。欲其有所畏，则莫若自严；欲其不为奸，则莫若详视其案也。所谓自严者，非厉声色也，绝其馈遗而已矣；所谓详视其案者，非吹毛求疵也，理其纲领而已矣。盖天下之事，无有巨细，皆资案牍以行焉，少不经心，则奸伪随出。大抵使不忍欺为上，不能欺次之，不敢欺又次之。夫以善感人者，非圣人不能。故前辈谓：不忍欺在德，不能欺在明，不敢欺在威。于斯三者，度己所能而处之，庶不为彼所侮矣。”

在“宣化第五”篇中，张养浩重笔题写“先老”一则，尤堪为仕者警诫自励：“古之为官，身任其劳而贻百姓以安，今之为政者，身享其安，而贻百姓以劳，己劳则民逸，己逸则民劳，此必然之理也。惮一己之劳，而使阖境之民不靖，仁人君子其忍尔乎！昔子路问政，而圣人告以先之劳之，无倦。呜呼，此真万世为政之格言也欤！”

在“明纲常”一则中，张养浩重申教化之重要性与普及性：“近年子叛其父，妻离其夫，妇姑勃蹊，昆弟侮阋，奴不受主命，冠履倒置身，比比皆然。凡若此者，不必其来告，当风乡长恒纠，其尤甚者，谕

众而严决之，则自悚然改行矣。”

“勉学”自是张养浩尤重视者，认为“或生徒有未济，廪饩有未充，祭物有未完，教育有未至，激劝有未周，皆敦笃以成之。久别弦诵之声作，而礼仪之俗可兴矣。”

“劝农”一则，显系张养浩下乡巡视时，与诸如田老农等乡亲攀谈所得悯农悟得也；并对某些官员借下乡劝农之名，“名为劝之，其实劳之”予以揭批：“农之勤惰，一岁之苦乐系焉。其所当为，有不待劝焉者。时因行治，视其辍工废业者切责之，远近闻之，必知自励也。常见世之劝农者，先期以告，鸠酒食，候郊原，将迎奔走，络绎无宁，盖数月骚然也。至则胥吏童卒杂然而生威，路遗徵取，下及鸡豚。名为劝之，其实扰之；名为优之，其实劳之。嗟夫！劝农之道无他也，勿夺其时而已矣。繁文末节，当为略之。”

“恤鳏寡”一则，亦鉴为县尹的张养浩拳拳悯农之心：“鳏寡孤独，王政所先，圣人所深悯。其聚居之所，日暇则亲慰之，或遣人省视。或衣粮，或药饵，官不时给者，纠治之。”

“戢强”一则，不难看出来源于张养浩施仁感化盗者改悔为良善之悟得焉：“或谓民有豪强则不能致治，是殆为贪邪之吏而发也。夫豪强之所以敢横者，由牧民者有以纵之也。何也？与之交私故也。苟绝其私，不动声色而使其胆落。语曰：‘其身正，不令而行。’又曰：‘不怒而民威于𫓧钺’，信哉！”

于“慎狱第六”篇中，“自责”一则难能可贵，张养浩对如己为仕者诤言：“教民不至，则犯禁者多，养民无术，则疾饥者多。为守与牧，而使其至此，独归咎于民，难矣哉！”

于“救荒第七”之“多方救赈”一则中，张养浩之“视民如子”良善苦心彰显无余矣：“无所畀人于富于贵者，非欲其自裕，盖将使推所有以济人之不及也。饥者食之，寒者衣之，斯不负天畀人之富矣；直者举之，枉者错之，斯不负天畀人之贵矣。然富贵而能若是者，其惠在人，而善则在己，名为惠人，实自惠也，故古人之有民社者，或不幸而值凶荒夭折之变，视其轻重，必有术以处之。或私帑之分，或公廪之发，或扎之工役，或假以山泽，或己负蠲征募粜劝粜，或听民牧其遗稚，或命医疗其疹疾，凡可以拯其生者，靡微不至。盖古人视民如子，天下未有子在难而父母坐视不救之理也。呜呼，凡牧民者，其以古人之为法。庶元彼我之间哉。”

作为一县之尹，写下“均赋”一则，诚可贵焉：“按惯例，民之税赋，三年则第，其贫富而均平之。或好名而未及先为，或避谤逾期而不为，皆非也。如期行之，民受赐不浅矣。”

“祈祷”一则，省己诚致令人击赞：“凡有祈祷，不必劳众。斋居三日，以思己愆，民有冤欤？己有赃欤？政事有未善欤？报国之心有未诚欤？无则如仪行事，有则必俟追改而后祷焉。夫动天地，感鬼神，非至诚不可，纤毫之慝未除，则彼此邈然矣。”

“救焚”一则，可见张养浩教化黎庶之细微无不虑及：“民或失火，则伐鼓集众，亲莅以救之。恻隐之心，人所共有，诚能鼓舞以作其气，虽仇人亦将焦头烂额而相趋患难矣。”

“反风灭火，虎渡河，蝗不入境，全境之水回流，此在长民者之德何如尔，殆不可皆谓之偶然也。”此“尚德”一则，张养浩乃引以古之两位同为县令者施仁布德而使属境不犯灾凶逸事，宜以尚德为佳焉。东汉江陵县令刘昆，因邑中接连几年火灾频仍，遂向火跪拜祈祷，竟使风转向灭火；升太守后，广施仁政，致老虎皆离境渡河往他处去。戴封为东汉西华县令时，因治其有方，黎庶皆服其仁德宽治，以致邻县闹蝗灾，而那黄蝗虫却对西华县境秋毫不犯，奇哉。

在“各守涯分”一则中，张养浩对县僚和睦共事提出了忠告：“尊卑之分定，则家无逆子，国无叛臣。夫国之所以亡，家之所以败，皆由卑不有尊，而尊不能制卑之所致也。考诸历代，厥监甚明。今夫上而朝廷，下而郡邑，其设官也，有长焉，有贰焉，有幕属焉，有胥吏矣，各

安其分而事其事，天下安有不治之哉？惟其小智自私，乖同寅之义，无协恭之诚，衷既不和，则所见必有不同者。或长官不知待佐贰之礼也，或佐贰闇于事长官之道也，少见辞色，则彼此胥失矣”“为一时之忿使同僚之心离，阖境之民不得治，则其人之褊浅可知矣。古人有言：‘必有忍，乃其有济。’又曰：‘忍为众妙之门。’旨哉。”

在“患难”一则中，张养浩行笔时，或念及范文忠公《岳阳楼记》中“予尝求古仁人之心，或异二者之为，何哉？不以物喜，不以己悲”句矣，应如是：“凡在官者，当知荣与辱相倚伏，得与失相胜负，成与败相循环。古今未有荣而无辱，得而无失，成而无败之理也。虽天地之运，阴阳之化，物理人事，莫不皆然。处于不以道，则纤毫之宠必摇，而一唾之辱必挫矣。故君子于外物，重轻皆所不恤，顾其在我者何如尔。使其有可辱，虽不加谴，而君子恒以不足；使其无可辱，虽置之死地，而君子恒以为有余。历观自昔大圣大贤，不幸横罹祸患，恬然不易其素者，灼乎此而已矣。苟惟能处荣而不能处辱，惟能安顺境而逆境则不能一朝居，欲望其临政有余为难矣。呜呼，善观人者，其于此焉察之。”

于“分谤”一则中，张养浩对毁誉表以清醒认识：“是非毁誉，自古为政所不能无者。是则归人，非则归己；闻誉则归人，闻毁则归己；无长无贰，处之皆当如是也。前辈云：‘恩欲己出，怨将谁归？’呜呼，此真博大君子之言也。”

“不可以律己之律律人”一则，诚自律铭也：“同官有过，不至害政，宜为包容。大抵律己当严，待人当恕，必欲人人同己，天下必无是理也。”

这正是：为政自律惠百姓，悟成相传益同仁。

欲知后事如何，且看下回分解。

第八回
堂邑任满归未得　博平权移恐无同

诗曰：

三年赢得何憔悴，勤政泽民任已劳。
袖有归来赋应倦，心无缺憾铭以骄。
家园虽念身非我，驿旅犹行令是朝。
万里鹏程通云上，却看舒翼渐翔高！

话说大德十一年（1307），张养浩感觉终于可以松一口气了：在这堂邑县尹任上，三载任期即将届满，自己亦可卸下重负，回济南老家与家人团聚了。

这日退堂后，那主簿杨辅学邀请平易近人的县太爷道："希孟贤弟，今日乃端午节，你我皆无家眷在身边，正巧前日我那侄子来看我时，捎来了一坛他爹自酿的烧酒，今儿请赏光莅临寒舍小酌，请勿辞哟！"

张养浩听了，微笑颔首，应允下来。这时，却见那掌书记刘和折回，见杨主簿也在，遂笑着言道："巧了，这省得我再跑一趟了，今日端午，愚弟在舍下让拙荆略备了薄酒，诚请两位大人赏光屈尊，请勿辞！"原来，张养浩平素与这二人最是投缘，常聚在一起谈事析文。

当下见刘书办亦来邀请同过佳节，张养浩笑了，摊开双臂，做出为难状，言道："这却如何是好，愚可无分身之术哟！"

杨主簿亦笑了，回应道："估计刘贤弟贤内厨艺定比我强上几倍，那就请希孟仁兄去品尝一下。酒么，估计不如我杨家自酿的有品味些，所以就请饮我的酒，如何？"正说笑着，有一位在本邑做生意的历城老乡造访，特意给县尹同里捎来家书一封。

张养浩让效贤上茶待客，尔后拆开家书来阅，脸上露出了开心的微笑，这信是其长子张强书写的。阅毕，张养浩冲在座的几位笑着言道："犬子在信中，知乃父即将任满，故书曰'归及辰'，呵！"

当下那客人告退，张养浩揖谢送走他，这才与杨、刘二位僚属踱出县衙来，徒步沿东关大街朝刘书办寓所方向走去。

俟与僚属过完端午节，张养浩回转县衙中内宅，已是亥时。他与杨、刘二人谈得投机，故多饮了几杯，丝毫困意皆无，遂复来至四知堂小书房中，想给家人复函一封。

灯下，张养浩再阅强子那墨迹尚新、似存墨香的书信，心头一热。在这堂邑为官三载了，自己因勤政专心，亦只返家省亲两回而已，每回只逗留两三日，真所谓来去匆匆，与亲人哪谈上亲近够，尤其是自己的两个爱子：强、引，在家时每每围在他身边。父子情深天伦乐浓使然矣。如今，盼着在外为官的父亲任期将满，其即将团聚的欣喜之情自溢于言表，在这家书中彰露无余焉。

透过那洋溢着浓浓温馨亲情的字里行间，张养浩仿佛看到了那鹊、华、标诸乡山，依稀听见了那泺湖荡漾的波流声。家乡的山山水水确是出现在他梦中最多的物象。当然，他对这为尹治理近三载的堂邑县亦发自内心地生出了一份几近对家园历城般的亲近感，诚所谓历城、堂邑，情在伯仲间。唉，太白曰"夫天地者万物之逆旅，光阴者百代之过客"，这人生在世，确如寄居驿站般短暂，只是亲情最无价。强子啊，快矣，为父即将卸下这负荷，归去携子再续那共阅诗书之悦兮！想及此，张养浩笑绽双颊，随即研墨提笔复函，即成再阅一遍，意犹未尽，又下笔附上《得子强也书诗以答之》诗一首示儿：

有客附书至，封识墨尚新。展谈笑良久，劝我归及辰。
我岂不汝怀，爱此泉石邻。官事亦既简，又多素心人。
刘生书满家，杨叟酒味醇。而况俱好客，有假眉不颦。
细思霄壤间，实与逆旅均。焉往非寄寓，奚必家园亲。
置书桃笙底，且复乐我真。

一时书毕，张养浩站起身形，舒展了一下肢体，尔后做了下深呼吸，这才去就寝。

再说一个月后，堂邑县那位达鲁花赤要先于张养浩高升调任了。原来，张养浩曾在致自己的恩师、时任中书平章政事不忽木的问候函中，替这达鲁花赤美言了几句，意在请托予以提拔云云，故终使这县达鲁花赤擢升为东昌路达鲁花赤。这亦兑现了前番允诺，由此可见张养浩善于处理同僚间关系之一斑。当然，这位达鲁花赤亦非庸吏，他支持张养浩在堂邑县尹任上着力实施仁政，使邑内黎民逢灾能得赈济，并受惠于减赋税等利好，过上安居乐业之生活。这回升迁亦算得以德报了。

却说这年年底，上头传下文书，着堂邑县尹任满的张养浩移改同属东昌路辖属的博平县署理县事。这纸旨令，让张养浩颇感意外。事后方知，那博平县因故缺任，于是那东昌路达鲁花赤，亦即张养浩曾经的顶头上司推荐了任期即满的他就近权博平县事。

在此前后，张养浩每日照常治理各项县事不辍，就寝前，亦一如既往书所谓入仕心得《牧民忠告》。

任满之际，张养浩自然想及“受代”事宜，于“郊迎新代”一则中，可见其思虑之细微：“闻代者来，则避所居而郊迎之，不可以其代己也而疾之，而薄之，而不以旧政告之也。大抵天下之善，而彼犹在此，劝人为善，即己之为善也。讵可惟许己为善，而不愿他人为善哉?”

于“克终”一则中，诫自警又兼他警昭然：“为政者不难于始，而难于克终也。初焉则锐，中焉则缓，末焉则废者，人之情也。慎终如始，故君子称焉。”

世谓文人相轻，而仕者相竞亦常然。基于此，张养浩亦予以精辟剖析，诫让为官者足戒矣：“尝见世之交代者，多有所争，要皆旧官不广之所致。或居其居而不徙，或专其田而不分，或匿其公物不尽以相授。便新者怀不平而无所诉，甚非士君子善后之道也。夫利之与义，势不并处，义亲则利疏，利近则义远。况为民师帅，而专务于利，其聚怨纳侮，视市井小人不若也。故君子之从政也，宁公而贫，不私而富；宁让而损己，不竞而损人。”

夫为官贵在泽民以谋福祉，而不在为沽名钓誉，所以张养浩书录自己所思以为警戒，所以“不可自鬻”：“代之未至也，风民立石以颂德，结绮门以祖行，鸠钱帛以佐路费，建生祠以图不朽之名，皆非士君子之事也。盖为善不求人知音为上，知而不自有其善者次之，呶呶焉自谋自鬻，惟崇虚誉者，风斯在下矣。”

于“完归”一则中，张养浩道出归而无憾之要义：“其在政也，民被德泽，讼请盗息，豪强消沮，同僚悦服，则去之之日，虽弊车羸马，行囊萧然，其乐有不翅万金获而千驷受者，前辈由外官而至执政者，论济人之功，皆自以为不及为县者远甚。呜呼，有志及物者，其勿薄州县而不屑为也。”

却说本打算致仕还乡的张养浩，还着意费笔墨书下“闲居第十”篇，诫善言善行，不可不读。“轻去就”一则中，典引孔子“三揖入仕，一揖去官”析之，果真精当：“士之仕也，有其任斯有其责，有其责斯有其忧，任一县之责则忧一县，任一州之责则忧一州，任一路之责、天下之责者，则以一路与天下而忧也。盖任重则责重，责重则忧深。古人之所以三揖而进、一揖而退者，有以也。虽尧、舜、禹、汤、文、武之为君，皋、夔、稷、契、伊、傅、周、召之为臣，因未尝不忧其责而以为乐也。彼以位为乐者，苟其位也。呜呼，大圣大贤，宜不难于其所任，犹且不自暇逸如此，吾才远不逮圣贤，顾可乐其位而重其去也哉?”

于“致政”一则，不难窥视在这县尹任上，张养浩之谨言慎行，今致仕果如释重负之复杂心境也：“古人以休官致仕，为释重负而脱羁囚，窃尝思之，诚有是理。方其仕也，严出入而慎起居，一颦一语，亦不敢以轻假人。盖一身而为众师表，少逾规矩，谤议四闻，譬之特行于高屋之上，自顶至踵，在下者无不见之也。一朝代至，完身而去，讵止如释重负脱羁而已哉。尝见仕而休居者，往往不喜，或命子侄，或托朋友，市奸构讼，靡政不及，小有所违，则曰：‘去官同见任。’使新上者，法格令驰，拒纳难容，甚而挠沮排抵，为状百端，细民无知，亦从而靡。设使己政之初，人以是荐扰，当若何？推心体之，必自知其可恶矣。”

于“进退皆有为”一则中，却进退有度，从容也：“进则安居以行其志，退则安居以修其所未能，则是进亦有为，退亦有为也。近世士大夫，惟狃于进，退则昏然，无所猷为，甚而茹愧怀惭，蹩缩不敢一出户。夫轩冕，古人以为傥来之物也，其有也何所加，其无也何所损。不见良贵在我，惟假于物以为重轻焉，则其人品之卑下，不待论而可知矣。”

张养浩奉义为处世最高准则，所谓义之所在，生死以之，于“以义处命”一则诚彰所悟矣：“世俗以穷达，进退皆本夫命，谓命之穷者，虽竭蹶尽，求进而亦穷；命之达者，虽远逝深藏而亦不能退。此星翁、术士之常谈，非君子所尚也。君子则以义处命，而不倚命以害义，可以进则进，可以退则退，吾不谓命也。乐则行之，忧则违之，吾岂谓命哉？彼沦胥富贵利达之境而不能出者，则往往托命以自诬，宜乎接武

祸机而卒不能悟，悲夫。”

于“求进于己”一则中，张养浩道悟“道业学术”乃求进于己者之精要所赖矣：“士当求进于己，而不可求进于人也。所谓求进于人者，富贵利达之荣是也。盖富贵利达在天，而不可求，道业学术在我，而不可不求也。况古之人，不以富贵利达为心也，其所以从仕者，宜假此以行道也。道不行而富贵利达者，古人以为耻，而不以为荣。呜呼，非诚有致君泽民之心者，其孰能与于此?”

名节之于世人，之于为官者，何似也？所谓始终如一，保持晚节，非仕者警之乎？张养浩在“风节”一则中，给出了黄钟大吕般的敲击示警：“名节之于人，不金币而富，不轩冕而贵。士无名节，犹女不贞，则何暴不从，何美不附？名节难保。爵禄或失，有时而再来；名节一亏，终身不复矣。呜呼，士而居贤者，能以此言铭其心，庶不易所守而趋势要哉!”

却说那堂邑县百姓得悉县尹大人即将卸任另就，皆感念张养浩在任内勤政廉洁，又爱民如子，为老百姓着想，办了那么些谋福祉事，比如捣毁以往某些污吏借以敛财而建的淫祠，开仓赈灾并亲临旱涝区率军民抗灾，罢旧盗朔望日到县衙参拜献银陈规，等等。如今这样爱民惠民的青天大老爷却要离任调走了，这又怎不让堂邑县的父老乡亲依依不舍！再念及那即将接任张大人的新县尹，也不定规是位啥样人，只恐不似张大人这般处处为百姓着想的父母官，说不定如以往那几任只顾自己搂钱而不为老百姓着想的贪官也未可知。所以，堂邑县境不论士绅农商学，一时皆不愿廉勤为民的张县尹离开，于是便不约而同打着青天伞，抬着爱民匾，拥到县衙来，要挽留张大人继续留任。

再说张养浩正在衙中宣华堂上办公，见一衙役急匆匆从外面进来禀报：“大人，衙门口外聚集了数百名乡绅并乡亲们扛着匾来，声称诚请大人您屈尊出去讲话。”张养浩闻听，一怔，问道：“哦，可见那匾上题着何字样?”那衙役嘿嘿一笑，回道：“回大人，那匾上几个大字，小的倒认得，是‘爱民如子’四个金字！”张养浩一听，登时心中有了数，定是这些朴实的父老乡亲听说自己即将任满去职的消息，所以组织前来行感恩戴德之礼了。如此一想，张养浩觉得理应出去应酬答谢一下，于是起身离了公案，整了整衣冠，这才踱下大堂来，往衙门口走去。

俟张养浩身形一出现在那敞开的衙门口处，簇拥在那石阶下的众乡亲登时齐刷刷跪伏在当街上，那场面甚为感人。

这时，只见跪在最前首的一位乡绅模样、年纪在五旬开外的老者冲着台阶上的张养浩拱手，高声言道：“大人！小的为这堂邑县境内黎庶，如今听闻大人您即将去职荣归，小的们感念您为政以德，爱民如子，乃使一邑百姓安居乐业，又只怕后任者不如大人这般施仁，所以小的们今冒渎尊严恭请大人留任鄙县，以使我等再沐甘霖，大人您可怜我等小老百姓，请留下吧！”这乡绅话音未落，周围响应声便此起彼伏：“大人，您不能走啊！”“青天大老爷啊，您可不能撇下俺们去呀！”

张养浩见状，遂近前伸手搀扶起前首几位，并朗声道：“请众乡亲且起身啊，本县有话讲！”听了县尹大人这般喊话，跪伏着的众乡亲才纷纷站起身来，直听县尹要作何讲。

俟见这跪满当街、执意盛情挽留自己的众父老乡亲皆陆续站了起来，再望着那数百双渴望的眼睛，张养浩深吸了一口气，极力平复自己因感动而起伏的胸口，这才朗声答谢道：“汝等之诚心美意，本县在此一并受领了，并深感愧疚。履职贵邑三载，乃受民以牧，故每日谨守公廉，唯恐其诚不周，故敢视民疾如己疾，任其劳以致民逸，却亦皆为应尽之责也，不足道哉！”说至此，张养浩略作停顿，目光扫视了一遍那默默望着自己的属下子民，随即深沉言道：“如今，本县任期届满，按国朝定律，将去职他就，实话而言，本县心中亦万千不舍汝等可爱乡亲及贵邑佳山秀水焉，只是朝命难违，故此，诚请众乡亲体谅本县心迹！”最后，张养浩提高了声音，宽慰众乡亲道：“本县亦相信，那后

接任的县尹大人，亦一定会恪尽职守，爱民如子。各位乡亲父老，就此请回吧，本县再次揖谢啦！”说罢，双手拱礼，朝着众乡亲鞠躬致谢。

俟劝送走了这数百名淳朴诚恳的乡亲，张养浩折身回至衙内四知堂中，心潮却久久难以平复，一时坐到那把太师椅上，默言沉思起来。跟进来的书童效贤见了，亦不敢多说话，只去给沏了壶茶，端到桌上，随即退至堂外，让自家老爷独自坐那儿考虑事。

这厢书案旁，张养浩一人边啜茶，边回想自己这三年任内所为。想自己履职这堂邑县，官职虽卑微，然不顾及这点，只想为百姓多做些惠济实事，因此亦对各种忧患思考得可谓颇深入到位，亦正因为如此，才赢得了这堂邑众乡亲的由衷爱戴，致有今日抬匾额挽留之感人场面出现。唉，张养浩想及此，抬手理了理染霜鬓发，心下安然许多。

当下张养浩又环视这生活了三载的官舍，最后目光定格在中堂上端悬挂的那自己亲笔题写的“四知堂”匾额，双目不禁放射出炯炯光芒。此刻，他脑际陡然闪现出同里前辈中庵先生曾说过的那句言志语：“自幼至老相见而无愧色，乃吾志也。”诚哉斯言，如今照此而言，自己在此履职亦无愧感，此真足荣焉！

兴至诗得，张养浩就书案上提笔在手，便欲写下来，旋又陡生逸兴，信步踱至这四知堂东墙壁前，先凝神屏息片刻，随即挥毫在那粉壁上题下切身感触诗一首《公退书四知堂壁》：

邑壮怜才若，官微虑患深。书弦千古意，冰蘖一生心。
袖有归来赋，囊无暮夜金。三年何所得，憔悴雪盈簪。

大德十一年（1307）冬至次日，张养浩与到任的那位新任堂邑县尹交代政务妥善后，便与一班县僚揖别，如那年前来赴任一般，依旧只带着书童效贤，乘坐同一辆马车，离了这堂邑县城，赶赴邻县博平履新。

却说这博平县位于堂邑县东邻，汉高祖六年（公元前201）置县，因县境广阔且平坦，故名。元属东昌路，治博陵。

一路行车入了博平县境，值午牌时分，张养浩便令就近找一村庄小憩。这村庄名曹庄。这时，有一人自庄西首一户人家出来，抬头一眼看见正下车的张养浩，便立马慌忙惊喜地迎过来，尔后鞠躬施礼，恭敬问候道："原来是县尹大人，小的在这给大人见礼啦！"张养浩定睛一看，亦认出了对方：堂邑县千户营庄田老汉的儿子。一问之下才知，这是他大伯家，他是趁农闲来走亲的。当下这田家子恭邀县尹大人进家门，他大伯闻听贵客莅临，亦着实喜不自胜，当即置酒款待。席间张养浩对那用岩石凿成的酒樽颇感稀奇，由此可知此处还保留着太古淳风。

临了，为表谢主人热情，张养浩题诗一首留于田家壁上：

疏麻淅沥露藩篱，鸡犬花阴白日迟。
抔饮洼樽存太古，摽枝野鹿见今兹。
荒城路转山孤耸，古庙墙摧树半攲。
我本三生田舍叟，买牛卖剑定何时！

欲知后事如何，且看下回分解。

第九回
署县尹忧三语吏　为御史上万言书

诗曰：

谦谦君子幽怀语，风竹清音品自高。
但有忧民忧国志，纵无撼地撼天招。
笔锋弊政当朝刺，剑胆奢工今日挑。
公启谏途咸敬谓，问卿可遇礼贤尧！

却说张养浩携书童效贤单车赴堂邑邻县博平就任权县事，一时心绪颇为忐忑。这县衙中一班僚属对他这位署理县尹倒十分欢迎，盖前任那位老先生因渎职被查办，一时便无人接这敏感的一摊子。张养浩因廉名算临危受命署理该县事。于是，这博平县的达鲁花赤、主簿、典史、县尉等官吏都不吝溢美之词，纷纷献给新县尹。张养浩听在耳中，连连摆手谦虚，心中却愈加添了些惶恐：三年前履职堂邑时，却似一张白纸一般，如何题写，倒尽可随意，故无多虑也；如今自堂邑移改博平权县事，却是盛名之下，众人眼睛都如炬光一般瞅着自己这“廉吏、能臣”，乃是寄予了所谓厚望的，所以张养浩是唯恐被人评为“将无同”而惴惴不安的。

俟一番应酬完毕，坐至官舍中，张养浩虽感疲倦，却一时又不想就寝，回想昼间这班新县僚一篇奉承之辞，尚感惭愧，所谓“四知堂”主清正廉洁等溢美之词，亦只不过是堂邑黎庶传布的过誉之辞而已，如今想来真不足挂齿，却名声远播。唉，盛名之下，署理这博平县事，只怕会让此邑士民有乎厚望焉。当下他不禁联想南朝刘义庆编撰的《世说新语》文学篇中，那晋王衍向阮修问询老庄与儒教异同时，修以“将无同”三字语答之之逸事来，不禁摇首喟叹。官舍窗下植有一丛竹竿，此际晚风吹拂下，摇曳有声。房中张养浩听在耳中，心里禁不住又平添一番感慨，他油然联想起自己那位同里前贤、李清照之父李格非最钟爱这古人多喻以高节情操的植物，居京为官时，在寓所广植，乃冠以“有竹堂”。嗯，左思《招隐》诗云“非必丝与竹，山水有清音”，我张希孟一番心事心志，又与谁告知？噫吁唏，且听这风竹相语吧。张养浩一时感慨萦怀，吟而成诗：

吾邑堪藏拙，胡为又此临？四知民过誉，三语吏惊心。
越俎惭非据，操刀愧不任。幽怀谁不语，风竹有清音。

单说自署理博平县事伊始，张养浩一如治理堂邑县一般，廉勤爱民，执政以德，无论御吏牧民，皆恩威兼施，在短短时日内，便赢得僚掾及属民拥戴。

此间，应高唐县尹邀请，张养浩过往会晤叙谊，并拜谒了那儿的东方朔祠。班固《汉书》载，被誉为“智圣”的东方朔为平原厌次人氏。汉时平原设郡，而高唐为辖属县。至元二十四年（1287），武略将军、高唐县尉刘义泊斥资重修东方朔祠，邀请高唐籍翰林学士承旨阎复撰《元重修汉太中大夫东方公庙碑》。

俟张养浩一行莅临这始建于金明昌年间（1190—1196），今修建不久的智圣祠参谒，拜读昔年居京时交善的阎翰林文采灿然的碑文：“公之去兮白云乡，渺予思兮遗像在堂，兰菲菲兮菊芳，瑗为縻兮桂为浆，福我民兮寿而康，驱疫疠兮螟蝗，俾予岁兮穰穰，民拜公祀兮百世不忘。”一时阅毕，张养浩感喟不已：泽民遗福，民遂百世念其贤德矣。当下即赋《过东方朔庙》诗以记之：

先生高识过当时，谁道偷桃旧小儿。
揖让不逢三代盛，滑稽聊免一身危。
草荒汉构去承宇，苔蚀颜收雨涩碑。
我亦从来恶苟礼，斜阳遥望酹空卮。

大德十一年（1307）正月，守成的元成宗驾崩。因皇太子德寿早亡，于是引发了一番对帝位的激烈争夺，主要是成宗皇帝的堂弟、被封为安西王的阿难答与成宗侄子海山、爱育黎拔力八达。后者率兵突入宫中，捕捉阿难答，旋数其罪诛之。时镇守漠北的怀宁王海山率大军直抵大都，得众臣奉戴。次年五月，海山即帝位，年号至大。先是成宗驾崩日，时有奸臣希中旨施奸谋欲乱政，遭到集贤学士、中书省事刘敏中据理力争，而挫其阴谋。这元武帝海山以武力夺得皇位后，立即便召刘敏中至上京，授皇太子赞善，仍参议中书省事，并赐金币若干。朝中大事多赖其处置。此际刘敏中便想到了自己的同里、如今颇有廉名的能吏张养浩。

不久，署理东昌路博平县事的张养浩便接到诏令，乃擢升为太子司经，阶封训大夫。未及赴任，又复改太子文学，成为皇太子即元武宗海山的皇弟爱育黎拔力八达的老师，俄拜监察御史。

其时，刘敏中拜河南行省参知政事，俄改授治书侍御史，出为淮西肃政廉访使，不久专任山东宣慰使，召为翰林学士承旨。时值武宗皇帝召集一班王公大臣商议消除此起彼伏的灾害之良策。刘敏中乃上疏七事，均得到武宗赞许并予采纳。正值所谓春风得意时，刘敏中却因积劳成疾，遂请归里养疴。那武宗皇帝虽朝政多依其裁定，然当下亦无可奈何，遂准予所请。

再说刘敏中离京前，张养浩单独至其寓所话别。见面时，眼瞅着自己这位同里前辈贤达面容憔悴、鬓发皓白的样子，张养浩几欲落泪，却见刘敏中亲热地招呼自己近前说话。

当下中庵先生对亦不再年轻的后贤才俊谆谆教诲道："希孟啊，此番老夫先归故里了，嗣后你身为监察御史，参与督察时政与官吏政绩考核，切记要力行职责，须谨言慎行，为皇上分忧、为社稷着想啊！勿负厚望矣！"接下来，这二人又交谈肺腑衷语一番。最后，张养浩深有感触地言道："希孟尚记得先生于大德元年复晋京时，填的那阕《木兰花慢·晓过卢沟》词也。"随即吟诵起来：

上卢沟一望，正红日、破霜寒。
尽渺渺飞烟，葱葱佳气，东海西山。
依稀玉楼飞动，道五云深处是天关。
柳外弓戈万骑，花边剑履千官。
寒窗萤雪一生酸。富贵几曾看。
问今日谁教，黄尘匹马，更上长安。
空无语，还自笑。
恐当年、贡禹错弹冠。
拟把繁华风景，和诗满载归鞍。

刘敏中听罢，微微一笑，取出一阕题为《病中呈诸友》的《满江红》词示于张养浩：

昼景清和，南风扇、葛衣未试。
知又是、梅黄时候，麦秋天气。
宝鸭旋薰香篆小，绿阴生寂重门闭。

有画梁双燕伴人愁，知人意。

萤窗苦，貂蝉贵。

穷与达，心如醉。

个月来多病，不禁憔悴。

讳疲怎谩衣带缓，怯眠却把窗儿倚。

问阿谁、心绪正如今，还如此。

末了，刘敏中意味深长地言道：“孟子曰：‘穷则独善其身，达则兼济天下’，希孟啊，老夫窃以为，遵之循德，足立世生无憾，不过尔!”

张养浩闻听，颔首认同，彼此再致珍重。

却说刘敏中离京返乡后，张养浩作为监察御史，果然如这位同里前辈一般，以直言敢谏著称于朝。大德十一年（1307）九月，武宗皇帝再度议立被罢废的尚书省。但鉴于元世祖时，阿合马与桑哥皆曾设置这专理财政的机构，都因混乱而废，所以朝臣持异议甚力。张养浩亦明言其不妥。然武宗皇帝依然于至大二年（1309）肇下设置，以乞台普济、脱虎脱分为尚书省右、左丞相，三室奴、乐实为平章政事，并诏曰：“旧事从中书，新政从尚书。”改各地行中书省为行尚书省。既立，张养浩又诤言，其变法乱政，将祸天下。那行御史台上司却充耳不闻，脾性刚烈的张养浩愤而扬言道：“昔桑哥用事，台臣不敢言。今御史之谏言，又不以闻，台将安用!”时武宗皇帝本要御驾南郊亲祀，因身体不适，遂让大臣代为行祀。祀礼时，忽然朔风大作，不少臣公竟被冻死。在场的张养浩仰天长叹：“代祀非人，故天示之变。”尚书省左丞相脱虎脱闻听，顿拂袖愤愤而去，自此对张养浩心生忌恨，存了祸心。

至大三年（1310），张养浩又上洋洋洒洒万言时政疏，直陈十大弊政，希朝廷整顿朝纲，言皆切直，兹录如下：

奉政大夫监察御史臣某，谨斋沐信宿，昧死奉书皇帝陛下。

伏闻御史，言官也。人君深居九重，耳目有不及者，设监察御史言之。是知御史者，实朝廷耳目，人主所倚以为聪明者也。伏自世祖皇帝即位，立御史台。始立时，设官为：御史大夫，从二品；御史中丞，从三品；侍御史，从五品；治书侍御史，从六品；典事，从七品；另有检法和狱丞。迨今五十余年矣。昔阿合马特饰奸乱政，台谏不言，为盗杀之；僧格（僧格：即桑格，元畏吾儿人）好言财利，世祖喜之，官至平章政事等，欺上凌下，紊乱政事，罔上酷下，迨其诛灭，世祖皇帝震怒。台臣不先事而言，几至危殆。是知国家未尝负言官，而言官则有负国家者矣。况陛下方总群策，以收太平之功，责言于人而以言责之，万不如是，致使或尔，死自其职，又何避乎！

臣自承乏言官，常欲披肝沥胆，具白当世之务。以父年喜惧，章成复毁者自于再三。倘朝廷怜其居职不能不言之心，少赐清闲，使竟其说，或诛或窜，止于臣身，则受辱之日，皆感恩之年也。

臣尝观自古国家之难，多伏于治平无事之日，为人臣者欲及未然而言，则恐败无实迹，人主忽焉而莫之信；欲俟已然而言，则又恐事成不救，贻人主无可奈何之忧。世徒知听言者难，而不知进言者为尤难也。夫子之于父，非不亲且敬也。惟亲也，故有过不敢斗争；惟敬也，故争之不敢不尽其诚。为父者若曰："吾尊也，汝卑也，奈何汝不我从而欲我之从汝?"言或及此，则人子之职堕矣！臣之于君，与是奚异！

伏惟皇元有天下垂百余年，始则太祖皇帝（太祖皇帝：即成吉思汗，姓奇渥温氏，名铁木真，世为蒙古乞颜部长）

先后平定鞑靼、乃峦诸部，以义兵起朔方，次则宪宗皇帝以勤劳绍国统，次则世祖皇帝以赏罚一天下，又次则成宗皇帝以简重守成功，列圣相承，咸有彝宪。初陛下抚军漠北，天人胥顺，灵旗听指，辄以捷闻，中外之心愿其即真，悬悬焉殆如农夫之望岁。会奸谋内构，欲僭宸极，天下之人皇皇焉，又如盗入其家，靡所宁止。赖宗庙之灵，社稷之佑，太母元帝之断，虐焰已灰。期月之中，民之翘首企足以迟六飞之至者，不契而同，遐尔一意。后闻正位上京，士贺于朝，民庆于市，于以见臣庶之欣戴陛下者，可谓至矣。以陛下孝武英睿，鸿福永年，因民之心，仍祖宗之宪，少抑浮费，则隆熙之治可必底无疑，固不必纷弦更张，求胜前人为也。传曰：“道在迩而求诸远，事在易而求之难。”前辈亦云，“天下本无事，庸人自扰之”。伏愿陛下详味斯言，则致治之方，有不难见。大抵厥今天下，譬则一室，祖宗基构涂茨，靡微不完，但陛下择一二端重耆臣，谨而守之，自可坐享亿万年无疆之庇。况陛下龙飞之始，已诏中外，凡百一遵世祖皇帝旧制，当时识者佥谓圣心及此，幸孰大焉。而近年以来，稽厥庙谟，无一不与世祖皇帝时异者，岂陛下欲自成一代之典，以祖宗为不足法与？将臣下工为佞辞阴变之，而陛下不知也？世祖皇帝时官外者有田，今则假禄米以夺之；世祖皇帝时江南无质子，今乃入泉谷以诱之；世祖皇帝时任人必循格，今则破选法以爵之；世祖皇帝时守令三载一迁，今则限九年以困之；世祖皇帝时楮币有常数，今则随所费以造之；世祖皇帝时省台各异迁，今则侵其官而代之；世祖皇帝时墨敕在所禁，今则开幸门以纳之；世祖皇帝时课额未尝添，今则设苛禁以括之；世祖皇帝时言事者无罪，今则务煅炼以杀之。彼当国者始言齐政令以甦民瘼，今则瘼愈剧而政令纷然；始言实钞法以阜邦财，今钞法愈虚而经费日诎；始言下情弗达，今壅蔽日甚；始言一新视听，今遐迩怨咨；始欲去弊而弊益繁，始欲变法而法愈坏，其他奸谋诡计，谬论诈忠，以荧惑朝廷、欺天罔人，惟已是利者，殆难枚举。臣欲默而不语，则恐厥后事功不效，为台臣者责无所逃；欲诊缕言之伏见陛下信彼方深，任彼方笃，非造次一语所能回。然竟不免冒雷霆之威，终为国家言者，诚不忍祖宗百余年富实完美之业，一旦为二三小人幅裂而丝棼之。此臣所以不避一身之祸，上为列圣惜，下为天下百姓忧，欲使彼闻而改之，不致有挠栋覆之虞，以成朝廷图治美意云耳。

今姑举其害政太甚者一十事，试为陛下言之。

一曰赏赐太侈。盖闻自昔国家之制赏典，将以来有功，昭有德，砥砺群情，鸠集庶事者也。故功有大小，赏有重轻；德有厚薄，爵有高下。轻其所重，则勤劳之人解体；高其所下，则侥幸之徒生心。是以善为国者，当其可赏，虽仇而不吝；其不可赏，虽亲属不以假之。况货财非从天降地出，皆世祖皇帝铢累寸积而致之，百姓罢精殚力而奉之，将外供上帝百神之祀，成朝聘宴享之礼，待边陲征戍之需，备年岁凶荒之变。施当其度，则国足民逸，上下裕如；少失其宜，则国困民乏，中外骚动。陛下所知者，谓堂堂天下，何珍不有，何奇不臻，随取随盈，故不靳惜；而不知四方万里之外，穷乡狭邑，疲氓嫠妇，发鹤于耕，手龟于织，采玉者蹑不测之危，煎卤者抱无涯之苦，拣金求珠者冒莫能度量之深，比至积微成巨，剔伪存真，变恶为美，改朴以文，不知为日几时，为功几许，为费几何，然后得入有司之选。其上之也，水焉则舸，陆焉则舆。其成其贡，其来其入，其始其卒，在下者有如此之难，苟因一笑之欢，一醉之适，不论有功无功，纷纭赐予，岂不灰民心靡国力哉！昔我世祖皇帝临御三十年，乘舆服御皆尚俭素，左右之臣虽甚爱者，未闻无故而得尺帛寸金之赐，故能外芟寇乱，内杜臣奸，国用日饶，威权两盛，兹非万世圣子神孙所当取法者欤！伏睹陛下即位以来，每及民瘼，常欲锐意愈之，其子爱元元之心，非不切矣，然四三年间，呻吟者尚多，岂非朝廷于恩赏庆赉之际，或未惜欤！《易》曰："节以制度，不伤财，不害民。"《语》曰："节用而爱人"。臣尝岐而二之，今乃知节用斯爱人，伤财斯厉民矣。伏愿自今凡有所赐，上思世祖皇帝惜财富国之意，中思圣人制度之言，下思百姓殚力罢精之苦，将不待旁取他求，而公私无不给矣。

二曰刑禁太疏。窃闻法者天下公器，将以威奸弼教囿民于一者也。比见近年臣有赃败，多以左右贿赂而免；民有贼杀，多以好事赦宥而原。加以三年之中，未尝一岁无赦，杀人者固已幸矣，其无辜而死者冤孰伸耶？故古人以赦为偏怙者，政以谓此。

按《书》："眚灾有赦""五刑之疑有赦"。《周官》赦宥之法：一宥曰不识，再宥曰过误，三宥曰遗忘。一赦曰幼弱，再赦曰老耄，三赦曰蠢愚。肆赦之原，盖出乎此。叔世往往以赦为可禳灾祈福，故尝轻易频数，抑不知福者由人积德累行而生，非纵恶惠奸之所能致。为田而护稂莠，徒损苗稼，不足以言仁；为国而宥奸贪，徒挠善良，不足以言福。贵为天子，何灵不佑，何祉不集，尚奚假彼狴犴胥靡之助。使其宥而知改，犹或庶几，如狃恃宽恩，岂不益滋其恶？意者以为先犯幸而不死，今犯即前日应死之罪，两御人货而止坐一罪于我已多，况今犯未必死我，因而远引虚报，根连株逮，故蔓其狱，未及朝岁，又复宥之，岂人性固恶，防范不能制哉！诚以在上者开其为盗之途故也。又古之赦令出人不意，今诏稿未脱而奸民已复群然诵之，乘隙投机，何事不有？以致为官者不知所畏，罪露则逃；为民者不知所惩，衅深益炽。又古者犯法受刑，今也犯法受赏。其曰秃鲁麻者，尤为奸盗之招，深损权威，甚非导民以善之义者。汉司马吴汉病，光武问所欲言，他无所及，惟曰："愿谨无赦"。诸葛亮治蜀，军旅数兴，赦不妄下，而敌人畏之。唐太子承乾为长孙皇后病，请肆赦以求福。后曰："赦者，国之大事"，惠奸败法，何福之为？是知自古明君、良臣、贤淑之后，固未始以数赦为美事也。伏望朝廷，自今臣有犯法，止左右毋得祈请好事。当原者，先老幼疾废，其余犯者一丽于法，如此则刑罚中而臣下肃矣。

三曰名爵太轻。伏睹陛下正位宸极、皇太子册号东宫以来，由大事初定，神器再宁，喜激于中，故于左右之人，往往爵之太高，禄之太重，微至优伶、屠沽、僧道，有授左丞、平章、参政者，其他因修造而进秩，以艺伎而得官，曰国公、曰司徒、曰丞相者，相望于朝，自有国以来，名器之轻，无甚今日。夫爵禄，人君之所以砺世磨纯，使天下之人骏奔事功而不容后者，以其有此而已。故《书》谓："官不及私昵，惟其能；爵罔及恶德，惟其贤。"苟不论臧否劳逸，因一时之欢，辄加以极品之贵，则有功者必曰：吾艰苦如此而得是，彼优游如此而得是，则自今孰肯赴汤蹈火，以徇国家之急也哉！大抵人所以重夫势者，以众人不能皆高而己独岿然，众不能皆丰而己独绰乎有余故也。譬则狐白凤锦，惟服者少，故人以为贵，若人人服之，则与毳布奚异焉。使其受而知足，犹可万一，等而上之，厥心溪壑，其为患也，庸有既乎？名爵于人，何以异此？夫与夺轻重之间，则朝纲张弛，人情离合，国体强弱系焉。古之人有见乎此，故宁赐人以金帛他物，不以天下公器假人。卫仲叔于奚请繁缨，孔子以为不如多与之邑。湖阳公主为子求郎，汉明帝以为苟非其人，民受其弊。我世祖皇帝朝，伯颜丞相，以左丞相行省荆湖，总帅襄阳兵攻宋。负平宋大勋，官止金紫光禄大夫。今朝廷诸大臣不知有何勋何戚，无一不阶开府仪同三司者，使其有伯颜丞相之功，则不知复以何官与之？伏望自今量加沙汰，其有夙尝近侍立功漠北奉特命而官者，听其仍旧以贡献以请谒。如墨敕科封之类，下有司拘括，已授者满日黜降，未授者一遵选格差除，如此则侥幸者无隙可乘，朝廷尊而名爵有所劝矣。

四曰台纲太弱。夫国家之有台宪，犹边陲之有御兵，虽敌人远遁，而反侧之患不可不防。虽奸党敛踪，而专擅之谋不可不察。其或见敌人之来而攻之过惨，闻小人之僭而击之失实，在上者则当嘉其为国优而容之，以伸其勇敢之气，而收他日缓急之用。且责言于人，而以言见罪，是犹饮人以酒，而以醉见疏，驭下之术恐不如此。昔我世祖皇帝每戒饬台臣及下求言之诏，必曰：“其言可采，优加旌擢；如不可采，亦无罪责。”夫冕旒之前，言不中礼，宜若可罪，然国制不论者，盖恐因一人而沮天下之善，为细故而失天下百姓之计也。苟以一言不中，径加诛戮，则天下必将箝口结舌，无复告以善道者矣。上下闻善，则何弊不生？昔唐太宗尝曰：“自古帝王有兴有衰，犹朝之有莫，皆为蔽其耳目，不知时政得失，以至灭亡。朕既深居九重，不能见天下事，故布之卿寺以为耳目，勿以天下安宁，便不存意。”观太宗之言，与我世祖皇帝求谏之意，数百载下若出一辙。于戏，圣哉！伏惟御史台乃国家耳目所在，近年以来，纪纲法度废无一存。昔在先朝，虽掾史之微，省亦未尝敢预其选，今阖台之官皆从尚书省调之。夫选尉所以捕盗也，尉虽不职，而使盗自选之，可乎？况中外之司，论其关系，重者无过省台，就二者言之，台为尤重。盖省有宰执为朝廷股肱，台有言官为朝廷耳目，夫人必先聪耳明目，然后乃能运用股肱，若耳目有所蒙蔽，股肱虽能运动，讵得如其意乎！以是论之，则人主苟欲保全宰相，莫若精选言官。言官得人，则宰相必恒恐俱修省，不致颠危；言官不得其人，则宰相必肆行非度，卒与祸会。是知言官之严，乃宰相之福；言官之懦，乃宰相速祸之阶。臣尝观史籍所载，自古奸臣欲固结恩宠移夺威福者，必先使台谏默然，乃行其志。为人上者，苟不时引台臣，访以得失，则奸至前而不察，弊盈外而不知，衅伏中而不闻，庶绩隳而群心摇矣。臣固知堂堂圣朝，万无许事，然臣自弱冠从事，久叨国恩，不胜拳拳报上之诚，所以不容不言于未然也。

五曰土木建筑太盛。比见累年山东河南诸郡，蝗旱荐臻，瘟疫暴作，郊关之外，十室九空。当此灾异之时，朝廷所宣减膳彻乐，去畿缓刑，舍禁蠲征，损服御，发仓瘐，止贡献，停一应不切之役，下纾民力，上答天心。今闻创城中都，崇建南寺，外则有五台增修之扰，内则有养老宫展造之劳，括匠调军，旁午州郡。或渡辽伐木，或济江取材，或陶甓攻石，督责百出，蒙犯毒瘴，崩沦压溺而死者，无日无之；粮不实腹，衣不覆体，万目睊睊，无所控告，以致道上物故者，在所不列。似此疲氓，使佛见之，陛下知之，虽一日之工，亦所不忍。彼董役者，惟知鞭朴趣成，邀功觊赏，因而盗匿公费，奚暇问国家之财诎，生民之力惮哉！

夫自古帝王非无土木之役也，惟相时而举，度力而行，可则兴，否则辍，其有必为不容已者，则基焉以待岁年。在下者既知上之人爱悯如是，故临期操畚荷插，乐然趋事，靡遗余力焉。圣人谓“使民以时”者，盖指此而言也。

昔鲁公城中丘、城郎，皆当长养之月，故夫子笔之《春秋》，以昭其失。夫人君所恃以为国者，无急城郭焉，使筑之非时，何损于政？而圣人略不少贷，必大书特书者，盖天之于物也无不爱，王者之于民也无不养。养民之道无他，不夺其时而已矣。时不夺则民力足，民力足则生理饶，生理饶则礼义兴，礼义兴则风俗美，风俗美则教化成，教化成则天下治，故为国以养民为本，养民以不夺其时为本。故《春秋》诸营建，无巨细必书，诚以民力为重故也。昔汉文帝欲为露台，计用百金，帝曰："百金，中人十家之产，奉吾先帝宫室，常恐羞之，何以台为？"

唐太宗欲修洛阳宫以备巡幸，张元素以百姓疮痍未复，太宗遂罢其役。夫以天下之富，视百金之费，一宫之建，真不啻九牛之拔一毛，而文帝太宗犹以劳民耗物而止，况五台新寺等役，其费岂止百金，其劳岂特一宫之役，其直又岂止中人十家之产而已。伏愿陛下于是数工而罢其一，无俾汉文皇、唐太宗专其美于前，则天下幸甚。

六曰号令太浮。夫上有所为，而天下无不响应者，号令之信而已矣。号令之于国，犹血脉之于人，血脉无凝，则疾病不作，而人必安；号令推行，则奸恶不生，而国必治。《书》曰："慎乃出令。"《传》曰："国之安危在出令。"凡此皆言，人君当慎重其命，不可轻易出而造次发也。臣伏见近年朝廷用人，不察其行，不求诸公，纵意调罢，有若弈棋，其立法举事，亦莫不尔，虽制诏之下，未尝有旬月期年而不变者，又甚则朝出而夕改，于事甫行而止者随至，一人昉仕而代者踵随，不惟取笑于一时，又贻口实于后世。庙堂之上举措如此，则外方他郡事体可知。原其所以致此者，盖由执政褊心自用，恃宠大言，人情有未谙，时势有未审，事理有未达，或急于迎合之私，或牵于好恶之过，或狃于闻见之迂，所以轻率无谋而徒为是纷扰也。昔世祖皇帝每举一事，明见其可，亦必下公卿大夫馆阁诸老集议，何则？盖兼听则明，偏听则暗，独任则小，任众则弘。至其听览之时，又必出而坐于路寝（路寝：天子、诸侯的正室）之外，其或不出，亦必毕入群臣，使各罄所怀，如此而情伪之间，犹有未悉。况今省台奏事，多则三人，少则一人，其余同僚皆不得预。有一人得旨而出，众人懵然不知者，有众人欲奏而得入之人抑不上闻者，欲望下情上达，上泽下布，其亦难矣。臣愚乞自今凡有更革之事，仰尊世祖皇帝馆阁集议旧制，使彼悉心叶意，博询利病，详究可否，然后面同入奏，庶几命令之出，有建瓴之易，无反汗之难，若官若民，举知遵守，而无翻覆不一之患矣。

七曰幸门太多。伏闻众星丽天，其所拱者北辰，百辟在宫，其所奉者天子。次天子而尊者则太后焉，次太后而尊者则皇太子焉，虽亲且贵，要皆人臣，事无专制，义无独行，所谓尊无二上者是已。今国家为制宽大，所以诸王宗室皆有生人杀人进退人之权。夫庆赏刑威当出于上，久假不归，则飞扬跋扈之势成，有不可制之一旦者矣。惟谨于始，则无后患；防于渐，则无近忧。是故自古圣君贤相，所以能逆折乱萌，潜消祸本，使天下阴受其赐而弗知之者，灼此道也。臣比见天下淫僧、邪巫、庸医、谬卜、游食、末作及因事亡命无赖之徒，往往依庇诸侯王、驸马，为其腹心羽翼，无位者以之而求进，有罪者以之而祈免。出则假其势以陵人，因其众而结党；入则离间宗戚，造构事端，啖以甘言，中以诡计，中材以下，鲜不为其所惑。如近阔阔出太子，赖发觉之早，未尝变生，少有不及，岂不可为寒心也哉！其致此者，非但下之人不知涯分，自底灭亡，抑亦在上者恩之太重，御之太宽，有以纵之使然也。夫自古乱臣贼子，初亦未尝敢有觊觎神器之心，或以辨给遇，或以诙谐入，或以伎艺亲，或以功利合。久则爱，爱则赏，赏

则骄，爱之极则肆。于是求所不当求，问所不当问，日滋月炽，恶积罪盈，乃从而按问诛之，非在上有以纵之使然而何？于戏，使上下胥尽其道，则自古败亡之祸，岂复于世哉！昔汉宣帝时，徐福言世臣霍氏太横，宜以时抑制保全，书凡三上不报，其后霍氏竟以不轨赤族。当时议者谓："不从徐生之言，以致君臣两失。"臣见厥今藩王宗室，左右大臣，侈肆尤甚。伏望朝廷，自今待宗藩以恩，而济之以义，遇群臣以礼，而辅之以严。凡一切鄙俚之谈，隐微之请，并赐禁绝。庶使尊卑之分明，而政柄归乎一矣。

八曰风俗太靡。尝闻治天下有至简且易之道，倡于上则应之于下，作于迩则应于远，端一身而千万人化者，风教之谓也。夫一家之风欲正，为亲者所宜先之；一郡之风欲正，为牧守者所宜先之；一国之风欲正，为诸侯者所宜先之，盖自上而下者谓之风，因上而成者谓之俗。故风俗国家之元气，风俗厚则元气盛，而享国之日长；风俗薄则元气衰，而享国之日不敢必。故古之善观人国者，察乎此而已矣。臣伏见方今之俗，以华相上，以伪相高。在仕者，愚玉碎而才瓦全，贵雷同而鄙崖异，以冰蘖为沽誉，以脂韦为达时，以吹毛求疵为异能，以走势趋炎为合变。顺己者虽跖而必用，逆己者虽夷惠而靡容，自非确焉有守，不顾一世非笑者出而正之，则未易善其后。昔唐天宝之际，其风俗可谓汰矣。至代宗以杨绾为相，以清俭率下，拜命之日，朝野旧习为之顿衰，所谓"立之斯立，导之斯行，绥之斯来，动之斯和"者，为有征矣。第后世为相者，夙无致君泽民之诚，一堕纷华，顶踵俱变，既乏时望，又不能勉自克治，苟假威权为己尊重，所以立之而人弗立，导之而人弗行，绥之而人弗来，动之而人弗和，一切戛焉不胜其难者，由行不素修，声望不素孚于人故耳。古人以身教者从，以言教者讼，《语》谓“其身正，不令而行”。孟轲氏曰：“贤者以其昭昭，使人昭昭。今以其昏昏，使人昭昭”，非以此欤，夫以宰相之贤，而犹使人感化之速如此，况贵为天子，有志于移风易俗，信乎其不难矣。

九曰异端太横。伏闻三代有天下者，以四海为一家，中国为一人，视民饥寒不翅在己，故并天下之田，使民均有其业。其有逸居不事其业者，谓之闲民，倍其赋以责之。古者十农夫而闲民或一，今也十闲民而农夫仅一焉，欲民无饥寒之虞，邈矣。夫富民之道，因不必家赐户赏，寒其蠹财害民之源而已。昔汉文帝以锦绣纂组、富商大贾为侵牟农利，伤害女红，犹议禁之，百比病民者，顾可恬然莫之省耶？

臣见方今释老二氏之徒，畜妻育子，饮醇啖腴，萃逋逃游惰之民，为暖衣饱食之计，使吾民日羸月瘠，曾不得糠秕蓝缕以实腹盖体焉。今日诵藏经，明日排好事，今年造某殿，明年构某宫，凡天下人迹所到，精蓝胜观，栋宇相望，使吾民穴居露处，曾不得茎茅撮土以覆顶托足焉。彼不知惠迪从逆之源，妄谈祸福，不知原始反终之故，谬论生死，簧鼓流俗，聚徒结党，使人施五谷以为之食，奉丝麻以为之衣，纳子弟以为之僮仆，构木石以为其室庐，而人见其不蚕不稼，不赋不征，声色自如，而又为世所钦，为国家所重，则莫不望风奔效，揖首从游，所以奸民日繁，实本于此。今夫田野之民，终岁勤劳犹不免饥寒之苦，彼一祝发则情欲厌足，莫敢谁何？固无讶其舍彼之难，为此之易也。使其精严所业，真能为国祝厘延祚，犹为庶几。今也盗获者有焉，奸败者有焉，谋反大逆者有焉。夫人必先齐心明德，然后可以动天地感鬼神，苟秽恶其身，彼神明方且恶而走避之不暇，矧肯歆其祭而降之福哉！昔世祖皇帝常欲沙汰天下僧道，原有室者籍而民之，后夺于众多之口，寻复

中止，至今识者为深惜焉。古人谓：“十农夫之耕，十蚕妇之织，不能衣食一僧。”盖言其蠹财害民之甚也。臣尝略会国家经费，三分为率，僧居二焉。以之犒军，则卒有余粮；以之振民，则民有余粟；以之裕国，则国有余资。彼烧坛设醮，吹螺伐鼓，奚为哉？近者至大二年十一月，昊天寺无因而火，天意皎然，可为明鉴。伏望自今谕旨省臣，凡天下有夫有室僧尼道士女冠之流，移文括会，并勒为民，以竟世祖皇帝欲行未及之睿意，岂不可为旷代未闻之盛典也哉！

十曰取相之术太宽。伏闻宰相之职，代天理物，表率百僚，国之柱石、民之冠冕于是乎在，其贤与否，天下治乱系焉。尝考《诗》《书》所述，历代典册所载，有政熙时泰，四夷贡职，吏良民义者，必由天子命相得人而致之；其有纪纲纷纠，群小竞进，海内刓弊，灾异荐臻者，必由天子命相不得其人而致之。故古者命相，内则询诸大臣，外则酌之舆议，上以稽诸国典，下以应乎民心，殆不可宠一人，使千万人受害，徇一己好恶，废天下后世议论之公。故《书》曰：“有言逆于汝心，必求诸道；有言逊于汝志，必求诸非道。”盖忠臣直士多责难于君，故其言往往若不可听，然反而求之，则所虑者远，所防者深；佞臣邪士多贡谀上，故其言往往若所乐闻，然徐而察之，莫非浅近无益之事。人君诚能拒其所乐闻，而勉强回心以从其所不可听，则商周不易姓而迭兴，汉唐可有国至今不绝也。钦惟皇帝陛下肇登宝位，推心御物，纳谏如转圜，人有片善，不考其素，辄超资躐等，用如弗及，是知陛下于用人听言之间，可曰两得之矣。然言有是非，贵于详审；人有贤佞，贵于别白。似是而非，似贤而佞，圣人谓恶郑声之乱雅，恶红紫之乱朱者，不可不察。比闻中外皆曰：朝廷近年命相，多结罪入状，自求进焉。若无其事，何幸如之，万一或然，自古岂有入状而为宰相之理？今夫一县一邑，将任一主办小吏，犹必择其廉慎素为众所信服者为之，岂有宰相国家安危所系，而各从其自举哉？伏望朝廷自今凡有大除拜，宜下群臣会议，惟人是论，毋以己所好恶、上所憎爱者，以私去取焉。将见庙堂无冒进之嫌，人主无偏听之失，公道开而人君之能事毕矣。

臣闻世祖皇帝在位三十余年，方内宁谧，臣严其威，民孚其德者，不过于此十事见之明，守之固，行之必焉而已矣。然功虽赏而不至于泛，罪虽罚而不至于苛，知名爵为报德酬功之具而不轻授，知号令为戢奸弼教之物而不屡更。台纲虞其弱而激厉者多，土木恶其劳而兴造者少，其他如躬俭素以敦风化，别异教以崇士流，安不忘危，治不忘乱，此皆三代以来圣君哲主之所谨，而后世子孙所当拳拳服膺不可忘于须臾者也。观夫中统、至元之间，其效为可见矣。

伏睹陛下四三年之间，事祖宗以孝，遇臣下以仁，怀生民以惠，其志非不欲追踪世祖，跻世泰和。然而再易省臣迄无成功者，盖有二焉。一则左右之臣只知逢迎，而不知尽言竭力以效忠；二则陛下惟知责治臣僚，而不知改奢从俭以端本。夫匡时济世，为臣子者固当以身任之，然治理之成，亦须人君侧躬修行以应于上，然后颂声可依，而王化可兴。经曰："为君难，为臣不易。"

惟陛下幸垂鉴焉，则君国之术，不外是矣。臣养浩冒渎威颜，无任战悚待罪之至，谨言。

欲知后事如何，且看下回分解。

第十回
疏皆切翰林罢免　道不行山林潜归

诗曰：

君有直臣国之幸，弃之弗用乃谁过？
回天乏力心何惭，处世惟诚志自磨。
行道一直疾或缓，奔流九曲默时歌。
浩然正气凭修养，造化乾坤识摩诃。

却说张养浩擢升监察御史任上，值一年一度的皇上幸上都日，都随驾扈从。长途寂寞，张养浩便即景作了些诗赋以排遣。

且说中都、龙门皆为大都至上都必经之地，每年夏，元武宗去上都，俟立秋方移驾回大都皇宫，两番经临。于是，随驾的张养浩便留下了多首诗，如《过龙门》：

山水何地无，雄浑独朔郡。吾元此开基，德泽被余润。
我来自神京，一路翠无尽。大峰俨宸居，小峰翼趋进。
划划戈矛森，郁郁龙虎奋。连断伏羲爻，开合武侯阵。
值阴水墨濉，当霁金碧晕。石擢九地根，泉落半空韵。
霏岚近可挹，聚落远难认。随行变态殊，顾揖不暇瞬。

如是凡数诚，愈出愈神隽。迤逦穷陂陀，堆埠尚余愤。
长茵塞草铺，碎锦野花衫。行涉人溯流，道爨客吹烬。
方喜脱险危，马首又千仞。或云龙之门，惝恍半疑信。
两岸覆瓮如，中有怒雷震。白浪风搜穴，苍苔雨淋璺。
四时辟无关，万古磨不磷。仰观毛骨寒，阒入精爽紊。
沈沈飞鸟抵，汹汹去波迅。襟喉控全燕，琛壁走诸镇。
未知神禹手，于此曾凿浚。图经不得详，排云欲天问。
平生子长游，胜处神每靳。岂期驿尘边，乃足看山分。
奇观自此穷，造物谅五蕴。书生气空蒙，畴敢角其峻。
掬泉涤笔尘，吸露当杯酝。诗语成转丸，羁愁破迎刃。
大书道傍祠，千载寄高兴。

又如《过中都》：

三月龙沙春未知，云山环野玉参差。
半空蜃气云间阙，一路骊珠马上诗。
丰沛汉皇汤沐邑，豳岐周室治平基。
我来历览开天处，亿万斯年理固宜。

却说至大三年（1310）春末夏初，张养浩随驾复幸上都。趁此际，他将自己书就的直斥朝政十大弊端的万言时政疏呈上。

这日黄昏时分，怀着一颗上书后候圣裁的忐忑心，张养浩独自登上随行察院所处的一座小山丘，回想自当今皇上登上大宝伊始，自己已随驾往返这大都上都间达四回了，如今鬓发业已灰白。唉，自擢升监察御史以来，他可谓殚精竭虑，恪尽职守，每参与监理朝政，常就弊端直言进谏，为此亦开罪了不少朝臣，但禀性刚正不阿的他，却丝毫无所顾忌。如今，他又凭着一颗替君解忧之忠心，将自己发现的十大弊政集成万言书，趁随驾觐见皇上之机呈上。张养浩亦知道，在所呈的时政疏中，自己言皆切直，亦未多加修饰以委婉之辞，但窃以为今上会明鉴自己一片铮铮忠心。想及此，张养浩心下稍安，转念起唐朝那位被尊为“帝鉴”魏征赞称“有回天之力，可谓仁人之言矣”的御史迁给事中张元素的敢谏之举来。时唐太宗李世民欲建洛阳行宫，张元素遂上书极力劝谏，圣明的唐太宗纳谏罢此耗巨资工程。而在自己呈上的时政疏中，进谏的第五事即直刺“土木太盛”弊政，其中就引用了唐太宗采纳张元素谏言的典故，最后直言时下“五台、新寺等役，其费岂止百金，其劳岂特一宫之役，其直又岂止中人十家之产而已！伏愿陛下于是数工而罢其一，无俾汉文皇、唐太宗专其美于前，则天下幸甚！”目下想来这段谏言未免太直接了，未知那位倚靠武力得皇位的今圣上御览后，能否透视自己殷殷忧国忧民之良苦心，继而采纳这谏言。

伫立荒丘，张养浩移目东南方向，心里念起自己那年事已高的高堂二老如今可安康？夫人郭氏并强、引两爱子亦安好否？算来自至元二十六年（1289）入仕至今，一晃业已去乡整二十一年矣，自己已两鬓斑白，尚一身飘零，噫吁唏！一时遂吟成《上都察院》诗一首：

柏台人散坐堆悒，默记滦江四往回。
发为膺冠容易雪，心因蜗角等闲灰。
惭无元素回天策，空负坡仙酹月杯。
两处飘零家万里，乱山遮断白云堆。

翌日，张养浩突然接令，让其离开上都返回京城大都。这令他颇感狐疑。以前随驾巡幸期间，从未发生过这类事。当下亦只得打点自己简单的行囊，尔后单骑踏上返京之途。

俟张养浩只身由上都返回大都，赶至那御史台署，却被告知：自己被改除翰林待制。从监察御史改翰林待制，这是降品级了，前者掌管国家风宪兼有考察官员政绩之责，而后者基本上属闲职。当下张养浩一阵地冷笑，心中道：这一准是我那篇时政疏惹得今上龙心不悦了，其中当然亦有那丞相大人从旁进了谗言的缘故。罢！罢！既然谏言不为采纳，甚而遭此处置，奈何奈何，夫复何言！

却说朝廷将张养浩调离了监察御史的职位，就是因其在任上一直敢谏直言，终触怒了包括武宗皇帝在内的一班君臣。于是，朝廷便降其职改为翰林待制，实际上是剥夺了他的进谏职权。

单表张养浩改除翰林待制后，却处之泰然，且十分欣悦。原来，如是每日便可与恩师、翰林学士承旨姚燧在一起，又可随时向这位文坛巨匠请教为文章法技巧等学问。终是文人本色，生性豁达使然。

且说这位文坛领袖人物姚燧，系出身名门，少年时师从大儒许衡，这使其颇恃才放旷，养成了耿直豪爽的个性。他平生极推崇那“名满天下，英风豪气能比”的唐代大文豪李邑。至大年间（1308—1311），擢升翰林学士承旨后，文名大显，尤以文章著称于世，其文风刚劲雄豪，宗法韩愈、司马迁，推崇文气论。在所著《冯氏三世遗文序》中云：“夫人之言为声，声源于气。中顺之气劲，故其辞简洁而峻清；右部之气和，故其辞温厚而优柔；通议之气粹而正，故其言诞布除拜，吟情托物，诛奸彰善者，划戛陈言，一以经史为师，淡丽而不谀，奥雅而雄深，多体而不穷，视金诸作最为高古，信一代文章之章也。”姚文重气豪迈，敢于直抒胸臆，这直接影响了元初一大批文士，张养浩即其中佼佼者，其师法姚大师，而成“卓然有成”的“魁杰”。张养浩对恩师推崇备至：“夫古文自唐韩、柳后，继者无闻焉。至宋欧阳公出，始起其衰而振之，曾、苏诸相与左右，然距韩、柳犹有间。金源氏以来，则荡然无复古意矣。天开皇元，由无科举，士多专心古文，而牧庵公倡之，骎骎乎与韩、柳抗衡矣。”这牧庵先生品格端正，尤喜纳天下英才是举。《元史・李泂传》载云：“姚燧以文章负大名，一见其文，深叹异之，力荐于朝，授翰林院国史编修官。”此其一例也。其另一得意门生孛术鲁翀曾赞云："圣朝牧庵姚文公以古文雄天下，天下英才振奋而宗之。"张养浩深受恩师影响，不只是文风，还有品格，在惜才方面，比起牧庵先生来，有过之而无不及。之后其主持大元国第一、第二次科举，选拔了张起岩、许有壬、黄溍、欧阳玄等一大批德才兼备的经纶栋梁之材。

却说如今对因直斥弊政而为当国者所难容，降为御史待制的门生张养浩之境遇，牧庵公却颇不以为然。师生俩在一起时，牧庵公给张养浩谈起一则自己当初任御史台监察御史时的逸事。某日，御史大夫颇有些微词地问他："圣上因汝贤能才擢升汝为监察御史，斯职者，圣上耳目也。如今一载有余，却未见汝言肃朝纲益政事片语，只是忙于举荐人才，缘何?"姚燧回应："某已荐举了百余位治国干才，如是，亦算上报国恩，略尽忠心。何只言及兴利除害语论，方谓尽监察御史之责乎?"那御史大夫因此赞叹："真乃宰辅器度也!"

张养浩听了恩师讲述的这则往事，心头一热，旋即明白了牧庵先生一番良苦用心，盖用这事宽慰自己：但为忧国故，何妨非议论。

临了，姚燧提笔书下自己填的一首《中吕·阳春曲》相赠门生，却亦颇意味深长：

笔头风月时时过，眼底尔曹渐渐多。
有人问我事如何？人海宽，无日不风波。

俟返回自己的寓所，张养浩闭门再阅这首散曲，对它看似平淡却越品越耐人寻味的内涵，有了深入体会。人海，可单指自个身处的"宦海"，寥廓却多风波，置身其间，命运浮沉无奈何，如何适应，当沉思!

时光如白驹过隙，自然亦入严冬时节。张养浩随姚燧去中书省右丞廉希宪府上做客。这位廉右丞因政绩卓著、评判有功，而蒙朝廷赐宅一座，号为京城首屈一指，只园中名花便几万枝。

此番廉右丞欲向姚学士求篇锦章，亦知这牧庵先生重求文者德行，再邀几位谈得来的文友，把盏雅谈之下自会援笔大书。故此在自家花园中设宴，尔后邀来与姚学士交善的多位朝中僚属相陪。

是时，观赏着这名园中雾松雪石、小池秀山的奇丽冬景，张养浩油然生出归隐家园之情思。当下，应主人邀，亦题下一首《廉园会饮》诗以记之：

倥偬常终岁，从容怄此园。雾松遮老丑，雪石护苍玩。
敉小能容月，墙低不碍山。殷勤问沙鸟，肯与侧其间？

宴罢归来，念及廉右丞于席间为添趣而言及从戎平乱时的艰辛，张养浩感慨良多。自古征戍环境险恶不论，即是那戍人各家中便要备尝离散之苦熬，古来多少文人骚客写尽了那征妇之痛思，又何忍卒读。一时，张养浩遂提笔仿古意题吟成古风一首：

有客远征戍，乃在朔漠阴。怙恃既云失，友于亦惧沉。
独存寡弱妻，冰蘖持存心。极知形影孤，不忍忘遗簪。
夜织侵昊月，晨爨扫坠林。有时睇层穹，悠悠恨弥襟。
人生果奚恃？道义挟古今。穷微岂为累，他日如良金。

题罢搁笔，再复审阅，张养浩沉吟着那“人生果奚恃？道义挟古今”句，眉峰渐渐舒展开来。人生处世间，道义存心田。诚是哉，此正亚圣所谓“贫贱不能移”也。

至大四年（1311）除夕，大都寓所中，张养浩与书童效贤主仆二人，一壶热酒，八盘佳肴，同坐而饮度过。

“效贤，想家了吧？来！这一年你辛苦啦，爷敬你一杯！”

“哎哟，爷呀，效贤怎敢当，还是俺敬爷您一杯酒吧！”

张养浩饮下这杯酒后，双目慈祥地望着跟随自己多年的这个小老乡，言道：“效贤，听爷给你说句心里话，待过了年后，爷便预备带你回转咱山东老家去！”

效贤闻听，自欢喜得很，忙问了一句：“爷，那咱回去待多长时间呀？”

张养浩略作沉吟，方答道：“嗯，就待在家里，不再回这京都了！”

“啊？却为何？爷您不是还做着这京官吗？”

“呵呵，爷做够了，何如归去！”张养浩笑了起来，尔后又将效贤给斟满的一杯酒饮下。

效贤听了，抬手搔了搔头，随即又点了点头道：“说得也是，爷这官呀，操心不少，头发这几年都熬白了，也真该歇歇了，嘿嘿！”

“嗯，效贤呀，爷生性刚直，本不宜做官，何如乐于田园兮。俟回转家园后，爷替你说房亲事，给你娘早日圆了那抱上大胖孙子的梦，其乐何如！”

“那多谢爷啦，嘿嘿！”

这主仆二人这般边说笑着，边饮酒吃肴。至子夜，效贤去院中挑了挂鞭炮放了，随后便先去睡下了。张养浩却了无倦困意，独自复慢饮着一壶热酒，想着心事。其实，归隐之心，他早已有之。前日，好友曹元用来探访，便悄悄相告知，由省台某友处知，那丞相大人已告诫：勿复用张养浩。这无疑是一个不祥的信号。张养浩知道，由于自己上的那篇时政疏中，第十事直斥“取相之术太宽”，这便直接开罪了当国者，人家又焉能容自己这样敢陈政弊的人在身边再碍眼碍事！如今已罢了自己的职务，看来还欲寻个罪由致己死地而后快。如此情势下，这京城待着又有啥意趣！唉，不如早归去，与家人享那天伦之乐也！

微曦透窗，张养浩竟一夕未眠，几壶酒饮下，一首《客中除夕》诗亦吟成：

野性峣峣不耐官，强颜尘土步邯郸。
依文久为云山笑，捧檄聊共菽水欢。
香返梅魂春一脉，愁从灯影夜千端。
古人事业余何有？羞见茅斋岁又阑。

话说春节过后，张养浩尚未离京潜归，他的恩师姚燧，却以年事已高为辞，意欲南归。这不免使张养浩心生一份伤感。送别之际，望着老师那垂垂老矣的衰相，张养浩禁不住潸然泪下，无以言表谢师之情，唯敬上《送邀学士》诗一首：

游目当今士，独公文炳操。江空孤月白，天阔片云高。
班马知谁配，王杨笑尔劳。盛名千载后，江汉日滔滔。

此诗高度赞颂了姚燧诗赋文章之卓然不凡成就，谓其文坛盟主地位无人撼动矣，赞其是继司马迁、班固之后又一堪与之比肩的文章巨匠。杜子美诗云："王杨卢骆当时体，轻薄为文晒未休。尔曹身与名俱灭，不废江河万古流。"而张养浩则认为牧庵先生诗赋与那王勃、杨炯所吟一样皆属上乘佳作，在这元代诗坛上应有其历史地位。短短一首诗，对恩师的崇敬之情，自彰显无余矣。

再说自恩师姚公去京后，张养浩愈加觉得每日索然乏味，遂坚定了弃官去意。

正月间，张养浩在京接阅中庵先生寄自山东章丘的一封书函，内附填就的《沁园春》词一阕并序：

余既以太初名石，且为记。客曰虽命之不可无号，号所以贵之也，乃亦己意，号之曰苍然，余复援稼轩例作乐府沁园春一首，改名曰苍然吟，附于记后。

石汝来前，号曰苍然，名之太初。
问太初而上，还能记否，苍然于此，为复何如。
偃蹇难亲，昂藏不已，无乃于予太简乎。
须臾便，唤一庭风雨，万窍号呼。

依稀似道狂夫。在一气何分我与渠。
但君才见我，奇形怪状，我先知子，冷淡清虚。
撑拄黄垆，庄严绣水，攘红尘力有余。
今何许，倚长风三叫，对此魁梧。

这阕咏奇石词，想象丰富，意象广渺，彰显了石主人豪放不羁的旷达性情，譬如“唤一庭风雨，万窍号呼”句，果真小中窥大，胸纳万壑。过片“似道狂夫”起句，似江河奔流下，恍如庄周梦蝶“不知周之梦为蝴蝶与？蝴蝶之梦为周与？”之物化叹矣。

“中庵先生归里后，竟如此惬意尔！”张养浩阅毕，不禁感喟不已。

是夜，张养浩竟亦梦入那玄幻之境，醒来回想颇觉奇异，沉吟良久，心胸因之又豁然开朗，遂提笔赋词记之，犹托古意：

我梦上寥廓，宫殿深绮云。上有龙凤飞，下有虎豹蹲。
茫茫四周水，玉镜无纤痕。坐觉宫殿摇，缥缈惊心混。
欲下客相挽，酌我青霞樽。前后铭云韶，左右歌天孙。
四坐俨冠佩，光灿扶桑暾。嘱我到尘世，胶口慎勿论。
划然陨穹崖，雪屋灯微昏。

此诗赋后不久，张养浩果然携书童效贤潜离这京城大都，所谓脱离了那虎穴绞笼也。

欲知后事如何，且看下回分解。

第十一回
同贤隐重逢西皋　遇明君再起东山

诗曰：

义之所在适安然，无越山林朝市间。
修己舜旁耕历下，致君尧上起东山。
庙堂忠告忠心鉴，爵位高居高节坚。
明月清风魁杰伴，四知堂主美名传！

却说张养浩因上时政疏指斥时政十大弊端，乃致“当国者不能容”，遂由监察御史改除翰林待制，复构以罪罢之，诫省台勿复用。如此情势下，加害可谓只在旦夕间。张养浩自然看清个中端倪，遂于至大四年（1311）春，改姓易名潜离了这危机四伏的京城。

“归去来兮！田园将芜，胡不归？”

俟将那京城远远抛在了身后，效贤才问起自家老爷欲何往，张养浩这般回应了一句。

效贤听清“田园”两字，亦明了系指老家，于是会意地笑了。却又听主人拍击着马车板凳，复吟诵道：

已矣乎！寓形宇内复何时！

曷不委心任去留？胡为乎遑遑欲何之？

富贵非吾愿，帝乡不可期。

怀良辰以孤往，或植杖而耘耔。

登东皋以舒啸，临清流而赋诗。

聊乘化以归尽，乐夭天命复奚疑！

见主人兴致高，效贤便大着胆子复问。张养浩回他道：“这是东晋时一名大隐士的赋文，便是陶渊明，知道这人吗？”效贤一听，笑着点头应声道：“噢，原来是他老先生的文章啊，俺知道他，不是古代一位辞官不做归乡下种田的大贤嘛！”

张养浩听了，亦笑了，随即颔首言道：“正是。效贤，如今咱亦学这位靖节先生，回老家耕田去！”

且说驱车一路颠簸南行，几日后，终于回到了山东济南历城北郊老家中。一时亲人相见，自是彼此皆激动不已。

是夜，张养浩和老父亲在一起啜茶时，便将此番自己如何潜归家来之情由，一五一十悉禀告知。张郁听罢，颔首表赞许，最后安慰自己这三子道：“儿啊，为父认为你如是行来也好。所谓‘良禽择木而栖，贤臣择主而从’，眼下情势如此，且在家中修身养性也罢，为父每日也有个聊话的，嗯！”

见老父亲如此通达明理，张养浩心下好不感动。晨光临窗，张养浩携强、引二子出户散步，徐吟成一曲《中吕·喜春来》词，抒归来心迹：

无穷名利无穷恨，有限光阴有限身。

也曾附凤与攀麟，今日醒，花鸟一般春。

上元节前日，张养浩邀了好友昃旭，二人各骑坐骑，出了历城县境，径奔章丘方向而去。原来，他们这是去西皋村拜谒中庵先生。

俟听家人禀报后，刘敏中喜出望外，当即便亲自迎出来，一见果然是张养浩二人，便朗声招呼道：“呵！果真是希孟、熙先你们两位贤契哟！欢迎欢迎！”说着趋前来，一把持住了张养浩的手臂，端详着问道：“希孟贤契，别来无恙乎？汝这回家来欲待多久啊？”

张养浩回道：“实不相瞒，此次便欲与中庵先生长厮守啦，请屋中再相叙。”

待坐至中堂，听张养浩讲了此番潜归前因后，刘敏中面上神色凝重起来，捋着颌下短须，喟叹道：“唉，老夫未料今圣上竟变得如此不容直谏了！也罢，既如此，那京城又何足恋栈，归来家居适乐，亦好！”

张养浩揖谢这位尊敬的前辈老师的理解，这才又仔细端详着微笑言道：“先生如今气色清爽，已非别京时模样，可贺呀！”

刘敏中闻听这话，呵呵笑了，回应道：“正所谓‘居移气，养移体，大哉居乎’，家乡山水养人哟，哈！”

当下刘敏中让家人摆宴款待前来给自己拜年的两位同里才俊。席间，年逾古稀的刘敏中陪着张、段二人，竟亦多饮了几杯，兴奋之下，又出示自己填的几首曲词来。张养浩见其中一首冠题“长白山中作”的《卜算子》小令，颇有意趣：

长白汝来前，问汝何年有。
只白云偃蹇高，不肯轻低首。
我即是中庵，汝作中庵友。
怪得朝来爽气多，浮动杯中酒。

对于这长白山，张养浩是再熟悉不过了。因为他们张家的老祖屋即在这长白山麓下。《抱朴子》记载：“长白，泰山副岳。”长白山亦称青龙山，当地山人又习惯称其为东山。却说这东山神秀无比，被道家尊为

九州第九洞天福地。长白山者，乃“长寿白兔公山”之简称也。传彭祖两大弟子之一的白兔子，为寻一处修炼道场而走遍了天下名山大川，最后相中了这整日祥云缭绕、绵亘起伏的秀山。这白兔子在此中修炼导引吐纳仙术，平日出游则乘一白兔驾云御风，故被世人称为“白兔公”。唐代诗人韩翃在《送齐人归长白山》一诗中，便有“旧事仙人白兔公”句。这神山尚有一胜迹处，乃系一天然洞穴，名曰“范公读书洞”，传系宋代一代名相范仲淹少年时至此苦读经书之所。李清照所吟诗句“欲将血泪寄山河，去洒东山一抔土”中，这“东山”即指章丘老家之长白山矣。

当下，张养浩笑着言道：“中庵先生好逍遥洒脱，认那东山为友了，且麾下奇石无数耳，可喜可贺！在下与熙先敬您一杯！”

“呵呵，希孟趣言啦，不过舍下倒是有几方颇中意的石头，闲暇值得玩味一番，待会儿，请两位贤契赏鉴一下！”刘敏中笑着言道。

酒过三巡，刘敏中不经意地问张养浩：“希孟啊，在京时可闻听今圣上龙体欠安一说？”颇感诧异的张养浩一边轻轻颔首，一边回道：“倒是听闻一二。怎的，先生如何问起这事？”只见刘敏中脸上显出一种意味深长的笑来，徐言道：“希孟啊，须知这等事可非同小可。你可知当年皇上与当今皇太子的圣母曾请阴阳先生推算命祚一事乎？”见张养浩摇首，刘敏中便释解道：“当年那阴阳先生推算后，言称今圣上天命短而不适承继皇位矣。”

张养浩听了，惊显于色，不禁与叚旭目光对视了一下，皆不敢接言。刘敏中瞅在眼里，便亦浅笑着不再言语，随即起身请二人去院中观赏自己收藏的那些奇石来。

其实，张养浩受家父影响，对所谓奇石亦颇爱收藏赏鉴，当下逐一观赏了院中那数十方奇石，果然形态迥异，妙不可言。于是，禁不住冲石主人赞道：“先生品鉴高格，亦诚石缘大焉！”只见刘敏中微微一笑，眯着双目，盯住张养浩道：“奇石者，本在山川间，得遇慧眼识，奇秀玲珑者，或置大院，甚或摆置到那皇宫上苑中，亦未可知，盖赖所遇者矣！”

“最奇者那女娲炼就的五彩石，堪大用，去补天矣！”一厢的段旭插言笑道。

“嗯，熙先所言极是。奇石者当可大用则用，弃之山川则无价值也。故莫待腐时，如朽木不可能雕也，惜之晚矣！”刘敏中说着话，似漫不经心地瞥了张养浩一眼。

张养浩听了对方这番意味深长的一语双关，心底不禁怦然一动，若有所思起来。

且说张、段二人给中庵先生拜完年礼，随即商定去那长白山一游，当下策马扬鞭径奔东乡而来。

张、段二人来至东山麓一座村庄。这村子名为曹家庄，只有十几户人家，皆曹姓，故名。段旭与那庄主曹文艺原相识，当下便将坐骑托寄于此。尔后张、段二人徒步行至东南曹峪，由此沿山径开始攀登这东山。及巅峰，登临一览，那寥廓大地尽收眼底，登时觉心胸亦为之开阔起来。

当下二人又沿山梁向东南而行。段旭曾由此路线去过那“范公读书洞”，故此番自轻车熟路。约半个时辰，二人便至又一高峰处。“希孟贤弟，这会仙峰下半腰处即是了！”

“哦，会仙峰，妙哉，熙先兄，咱们于兹与神仙或会晤焉！”张养浩朗声笑道。片刻，即口占吟成一曲《双调·水仙子》词：

中年才过便休官，合共神仙一样看。

出门开山水相留恋，倒大来耳根清眼界宽，细寻思这的是真欢。

黄金带缠着忧患，紫罗襕裹着祸端，怎如俺藜杖藤冠！

且说二人携手，顺唯一鸟道侧足而下，至那石洞处。张养浩入而见内可容两三人大小，不禁感慨万千：那少年英贤选此栖身苦读，其志大焉，终成一代名相必然矣。

拜谒毕这范公读书处，二人又徐行下山来，到那醴泉寺一拜。原来，这寺院中尚有范文忠公祠一座。

却说这范公祠坐北朝南，祠堂阶下左右分立两通石碑，左书“先忧”，右书“后乐”。张养浩、叚旭二人步入祠堂内，但只见正中一尊范公坐像，面上神色凝重，令人仰视顿生敬畏之情。

参拜礼毕，张养浩心念起这位前代贤相，早年即以“先天下之忧而忧，后天下之乐而乐”铭志，及任参知政事，乃上疏直陈弊政十事，曰：明黜陟、抑侥幸、精贡举、择长官、均公田、后农桑、修武备、推恩信、重命令、减傜赋，后率意改革，时称“庆历新政”。又念及范公起初因触忤宰相吕夷简，而被放逐数载，及至杜衍为相，乃谏请宋仁宗再起用范公，召回委以重任。一时张养浩又联想己身，怎不别有一番滋味涌心头，随即向醴泉寺中僧人借纸笔，书下《过长白山范文忠公祠》诗一首：

长白山高峻，下有读书室。萧萧翳荆榛，落落林泉石。
卷卷往瞻拜，赫赫如相及。维宋庆历间，群贤麟凤集。
孰先天下忧，一疏丹心白。中朝固有人，西夏谅难国。
力言师出凶，深虑手滑失。柄几先见明，韩富有惭德。
奈何时相隘，欲碎和氏璧。向非仁庙和，千载血应碧。
至今忠义气，高压万仞壁。所以德业高，要自辛苦积。
功臣自古多，动为富贵役。视公平生心，霄壤邈相隔。
但能一善兼，亦足千年塞。遗容揭日星，未觉关塞黑。
长歌景行诗，风林撼春色！

一时书毕，张养浩遂将这诗赠予寺中留存。那僧人合十谢过，随即将这墨宝小心收藏好。

段旭这时拱手向好友恭贺道："希孟贤弟，由此大作可鉴，君日后尚有大为也，可贺矣！"张养浩知这位仁兄好周易通堪舆，当下亦不多问，唯一笑耳。

花开两朵，各表一枝。按下张养浩归里不表，再说那京都中，短短时间内，已发生了可谓翻天覆地的事变，且容细细道来。

正月间，即张养浩离京不久，那武宗皇帝海山驾崩，皇太子即皇弟爱育黎拔力八达登基，是为元仁帝。受儒家思想影响颇深的仁宗皇帝，与其行伍出身的兄长海山相较，一登帝位，却亦雷厉风行。武宗正月初八驾崩宾天，正月十一日，不待正式即位的仁宗便颁诏以"变乱旧章，流毒百姓"罪名罢废尚书省，谕令百司庶政，复悉归中书省，随即令逮捕丞相脱虎脱、三宝奴，平章乐实、右丞保八、左丞忙哥帖木儿、参政王罴等原尚书省要员。上元节当日，又下令将脱虎脱、三宝奴、乐实、保八、王罴五人诛杀，忙哥帖木儿则流放海南。

且说仁宗皇帝在诛杀武宗旧臣、罢废中都的同时，又下诏令世祖朝时谙知政务有声望的一班老臣晋京。程鹏飞、董士选、李谦、刘敏中、程钜夫悉在召列中。仁宗自然亦没忘了自己昔为太子时的文学老师张养浩。

再说接旨后，张养浩颇感欣慰。对这位曾授学的新皇帝，张养浩十分欣赏。彼时，其为皇太子爱育黎拔力八达详授儒家经典要义，殷望这位学生将来如那贤尧仁舜一般，成为一位受民拥戴的圣帝明君。

当下张养浩又策马去章丘拜谒自己的恩师刘敏中，顺便就此征求一下高见。

甫一见面，刘敏中便先向张养浩道贺："希孟贤契啊，老夫早知有今日！还记得上回奇石一说乎？哈哈！"

张养浩谢过，又反问道："中庵先生，闻今上亦在诏书中延请您老晋京高就，未知先生如何行止？”

刘敏中一捋灰白的胡须，解嘲道：“衰衰吾老矣，又疾未痊愈，故此，正拟谢辞呈上耳！”说罢，又微笑着冲张养浩言道：“希孟你却不一样，一则正年富体强，二则当今圣上曾受汝教诲，素敬汝之才学人品，故今召汝辅以新政，如是二者，正所谓天赏英才千载良机也。希孟此去，正可一展襟抱，实践鸿志耳，故在老夫看来，万不容辞焉！望勿多虑迟疑！”

见张养浩沉默不语，刘敏中转身自去书案后，提笔书就谢辞呈折子。书毕审阅一遍后，缄封，折回递给张养浩，以一种不容置疑的口气道一句：“希孟啊，请代老夫将此折子面呈圣上。好了，你且回去预备一下吧！”

见状，张养浩笑了，遂道：“谨遵师训，即晋京觐见皇上！”

“哈哈，如此甚好。老夫祝你此去鹏举云霄，辅帝共襄兴邦鸿业耳！”

再说在征询了家父与恩师的意见后，张养浩终决定应召晋京。此正应了好友段旭所言中的“东山再起”登高吉兆。

且说那仁宗皇帝见自己的老师果应召来觐见，自是十分高兴。当下张养浩面呈上恩师中庵先生的谢辞书。仁宗皇帝御览后，自唏嘘不已。那老臣仍以疾辞就，便亦不好再说什么。于是，这君臣兼师生就如何实施新政叙谈一番。这仁宗皇帝对张养浩慷慨进言诸项施政应策皆表赞许，当即委以右司都事、翰林直学士，并给以参预中书省议事权。张养浩谢恩后，由皇宫退出，仰面青天，长长舒了一口气。此刻，他感到施展平生“致君泽民”报国襟抱的机会果真到来了。“苍天在上，定不负厚赐矣！”张养浩在心中默默念道，遂大步迎着朝阳行去。

三月，英年方二十七岁的爱育黎拔力八达正式登基，改年号为“皇庆”，以明年为皇庆元年（1312）。旋颁诏谕：“至元三十年以后诸衙门改升轫设，并多余员数，非世祖皇帝之制者，从省台分拣，减并降罢。”这显是采纳了张养浩时政疏中的谏言。逾月，又下诏废“至大银钞”和“至大铜钞”，代之恢复中统钞发行流通。如是，在不足三个月时间里，仁宗皇帝便在一班锐意改革的世祖皇帝朝老臣辅佐下，大刀阔斧地改革武宗朝旧制，易以实施诸项新政，使朝纲焕然俱新，呈现出所谓中兴气象。

单表这仁宗皇帝谙知新政推行，吏治首要。对内，严格抑制蒙古勋贵滥权，将诸侯王在各自封地上的司法权收归中央；对外，严禁近侍干预朝政，施行“以吏升官”，选用儒士充任各级官员。但由于元初即废科举，选用的吏员中，往往出现胸无点墨且人品低劣者滥竽充数，以致出现“吏廉无才，不若亡廉而才”之怪象。如今在仁宗皇帝看来，“朕所愿者，安百姓以图至治，然匪用儒士，何以至此？设科取士，庶几得真儒之用，而治道可兴也”。于是，圣意决定重开停废已久的科举制，以选拔真儒栋梁之才。

皇庆二年（1313）十一月，仁宗力排朝中一班大臣异议，以行科举诏颁行天下。谕定每三年开试一次，分乡试、会试、殿试三道。

次年改年号为延祐，诏命中书平章政事、帝师李孟主持重开科举事宜。时擢升为礼部侍郎的张养浩亦得授权参预其事。

延祐二年（1815）春，元代开国以来第一次科举考试，万事俱备，终于开试。李孟偕同礼部侍郎张养浩、翰林侍讲学士元明善等同僚一起主持了这元代第一次科考。

且说这延祐首考，按右、左两榜录取，即分蒙古、色目士子与汉人、南人士子北南两榜。此次“国考”科目分三门：“经疑经义以观其学之底蕴”“古赋诏诰章表以著文章之华藻”“复策以经史时务以考其用世之人”。

却说元廷将首次开科举录取的进士最高限额定为一百人，规模可谓小之又小。经过乡试、会试、殿试后，张榜中进士者五十六人。其间，张养浩鉴于此次科考取士之限额局限性，感有悖于通过此渠道广纳真儒以辅国政之初衷，遂力排众议，直言这开国第一考不宜太严，否则取士必然不广而有悖圣意，且对后学士子之求进心有所挫伤。最后，仁宗皇帝采纳其谏言。

俟金榜张贴日，南人榜第一名为张起岩。这位张状元字梦臣，祖籍山东章丘。其天资颖秀，后果为“延祐之治”栋梁之才。

再说张养浩唯才是举，主持这元廷第一次科考后，明诫新取进士登门谢师之举：“但思至公血诚以报国政，自不必谢仆，仆亦不敢受诸公之谢也。”拳拳奖掖后学为国养士之心溢于言表，诚可敬焉。

这正是：唯才是举取真儒，辞谢非私诚虚怀。

欲知后事如何，且看下回分解。

第十二回
西山道观悟行道　西子楼台吟古风

诗曰：

悦幽胜处情心寄，山水灵犀一点通。
无间西岩欣访道，有缘西子乐乘风。
红尘出入逍遥几？白鹤栖翔自在重。
千古烟云识仙分，神州遍历旭轮昇！

话说那元朝京城大都城西郊，天生山峦绵延如游龙、高耸似屏障，一如香山、灵山、百花山、妙峰山、翠微山、玉泉山、师卢山等，统称为西山。此间有道教全真教派第一丛林宫观，这便是以全真教一代宗师丘处机道号长春子而命名的长春宫。其前身为金代的太极宫。却说这丘处机，字通密，道号长春子，登州栖霞人，师王重阳。只因丘处机学道大成，被元太祖成吉思汗慕名召见。丘处机偕弟子十八人，行程万里，历时两年，抵西域大雪山觐见成吉思汗。时进言“敬天爱民为体”“清心寡欲为要”，劝谏成吉思汗欲得天下，必以施仁政少杀戮为是。因得尊重授以礼重，被尊称为“神仙”“太宗师”。元太祖十九年（1224），授命于燕京太极宫掌管天下道门，御赐以金虎御牌、玺书。由此，全真教大昌。元太祖又颁诏改太极宫为长春宫，系取丘处机道号长春子易焉，以示尊重。元太祖二十三年（1228），丘处机病逝于长春宫，享年八十岁。元世祖时，追封丘处机为“长春演道主教真人”。

却说延祐二年（1315）立秋日，这长春宫又迎来了一位官人。此人便是时任礼部侍郎的张养浩。

长春宫道长俗姓刘，道号元真子，当下亲迎出观来。彼此见礼寒暄，尔后邀至精舍用茶。原来，张养浩自主考毕，得暇曾至这西山小憩，与这刘道长业已相识，且谈得投机，故复有临行续道缘。

俟香茗啜过，刘道长遂命换上清酒鲜果，陪张侍郎小酌话道。

酒过一巡，张养浩微笑言道：“昨夜却得一梦，竟是过往那蓬莱仙宫一游，如今想来，尚历历在目，真有妙趣！”

刘道长闻听，贺喜道：“如此说来，贫道可要恭贺大人了，此俗人未得之吉梦焉！”

“呵呵，道长会说话。只是那风景果真疾速，俯视下，恍见‘有巨灵之鳌，背负蓬莱之山，而抃舞戏沧海之中’，怎一个惊涛骇浪了得！”

刘道长听了，笑着回应道：“却果真是清凉世界！”

张养浩亦笑了：“却果然凉爽不似当下。”

刘道长遂唤两小道童持扇伺候两厢，复笑问：“如何，恰似乎？”随即与嘉宾复饮一杯。

张养浩复问：“萍逢似久缘，何解？”

刘道长即答：“今世如前世，使然。”

张养浩微微一笑，又问：“道之谓道，荣辱皆忘之境界，何以达？”

刘道长敛容以答：“恕直言，公为官家，系奉儒家入世之道，故背道而驰，此道为吾道矣！”张养浩闻听这话，颔首叹服其智语。

酒过三巡，张养浩拊掌而歌，诗乃即席吟得，曰《西岩醉笔》：

兴来放步白云岭，海阔天空异人境。

乱山万马东南驰，只恐郊原碎俄顷。

乾坤谁管百鸟闲，今古空余野烟冷。
何当结屋最上头，摆脱尘纷事幽屏。

那刘道长听罢，击掌以赞："公有仙份，诗鉴分明。"

张养浩呵呵大笑，回应道："尝读长春子诗词，颇喜其豁达豪气，觉有李太白王摩诘风雅兼而存焉。"略停顿，接着言道："像那阕《无俗念·乐道》。"言罢，随口便吟来：

迎今送古，叹春花秋月，年年如约。
物换星移人事改，多少翻腾沦落。
家给千兵，官封一品，得也无依托。
光阴如电，百年随手偷却。
有幸悟入玄门，擘开疑网，撞透真欢乐。
白玉壶中祥瑞罩，一粒神丹挥霍。
月下风前，天长地久，自在乘鸾鹤。
人间虚幻，不堪回首重作。

刘道长听了，微微颔之，应道："好！贫道承继祖师爷墨宝一幅，待取来，请明公雅赏！"遂起身去。待折回时，手捧一长匣。俟将匣中那件丘处机手书真迹展开来，张养浩定睛看去，见乃是一阕词，题曰《沁园春·乐众》，书法飘逸，果然有一种道骨仙风神韵：

世事纷纷，似水东倾，甚时了期。
叹利名千古，争驰虎豹，丘原一坦，总伴狐狸。
枳棘丛中，桑榆影里，乱冢堆堆谁是谁？
君知否，谩徒劳百载，空皱双眉。
正如归去来兮。放四大、优游无所为。

向碧岩古洞，完全性命，临风对月，笑傲希夷。
一曲玄歌，千钟美酒，日月循环不老伊。
童颜在，镇龟龄鹤寿，罢唱黄鸡。

“妙哉！悟透人间玄道矣！”张养浩一时阅毕，禁不住拊掌赞叹。

刘道长亦笑着点头言道：“诚哉斯言，道，贵乎一个悟字，明公显已得悟。”

张养浩沉吟道：“窃以为，人之处世，无论出世入世，贵在道义二字。其实，长春子虽悟道真谛，然其一颗忧民致君之赤子心犹可鉴，由其诗中可见，如：‘十年兵灾万民愁，千万中无一二留。去年幸逢慈诏下，今春须合昌寒游。不辞领兵岭北三千里，仍念山东二百州。穷极漏诸残喘在，早教生民得消忧。’”

刘道长闻听，浅浅一笑，遂道：“如此而言，也并非背道而驰。吾祖师爷昔年万里赴召，一言止杀，诚怀悲天悯人之心也。实承继了重阳子老祖‘三教合一’之主张，正所谓‘儒门释户道相通，三教从来一祖风’也！”

张养浩深以为然，遂颔首应道：“听道长解道，愚茅塞顿开，获益良多。”

刘道长闻之微笑，当下便不失时机地提议道：“明公雅兴，何不为这长春宫专题墨宝以存焉？”张养浩听了，亦自觉宜应以酬款待盛情，遂应允下。俟那刘道长亲去取笔墨纸砚之际，一首《过长春宫》诗已成熟于胸，随即提笔书就：

往年尝梦蓬莱宫，三山鳌背摇虚空。
沧溟俯视一衣带，银河鼓浪来天风。
兹游良不异畴昔，半日惝恍迷西东。
平生颇似有仙分，足迹未到神先通。

层楼复观此谁构？只疑天巧非人工。
绕檐松影黑于海，步惊栖鹤翔云中。
西山亦喜得佳客，巍峨相向如争功。
辽金兴废渺何年，令人一笑怜鸡虫。
须臾遍历至方丈，壶酒盘果罗青红。
心清已觉破烦暑，左右况复扇两童。
道人见我乐幽胜，故为留恋谈无穷。
鼎铛百沸失膏火，风生万里忘萍逢。
默求诗句为相答，半醉挥出毫端虹。
烟云满室动鬼神，不但为彼开盲聋。
笑谈人境两相称，此会讵与寻常同。
却愁归去到尘世，又随俗迹堕樊笼。

却说入元后，无论王侯将相，皆以不讳忌营商常之。所谓官商，坐贾行商，获厚利却偷逃税额之恶风遍及。延祐二年（1315）间，宣政院呈文中便指出："但凡番地面里，不拣甚么勾当里去的使臣，从京兆、临洮府将青碧甸子、铜器、碗碟、靴子等物，铺马上做买卖，多要铺马，冗滥行有。"如此不正之风盛行，使每年按律上缴的税额锐减，其中所谓舶税尤其严重。于是，朝廷便直接派遣朝官下去监督催缴事宜。张养浩身为礼部侍郎，次年秋，即受命"征舶泉南"。其所去的泉州道，乃元朝与海外通贸易最繁华的中心商港所在，由此可见元廷对张养浩的信重。

临行之际，张养浩的好友，时改任礼部尚书，亦即其上司元明善单置酒为其饯行。席间，元明善一语双关地警示挚友道："南方多瘴雨蛮烟，希孟贤弟此番前去，可要自珍保重哟！"

张养浩自然会意，笑着回应道："请复初仁兄放心勿念，我自会注意。再者，那南国毕竟还是美景多宜人也，呵！"

“哦，那愚兄在此恭候贤弟满载诗赋凯旋!”说着，元明善举起杯来，又微笑道，“今能有酒无诗乎？贤弟请示来，先须饮此杯!”当下一饮而尽后，张养浩起身踱了几步，随即口占七律一首相赠挚友：

台阁联飞二十年，临歧欲别重凄然。
人言廉蔺人才轧，谁信雷陈志愈坚。
古井不妨风浩荡，浮云何损月婵娟。
江湖秋净多来雁，莫惜平安到瘴烟。

此诗首联言及二人同朝为官业已有二十春秋了，值此小别，两厢颇伤感。颔联以“将相和”典故中廉颇、蔺相如之友情相比二人情谊真挚无相欺，又以后汉雷义与陈重之“胶漆坚”相喻。《后汉书·雷义传》载云：“雷义举茂才，让与陈重，刺史不听，义遂佯狂被发，走不应命。乡里为之话曰：‘胶漆自谓坚，不如雷与陈。’后人说友谊，常称雷陈。”颈联更以自然景象喻彼此友谊经得住外界毁谤、离间诸般考验，犹如风狂而古井波不起、浮云层层亦无损月之娇美。尾联言及时下正值深秋季节，自己将去往的南方，多有北方迁徙越冬的大雁，故请好友要多书问候叙情函托鸿雁相寄达矣。元明善即令书童奉纸笔上来，复请张养浩抄录下这首题为《留别元复初》的友情见证佳作。

且说张养浩别友离京，奉旨南下征舶税。先乘舟沿御河而下，此间经骇浪遭骤雨，舟行果然艰难。张养浩赋得《御河舟中》以记之：

水路苦多阻，扁舟之字行。去云犹雨点，来浪自风声。
颠倒惊人影，经过问地名。胡床柁楼底，未觉负鸥盟。

由此诗尾联可见，诗人并未因这恶劣旅遇影响自己观赏沿河景观的惬意心情。

单表这京杭大运河，北起京都，南至杭州，形成于隋代，经过唐、宋两代不断拓修，至元一代，成为沟通海河、黄河、淮河、长江、钱塘江五大水系，纵贯南北的水上交通要道，繁荣了南北经济，促进了南北文化大融合，给沿河流域大发展做出了巨大贡献，亦孕育了一座座具有深厚悠久历史文化底蕴的古城镇。杭州即其中一座璀璨明珠般的名城。

这日，张养浩一行乘坐船只，终于抵达杭州，遂弃舟登岸，早有杭州路总管府知府着人在此恭候，当下迎钦差大人至馆驿歇憩。

书中交代，杭州在周朝以前，属九州之一的扬州。传禹尝至此造舟以渡，当地人遂称此地为“禹杭”（“杭”意为方舟），后口语讹传“禹”为“余”，乃名“余杭”。秦时，改称钱唐。梁武帝太清三年（549），升钱塘为临江郡，陈后主祯明元年（587），又置钱唐郡。入隋，于开皇九年（589）废郡为州，“杭州”一名首先出现。据《隋书·地理志》载：“杭州等郡，川泽沃衍，有海陆之饶，珍异所聚，故商贾并辏。”至南宋时期，置行宫于此，升为临安府。于是，杭州商业亦空前繁荣起来。据《武林旧事》诸史料记载，南宋时杭州商业达四百四十行，可谓万物汇集，贸易甚盛。与海外商贸往来亦日益繁荣，故元廷于此专设“市舶司”以司其事。于是，那酒肆茶楼、艺场教坊、驿馆旅舍等行业随即发展兴盛起来。

再说在杭州驿馆下榻后，稍事休憩，张养浩便召见那市舶司提举等吏员，详细过问了此处征船税诸事宜。嗣后用罢晚膳，张养浩让效贤给沏上一壶龙井茶，尔后便闭门开始审阅那市舶司提举留下的征船卷宗，不觉即达旦，方全部审过一遍。随后小睡片刻，即起。

早膳用过，那市舶司提举复应约而至。俟会晤时，见钦差大人将昨儿自己留下的一大宗征舶卷宗业已审阅毕，并在上面注明审批字样，不禁暗下惊诧得很。

当下张养浩就审阅中发现的问题逐条指出来，又着实令那提举汗颜心慌，唯诺诺而已。

俟那提举告退，又有地方官员陆陆续续赶至这驿馆来，与钦差大人见礼寒暄，一番叙谈后，张养浩遂下逐客令："汝等且回去忙公务吧，本钦差要小憩一会儿。"那些官吏知趣告退后，张养浩唤来效贤，尔后换上一套常服，由这驿馆后门出来，径奔那西湖方向寻去。

且说这西湖位于杭州城西，以其湖光山色秀丽景致名闻天下。此湖古称"钱塘湖"，因宋代大诗人苏东坡有"欲把西湖比西子，淡妆浓抹总相宜"诗句吟赞之，故又名"西子湖"。

单表张养浩携书童效贤着微服来至西湖游览。伫立湖滨，举目四望，但只见这西湖三面环山，当地土人告知，环湖乃南高峰、北高峰、玉泉山、凤凰山也。传天上玉龙和金凤于银河边的仙岛上捡到白玉一块，经多年打磨而变为一颗璀璨明珠，后为王母娘娘强索去，争执间，失手遗珠落人间，遂变为这西湖，那玉龙和金凤遂亦下凡来，摇身变为这秀山，恒久守护着这人间仙境。

张养浩听着这神奇传说，再观眼前这山湖相倚的美景，不禁心生万千感慨。他由这玉龙、金凤的义举，自然联想到了现实中对这西湖同样做出善行而泽福当地黎庶的两位前贤：白居易和苏东坡。而这二人的功绩之一就展现在眼前，即如两条青龙般延伸入湖中的白堤、苏堤。先说这白堤，在唐代时名白沙堤，大诗人白乐天任杭州刺史时，曾组织人工予以固堤修筑，并广植柳桃两侧护堤。彼时，白刺史曾有多首诗吟咏之，有"最爱湖东行不足，绿杨阴里白沙堤"等佳句，后人遂称这堤为白堤，以纪念这位造福一方的贤吏诗人。再说这苏堤，乃宋元祐五年(1090)，苏轼任杭州知州时，率军民疏浚西湖，尔后利用浚挖的淤泥构筑而成。同样，受惠的杭州百姓为感念这位仁政爱民的父母官的功德，遂将这长堤命名为苏堤。那翠堤卧波，连着南、北山，给这西湖又增添了一道靓丽的风景。宋元以来，此处"苏堤春晓"被列为"西湖十景"之首，引得世人纷至沓来，一睹其秀色。

当下，张养浩、效贤主仆二人由南屏山麓踏上苏堤，徐行北来。只见沿堤杨柳、碧桃等花草满植，轻风拂面，顿觉心旷神怡，精神陡然振奋。依次行过那映波、锁澜、望山、压堤、束涌、跨虹六座单孔石拱桥，此美其名曰“六桥烟柳”，入元乃称为钱塘十景之一也。但见湖波如鉴，桥影照水，恍如画图，置身其间，游而流连忘返焉。

“哦，果真‘上有天堂，下有苏杭’，西湖之秀色诚可餐矣！”张养浩兴起之余，脱口吟诵起苏大学士那首脍炙人口的佳篇《饮湖上初晴后雨》来：

水光潋滟晴方好，山色空濛雨亦奇。
欲把西湖比西子，淡妆浓抹总相宜。

苏诗巧妙地借生于兹的那位古越佳人西施比喻这西湖之秀丽美韵，真是恰如其分，亦将西湖的美名载入史册，流誉千载。自此，西子湖亦成为这西湖的别称。

“效贤啊，知道吗？这苏堤即这首诗的作者苏学士苏轼所修筑，你看，为官一任，造福一方，有这苏堤惠及游客，可是好官哟！”

“哦，那这苏学士可真是位大大好的父母官，确如老爷您当年在那堂邑任上一般，福泽一方百姓啊！”

张养浩闻听，摆摆手制止道：“休得声张！”然后又道一句：“那又怎比得，何足挂齿！”一时又念及斯人已去，功绩留焉的实况，不禁油然生出一份喟叹：为人处世，比如为官一方，却是何其短暂，倘尽力福泽一方百姓，为世人常记恩德而广扬美名，应无憾矣。当然，为官者名利不唯念，但虑尽其责而谋福祉惠泽黎庶，当其要义焉。

一时追古抚今，千般感慨汇成《游西湖》诗一首：

一片楼台四面山，玻璃摇碎银斑斓。
画船载酒来天上，宝月和云落世间。

千古风烟留客醉，几时鱼鸟伴余闲。

乃知西子真尤物，竟日令人不欲还。

当下张养浩与效贤就湖滨一酒肆中，点了几样地方小吃，另要了一小坛花雕酒，边临窗赏着那湖山美景，边小酌闲聊。一时用罢膳，复徐行折回驿馆，却见那地方官早候着了。原来其早备了丰盛酒宴，专请钦差大人叙话吃酒的。那驿吏告知钦差大人不知去踪，正焦虑间，却见张大人携书童踱进馆堂大门。待听明对方来意，张养浩伸手轻轻一拍腹部，诙谐地回应道："贵处土地业已宴请过了，就不叨扰啦！"那地方官闻听，情知这钦差大人在调侃，应是微服出门去自用过膳了，却亦明了这位张大人的自律性，遂尴尬地聊了几句后，便知趣地告退。张养浩又叮嘱对方作为当地首宰，要对市舶司公务多加管束监督，避免再发生已发现的征舶税漏逃弊端。那胖胖的官员诺诺应声，冷汗已浸透了内衣。

翌日晨起，驿吏早受命备了两辆马车，尔后请钦差大人乘坐。张养浩遂带了五名随从，乘车登程。

一行人乘车入建宁路辖境，只见那商铺云集山外边，又见在那港口码头上，商船往来聚集，一派热闹景象。张养浩心下非常欣赏这商贸繁荣场景。一时，往馆驿投宿所经集市上人流如织。手下临时雇了肩舆，欲抬大人前往，却被张养浩制止了，自己径自下车来，步行前往。

是夜，于驿馆客房中，张养浩赋诗《建宁道中》以记此行所见所闻所感：

行尽溪山得市廛，桥楼深入路绵延。

商帆腥带诸蕃雨，天宇昏连百粤烟。

言语不通刚作字，道途良苦且停鞭。

老兵来报肩舆稳，使我愀然愧昔贤。

诗中的“昔贤”，乃指王安石。张养浩自注云：“不敢以人代畜，半山事。”半山即王氏号。《冷斋夜话》中云：“王荆公居蒋山时，往来白下门、西庵、草堂、法云，止只一黥挟蹇驴。门生讽以荀舆宜老，公曰：‘古之王公至不道，未有以人代畜者。’”张养浩用王安石“不敢以人代畜”事自警，而拒乘肩舆，为官悯民之心，由此可见一斑，令人钦叹不已。

这正是：南征钦命下，自律奉途中。

欲知后事如何，且看下回分解。

第十三回
吊古无限兴亡恨　行途有余山水愁

诗曰：

宦海渡兮冷眼纠，几多贪秽痛心忧。
上行下效宝昧夺，垢纳污藏珍采求。
腐败从来祸之种，骄奢自古亡者由。
山川无恙今聆听，太息一声改辙流。

话说奉旨征舶泉南的张养浩及随从一行六人，于延祐三年（1316）九月间，乘马车驰入福州路境。

单表这福州，位于东部沿海、闽江下游处。汉初为闽越王都城冶城治所。唐代又为州、府路所在地。因城西有福山，故以城名。入元，置福建行中书省，省治亦在这福州，称福州路。福州背山依江面海，故成为中国东南沿海重要贸易港口，亦为海上丝绸之路的门户。福州别称三山，盖因城区内有屏山、乌山、于山三山鼎立，故名。宋治平三年（1066），张伯玉任太守时，在衙门前亲植榕树两株，随后又号召居民在城中普遍种植，不久便生长繁茂，致满城绿荫蔽日，故此，这福州城又有“榕城”之美称。

张养浩早闻听这福州乃东南沿海秀美景色荟萃佳所，今日亲眼赏来，觉果不虚传，此处堪称人间集美地也。去驿馆路上，路两旁榕树参天，景致果然独特，迥异别处。

且说在馆驿中方下榻，那太守大人便由衙署赶来参拜钦差大人。彼此见礼寒暄。张养浩询问此处与国外贸易事宜，太守却直道：“大人您既莅临敝处，且请多观赏一下我们这儿的山海风光，至于公务嘛，稍后商谈亦不迟，呵呵！”近午牌时分，又请赴宴。张养浩见状，觉直言却之显过唐突，遂应允同往，只提出请那市舶司提举列席，便就谈话。太守只得令随从寻那市舶司提举亦赴宴饮处。

却说自元至元十四年（1277）起，先后在泉州、庆元、上海、温州、杭州、福州等处设立市舶司。市舶司由行省直接管辖，元廷亦曾于中央设立泉府司院。每司设提举二人，从五品。市舶司初建伊始，仍沿用南宋规制，日久弊生，致市舶税收锐减。鉴于此，至元三十年（1293），元廷制定了“整治市舶司勾当”法则二十二条。延祐元年（1314）七月十九日，中书省奏：“在前设立市舶，下蕃博易，非图利国，本以便民。比闻禁止以来，番货、药物销用渐少，价值陡增，民用阙乏，乞开禁事。”元廷准奏，随后又修订颁布了新的市舶法则二十二条。新旧法则对市舶司职责予以明确规定，比宋法则更为严密，从而加强对海外贸易的控制，增加舶税收入。然则，由于自上而下的各级官僚涉嫌商务，带头破坏法则之事频频发生，致使法则多流于空文。比如，法则明文规定一项：“诸王、驸马、权贵势要、僧、道、也里可温、答失蛮诸色人等，下番博易到物货，并仰依例抽解。如实，钱物没官，犯人决杖一百七下，有官者罢职，仍于没官物内，一半付首告人充赏。若有执把免抽圣旨、懿旨，仰行省、宣慰司、廉访使就便拘收。”不可谓不严惩凿凿，警诫重重。然实际执行起来，却岂容易，盖让那从五品小提举官依法则去抽解那班王侯驸马等显贵博易物货，又焉不昧心枉法，由此弊端频频衍生。

却说张养浩在市舶司提举官提供的这福州往来商贸抽分诸公文中，

很快便发现诸多不符记录端倪，遂两次单独召见正、副提举，分别予以对质。最后，逼得其中一位汪姓副提举道出其中实情：“大人，恕卑职无能，您指出的这几宗物货，皆系那货主手持中书省大人某书函特嘱以照顾的，吾等微职也只得……”

张养浩闻听，面上神色凝重起来，心道：这个中果真如我所料，背后有大背景，却原来涉嫌朝中重臣，这事须谨慎处置。这时，他猛然记起离开京城之际，复初仁兄给自己的善意暗示。哼，如此看来，这南方，果然“瘴雨蛮烟”甚重得很呢！当下顺藤摸瓜，张养浩又掌握了多宗当朝一些王公大臣涉嫌违法营商的证据，皆暗自记录在册，以待回京后再定夺处置。如此下来，张养浩原本较轻松的心绪便日渐沉重，以致忧心忡忡起来。接下来，张养浩就此处发现的隐瞒迟报的几宗以漏舶论罪，将是处市舶司提举交付福州路府查办。

却说福州公干已毕，张养浩一行复沿闽江南行。张养浩闻入闽侯县境，熟读诗书的他，猛然记起《史记·东越传》中一则记载来：“越王宫，在福建闽侯县北，半踞城内，半蟠城外，古为闽越王无诸所都。”于是，张养浩便令驻车，欲就近前去凭吊一下。

俟至那屏山麓，映入眼帘的却是芦花遍地，杂草丛生。当下寻了一牧羊老叟一问，却被告知，此旷野分明就是那越王宫旧址所在。

张养浩闻听，怅然若失。伫立良久，心中慨叹起那闽越国的衰败来，想昔年那越王无诸称雄一时，选此处筑城建都，王宫连云，如今却只遗留衰草一片。唉，自古国邦兴衰更迭，归根结底，盖不过当朝者腐败奢侈起因，终至艰辛得之的政权毁于一旦。像那大唐王朝，开国至贞观之治，累年治国，终现盛朝，威仪八方。天宝年间，杨氏兄妹擅权误国，导致“安史之乱”发生，自此大唐由盛转衰，王气渐消。如是，岂不亦源于一个“奢”字！试看，《新唐书·杨贵妃传》载云：“妃嗜荔枝，必欲生致之，乃置骑传达，走数千里，味未变已至京师。”为了那肥婆杨玉环的这一点嗜好，一国之君的唐玄宗李隆基便诏令如此人马以累死为代价满足之。所谓上行下效，恶遂循环，导致腐化成风，终刮得帝国大厦倾塌了事。再联想及此番发现的那各级官员营商舞弊事，张养浩心情愈发沉重，不禁叹息一声：如兹周而复始，如不改辙更张，危矣甚哉！

复登车南行，一路莫言。至兴华城，已是夜深，投宿驿馆。简单用过膳，张养浩即令效贤等随从各自去歇息，自己开始秉烛审阅笔录。子夜时分，审过一遍，独自出房来，在月明地里驻足沉思。良久，方折身返回客房中，复提笔录下吟《福州》诗一首，以记旅怀有感：

闻说东南秀所钟，此行处处觉诗工。
飞来天上三山岛，惊倒人间百岁翁。
荔枝种成唐室祸，芦花飘满越王宫。
斜阳无限兴亡恨，何事烟波尚尔东。

翌晨起身来，张养浩为了解一下当地的民风人情，遂偕书童效贤微服去这兴华城内外走访。徐步城中，张养浩印象最深的是沿街那高大的樟、榕树木，有的高达数丈，尤其是那榕树，其枝干多向四方伸展，如巨伞张开，有的一树之下，竟可容数百人乘荫下。这令张养浩惊叹不已。当下行来，又发现此处寺庙多设，且皆香火兴旺，可见居民多尚迷信神鬼。这兴华城亦常可见那鳞次栉比的楼台殿阁，不难看出这南方路府辖内经济之繁荣程度。

虽时值深秋季节，张养浩、效贤主仆二人逛城登山，不觉间，皆已浑身生津、满脸流汗，遂择那溪林荫下小憩。一时，张养浩令效贤取出身边携带之文书袋中的笔墨纸砚来。原来其诗兴又生焉。效贤随即将一应文宝摆置于一平坦青石上，一边笑着言道："老爷，您这一路行来，可作了不少了，嘻嘻！"

张养浩听了，亦笑道："知道么，本老爷这是要完成元大人布置的

作业哟!”效贤知这是调侃语，因主人与那尚书元大人在京临别戏语，他也在场听到的。

当下效贤研好墨，将笔递给主人。便见张养浩握笔在手，略沉吟，旋在那纸上题下《兴华道中》诗一首：

骇目樟榕树半天，雄阴翠压道途边。
满城香火民风鬼，到处楼台海市仙。
驿舍远因山曲折，僧居喧为水潺湲。
有时点检奚奴锦，尽觉新诗带瘴烟。

延祐三年（1316）重阳节前日，张养浩一行抵达此行最后一站：泉州。

泉州地处东南沿海，与台湾隔海相望，乃古“海上丝绸之路”的起点。西周秦汉时期属闽越地。南北朝陈光大二年（568）置丰州。隋开皇九年（589），改丰州为泉州，首现“泉州”一名。入元，至元十五年（1276），朝廷施行行省制度，中央设置中书省，地方设置行中书省，下设路、府、州、县。时升泉州为泉州路总管府，领南安等七县及南、北二录事司。泉州属福建行省，省治设福州。早于至元十四年（1277），元廷在泉州设置市舶提举司。由于得天独厚的沿海地理位置，中国与海外贸易大兴后，这泉州一跃成为全国最繁华的通海外贸易中心，赢得“东方第一大港”的美誉。元初，来自意大利的环球旅行家马可波罗（Marco Polo），在游记中将泉州誉为世界最大商港之一。

时泉州知府率一班僚属，亲迎钦差张大人至驿馆中。在介绍那市舶司提举时，知府特意道了一句：“方履新。”张养浩听在耳中，遂留意了一下这上任不久的提举官：年纪约在三旬左右，看面相可知。当下与之约好次日就征舶税事宜洽谈。

翌日，那泉州市舶司提举携一大宗公文如约来至驿馆中。张养浩即与之伏案审阅起来。间歇时，张养浩不经意地问询起对方前任事。这位履新弗久的提举略显迟疑，看房中再无旁人，这才压低了声音回应道："大人有所不知，卑职前任乃系被人谋害亡身，故卑职才仓促被调任替补此缺，唉！"张养浩闻听，凭直觉感到这其中必有隐情。只是眼前这新任提举却以初临、别事再不详知为由而无所言及。张养浩见状，只得不再追问。二人再审阅这泉州征舶税记录卷宗时，却同时发现其中有许多明显经涂改处。这提举复以自己履新方几日，对此前这些公文皆不详知记录实况为由予以推脱。这令张养浩对其起初的好印象大打了折扣，但又一想，亦不好多予指责，遂自行将诸弊处做了笔录，预备明日找那泉州知府问讯。

移时，忽有随从进房来禀报，言有本府达鲁花赤派人来恭请钦差大人赏光赴宴叙话。

张养浩闻听，将那请柬轻轻搁置书案上，一时却未置片语。那一旁的提举见了，竟忍不住言道："大人，这达鲁花赤大人可是当今太师铁木迭儿的亲信呢，所以卑职诚请大人去一趟吧，改日卑职再陪大人您审阅这卷宗，不知大人尊意如何？"突然间听到这提举如是善意提醒，张养浩心里便"咯噔"一下：原来是那位总宣政院事、太师的亲信在此，哼，如此看来，这泉州路府池子中的"水"可挺深哟！猛然间，他脑际飞快闪现出"或许那前任市舶司提举之蹊跷死亡与这达鲁花赤有些关联"的意念，这令张养浩自己亦为这突兀联想惊了一跳：哎，凭空怎会生出如此念想呢？其实，张养浩心头之所以冒出这诸多不悦联想，盖悉因那臭名昭著的当朝太师铁木迭儿也。

书中暗表，这铁木迭儿可是元国数得着的擅权乱政的逆臣。其曾事元世祖，承宗皇帝时，授同知宣徽院事，兼通政院使。铁木迭儿因久任宣徽院掌管宫廷饮膳事，而得亲近太后答己，并得以宠信。仁宗尚未即位之时，答己太后便下懿旨拜铁木迭儿为中书右丞，主持中书省事务。皇庆元年（898），铁木迭儿以疾去职。延祐元年（1314）元月，仁宗

皇帝受母后命，再复起用铁木迭儿为相。这铁木迭儿自入主中书省后，依靠答己太后势力，竭力控制住任用僚属权力，任人唯亲，广受贿赂；在横征暴敛方面，更是极尽之能事，致使百姓怨声载道。仁宗初年，铁木迭儿提出所谓补救国家赋税欠缺的办法，即卖盐引以及括用江南等敛财主张，获准实行“江南经理”，致发生强拆民房、乱挖坟墓以充作新增田亩之恶径。江西一省，酷暴尤甚，从而激发了赣州人蔡五九义兵抗暴政事，虽然此次起义终被镇压，但元廷迫于情势，也被迫终止了这榨取民脂民膏的害民弊政。铁木迭儿亦因此获罪斥罢。但因有答己太后的宠信与袒护，铁木迭儿复再入相。延祐二年（1315）七月，太后降懿旨，拜铁木迭儿为总宣政院事。十月，又晋封其为太师。时中书平章政事张珪提出异议，惹得那位答己太后勃然大怒，竟在召见张平章时，令人以杖击致其重伤，终迫得张珪挂印逃离了大都，再不逃，命定休矣。那仁宗皇帝虽对擅权的铁木迭儿早生不满，但又处处受掣肘于其后台，即答己太后，故不得制裁铁木迭儿。延祐三年（1316）春，朝议设东宫储君，那铁木迭儿奏请立仁宗之子硕德八剌为皇太子，从而博得早有改变与武宗立下的叔侄相继先约、欲念传皇位给儿子的仁宗欢心。自此，铁木迭儿在朝中更加肆无忌惮，唯我独尊。凡忤己者，“巧饰危间，阴中以法，忠直被诛窜者甚众”。一时间，朝野上下，皆惮于铁木迭儿淫威，白色恐怖下，人人自危矣。

如此乱政逆贼的亲信，担任这泉州路府的实际行政长官达鲁花赤一职，难怪张养浩心下诸般不祥联想叠生。

很快，张养浩便做出了赴此“鸿门宴”的决定，那替他暗捏了一把汗的提举，也着实松了一口气。

果然，正如张养浩所料想的那般，那泉州府达鲁花赤在宴席上，公开暗示他不要在市舶司征税卷宗上太较真，因为那上面牵涉多宗当朝太师铁木迭儿参与的物货交易记录，当然不言而喻，皆是不实记录，抽分自不堪推敲细究。

张养浩闻听默语，只微笑饮酒。这使得那位达鲁花赤有点摸不着对方这位钦差大臣的心思，遂阴笑着追问一句：“张大人，你可明白我的意思？”

只见张养浩沉稳地举起酒杯来，依旧微笑着应答道：“我心中自有分寸。来！咱今儿只吃酒！”

俟宴罢返归驿馆中，效贤等见过老爷，都去了下房，这上房中只剩张养浩独自一人时，他胸中压抑的那股怒火终于爆发了。他攥紧拳头重重捶击在太师椅把手上，恨恨地低吼一句：“一群蛀虫！”他心中已打定主意，俟回京觐见皇上时，必将掌握的这批贪官营私舞弊、偷逃国家赋税的证据上奏陈明，一切请圣裁定夺。而方才在宴席上，他的不动声色，却着实蒙蔽过了那个粗鲁的达鲁花赤的猜忌之心。

接下来几日，张养浩昼间多流连于这泉州的名胜古迹中，那达鲁花赤、知府一班官员宴请他，他亦基本都乐呵呵地去参加。只是每值夜深人静时分，张养浩将那索来的一部部市舶司文宗一一审阅，随即将发现的疑端皆记录下来，尔后方就寝。

再说在这泉州逗留十余日后，张养浩提出公务已毕，遂欲返回京城述职。那泉州府达鲁花赤亲携知府等一班僚属为其饯行，场面自较当初迎迓时高出许多规格。当初这达鲁花赤托疾未现身迎接队列中，其私意是要给这奉旨而来的征舶税大臣一个下马威的，也无非仰仗自己背后有那当朝太师这个大主子而已。而今临了了，认定对方乖巧的达鲁花赤，自然要补回这钦差大臣一个面子了。

且说在饯行宴上，那位知府面带媚笑地对张养浩言道：“听闻张大人这一路来时，每每都要留诗于各处。如今在我们这泉州半月来，未知可有韵致，续以风雅呀？呵，嘿嘿！”

张养浩见问，微微一笑，回应道：“嗯，承蒙诸位大人盛情款待，又敢不承命！”

“哦，那吾等不胜荣焉喽！”知府遂令人去取文房四宝来，以请钦差大人赐墨宝。

当下，乘着酒兴，张养浩挥笔题下《泉州》诗一首。那满脸是笑的知府凑近来瞅，旋即拊掌赞道："好！好！大人果然好逸兴，嘿嘿！"一厢那位作陪的市舶司提举亦趋近书案前来拜阅，只见那宣纸上题诗云：

万里飘零两鬓华，瘴烟为屋海为家。
山无高下皆行水，树不秋冬尽放花。
得句珠还合浦月，乱怀杯吸赤诚霞。
蓬莱咫尺无由到，惭愧当年犯斗槎。

俟别了这一班泉州官员，直至踏上归程，张养浩坐在马车上，挑帘回望那渐渐被抛在后面的泉州城，突然就呵呵大笑起来，笑得同车对坐的效贤大为惊诧，忍不住问了句："老爷，您这大笑，却是为何呀？"

"效贤啊，你道爷缘何发笑，现告诉你亦无妨。爷是笑那知府城府如此之深，却让索去的那首诗给蒙住了心眼！"这话在书童效贤听来，却着实更犯迷瞪了，又觉其中必有玄机，遂知趣地不敢再刨根问底了。

这时，张养浩喃喃言道："'瘴烟为屋海为家'，汝等可预知有那般一日，哼！"随即发出一阵冷笑。

归途之旅，张养浩选择改走陆路。行至湖北黄州路府境内，张养浩为访古逗留了几日。

却说这黄州与一位前代大学士颇有渊源。谁也？正是那一代豪放词宗苏轼苏东坡矣。宋元丰二年（1079），苏轼因以"文字毁谤君相"罪而身陷囹圄，史称"乌台诗案"。百日后出狱，又被贬为黄州团练副使，至黄州一待就是五载。在任期间，为排遣郁闷心情，曾多次到城外赤壁山等地游览。公务之余，尝带家人开垦城东坡地一块，以添补生计。"东坡居士"的别号即取于此。在黄州贬地，苏轼留下了不少诗词佳作。

对这段与黄州有关联的人文佳话，张养浩自然谙知。徜徉黄州城中，联想大学士昔年居此间，由初时的苦闷自伤渐趋进为豪放旷达，留下的诸阕沉雄词句，每常为后人赞叹。

黄昏时分，张养浩伫立江畔，耳畔涛声仿佛吟诵着东坡居士那阕《临江仙·夜归临皋》词句：

夜饮东坡醒复醉，归来仿佛已三更。
家童鼻息已雷鸣，敲门都不应，倚杖听江声。
长恨此身非我有，何时忘却营营。
夜阑风静縠纹平，小舟从此逝，江海寄余生。

凝眸怅望着那滚滚江流水，张养浩不禁长叹一声。

欲知后事如何，且看下回分解。

第十四回
庙堂忠告天可鉴　谏灯山疏帝焉嘉

诗曰：

将相自修忠事上，举能用贤为国邦。
建言进谏焉多虑？施政重民应少戕。
合义乐忧先后律，致君尧舜退前量。
天下经纶以行道，大公至正浩然望！

却说在前朝大学士苏轼昔年贬谪地黄州城，张养浩凭吊伤感，一时复杂情愫萦怀，遂借诗抒发，题曰《黄州道中》：

濯足常思万里流，几年尘迹意悠悠。
闲云一片不成雨，黄叶满城都是秋。
落日断鸿天外路，西风长笛水边楼。
梦回已悟人间世，犹向邯郸话旧游。

俟返回京城大都，张养浩随即将此番奉旨“征舶泉南”述职文书呈上，并附一份朝中某些权贵涉嫌营私舞弊的详实证据录，尔后便静待仁宗皇帝圣裁。

不久，张养浩揭露的几名朝中高官便被追责问罪，旋即有的予以降职，有的则罢免。这令张养浩十分欣慰。但有一人却未见追究其罪。各位看官，您猜对了，此即那位当朝太师铁木迭儿。

其实，上奏弹劾这铁木迭儿的朝臣又岂止张养浩一人，而那位仁宗皇帝御览了这些奏折，又岂会无动于衷，只是君心亦知，若动了这位铁木迭儿，太后是决不会允许的。再者，这铁木迭儿虽然在朝中树敌众多，但对皇上却颇会逢迎，比如由他提议立仁宗之子硕德八剌为皇太子，这便迎合了今上的心意。原来，武宗即位时立胞弟爱育黎拔力八达为皇太子，亦约定皇弟嗣后传位给武宗之子。但仁宗登上大宝后，却并不想履行前约。而今，答己太后与铁木迭儿经合议后，予以支持立仁宗之子硕德八剌为皇储。既如此，这仁宗皇帝对铁木迭儿的擅权跋扈行径，岂不亦要睁只眼闭只眼了。这真的叫张养浩等朝中一班净臣心寒而又无奈。

也许为表彰张养浩履职守正勤廉故，亦有安慰其谏言刚正意，仁宗皇帝不久便颁诏擢升其为礼部尚书，原尚书元明善则擢升参议中书省事，与修《武宗实录》。

延祐四年（1317）六月，上都巨富张弼因杀人被下狱。其家属求人转行贿六万贯与当朝太师铁木迭儿。铁木迭儿遂遣人带口信给上都留守贺胜，令其释放张弼。焉知贺胜不理这个茬，并据实上报朝廷。时御史中丞杨朵儿只，早对擅权贪虐的铁木迭儿看不惯，常慨然以纠正其罪。如今闻其受贿涉案事，遂邀集监察御史四十余人联名弹劾铁木迭儿："桀黠奸贪，阴贼险恨，蒙上罔下，蠹政害民，布置爪牙，威慑朝野，凡可以诬陷善人，要功利己者，靡所不至。"并罗列铁木迭儿六大罪状，即：取晋王田千余亩、兴教寺后壖园地三十亩、卫兵牧地二十余亩；窃食郊庙供祀马；受诸王哈儿班答使人钞十四万贯、宝珠玉带氍毹币帛又计钞十余万贯；受杭州永圣寺僧章自福赂金一百五十两；取杀人囚张弼钞六万贯；其子无功于国，尽居贵显，为害百端，以致阴阳不

和，灾异数见，百姓流亡。

当下奏本呈上，仁宗皇帝御览过这些义正词严又附确凿证据的弹劾折子，联想及此前张养浩等人奏本，终于龙颜大怒，击碎了太师印，随即颁诏逮铁木迭儿问罪。焉知早有身边潜伏耳目飞奔去报与了那答己太后。这答己太后旋将宠臣铁木迭儿藏匿于近侍家中，随即又出面替其说情。那仁宗皇帝“恐诚出皇太后意，不尽重伤咈之”，随后仅以罢免铁木迭儿相位了事。延祐六年（1319）四月，铁木迭儿复起授太子太师，又引起了以赵世延为首的内外监察御史四十余人联名弹劾，认为他“逞私蠹政，难居师保之任”，这遭，那位答己太后又出面干涉，使仁宗终不能明正其罪。

基于这朝臣群起同当国权霸斗争之事实，张养浩亦积极参与，并撰《风宪忠告》以鼓励，其中“奏对第八”一则中，阐明监察御史“居其官，则思尽其职”之职责要义：“中外之官，莫难于风宪，莫危于风宪。何谓难？人所趋者不敢趋，人所乐者不敢乐，人所私者不敢私，所谓峣峣者易缺，皦皦者易污，非难而何？何谓危？入焉与天子争是非，出焉与大臣辨可否，至于发人之奸，贬人之爵，夺人之官，甚则罪人于死地，一或不察，反以为辜，则终身无所于诉，非危而何？然君子居其官，则思尽其职，所谓危且难者，固有所不避焉，竭忠吐诚，置死生祸福于度外，庶上不负国，下不负所学。其或奏对于殿廷之上，平心易气，惟事之陈。理诚直，虽从容宛转而亦直；理诚屈，虽抗厉激切而亦屈。夫性性其辞色，非惟有失事上之体，而于己于事悉无所益。古之攀阑断鞅、曳裾牣轮者，皆势危事迫，不得已而为之；苟事不至是，殆不可执以为法。前辈谓：‘慷慨杀身者易，从容就义者难。’体此而行，则蔑有不从者矣。”

延祐七年（1320）正月二十一日，仁宗皇帝驾崩。那答己太后与宠臣铁木迭儿密谋夺权。二十五日，即宣懿旨，任命铁木迭儿复入中书省为右丞相。铁木迭儿拜相后，立即诛杀了仁宗朝与己有矛盾的萧拜住、杨朵儿只等重臣，同时又将自己许多亲信安插入中书省授以要职。那答己太后亦在此时通过徽政院使失列门传命即将即位的皇太子硕德八剌“请更朝臣”，以便大树后党，控制朝政。焉知这年方十七岁的硕德八剌受父皇影响，颇思一番作为。时下见答己太后如此擅权，遂回绝道：“此岂除官时耶？且先帝旧臣，岂宜轻动。俟予即位，议于宗亲、元老，贤者任之，邪者黜之，可也。”延祐七年（1320）三月十一日，硕德八剌即位于大都，是为英宗，定明年改年号为“至治”。英宗随即展示了自己的不凡之举。五月十一日，这英宗皇帝拜拜住为中书省左丞相，张养浩亦擢升为中书省参议事。不久，又诏命以“谋废立”罪，将铁木迭儿的党羽、中书省平章政事黑驴及御史大夫脱忒哈、徽政院使失列门等尽加诛戮，并籍其家。自此，朝廷中所谓帝党与后党两大对抗派形成。

这日，时集贤侍读、翰林直学士元明善走访好友张养浩寓所。品茗交谈间，见书案上有一叠写满字的纸张，便笑着问道：“希孟贤弟又有何大作将问世啊？”

张养浩实言相告：“草拟几则，鉴于朝政指正焉，或呈于今上亦未可知！盖吾等为人臣者足自律也。”

元明善闻听，大感兴致，即伏案细阅，见首页赫然题着“庙堂忠告”四字，遂笑着言道：“好！贤弟前有《牧民忠告》《风宪忠告》，今又书成这《庙堂忠告》，合成三事忠告，果大裨益于世焉！”当下一一浏览过，全文为：

修身第一

前辈谓：“仕宦而至将相，为人情之所荣，是不知荣也者，辱之基也。惟善自修者，则能保其荣；不善自修者，适足速其辱。”所谓善自修者何？廉以律身，忠以事上，正以处事，恭慎以率百僚，如是则令名随焉，舆论归焉，鬼神福焉，虽欲辞其荣，不可得也。所谓不善自修者何？徇私忘公，贪无纪极，不戒覆车，靡思报国，如是则恶名随焉，众毁归焉，鬼神祸焉，虽欲避其辱，亦不可得也。吁唏，身为宰相，何善不可行，何功不可立，顾乃为区区之利蛊惑而妄行，岂不深可惜哉！且自古居相位者，未闻死于冻饿，而死于财、于酒、于色、于逸乐者，无代无之。昔诸葛孔明为丞相二十年，无尺寸之增于家，未尝忧其贫，竟以劳于王事而卒，至今其名之荣尝若世享万钟而不绝者。唐元载为相，惟利是嗜，及其败也，籍没其家胡椒八百斛。其名之秽，常若蒙不洁而播臭无穷者。呜呼！夫人以百年之身，天假以年不过八十、九十，姑以八十为率，计其得志不过三四十年而已，岂有三四十年之间能食胡椒八百斛之理？古人谓利令智昏，兹明验矣。呜呼！凡为相者，能以诸葛孔明为法，唐之元载为戒，虽台鼎终身，又何悔吝之有！

用贤第二

天子之职，莫重择相；宰相之职，莫重用贤。然则何以知其贤？询诸人则知之，察其行则知之，观所举则知之。夫为室而不众工之资，梓人虽巧，室不能成矣。为国家而不众贤之集，相臣虽才，国不治矣。彼为相者，诚能开诚布公，廓焉无我，己有不能，举能者而用之，己有不知，举知者而用之，己有不敢言，举敢言者而用之，如是则彼之所能皆我有矣。必欲一身而兼众人之事，虽大圣大贤有所不能。夫粹白之狐，举世无所有也，然而有粹白之裘者，善取于众而已矣。况大臣初不贵乎事无不知，第公正其心，无所媢疾，则智者效谋，勇者效力。呫呫以为才，捷捷以为辩，自衒自伐，则贤者必不乐为之用。大抵人君自伐，则臣职有所不行；相臣自伐，则百执事之职有所不行。为人上者，操约以驭繁，居静以制动，以无心而应天下之心，则所令者从，所庸者劝。苟知其贤而任之，既任而疑之，而务胜之，顾与不知不用，自任其才也奚异？若然，则体统失，而佞之小人至矣。与小人处，则天下之事不论可知吁！

重民第三

盖闻古之王者，授版则拜，切意万乘之尊为其民贬抑若是，尝疑焉而不取。既而思之，国之所以昌，四夷之所以靖，朝廷之所以隆，宗庙社稷所以血食悠久者，微民不能尔也。夫天以亿兆之命讬之君，君以亿兆之命讬之相，是知相也者，为君乂民者也，君也者，为天为祖宗保民者也。天以是讬我，祖宗以是讬我，敢不敬与，敢不慎与？苟受其讬而不能使之遂生安业，乃从而扰之，虐之，犬彘之，草菅之，则是逆天而违祖宗之命，以自戕其国也，而可乎？彼为民者，固不敢与校，然于天之心，于祖宗之心，其能无所戚欤？尝谓爱民者无过于天，无过于祖宗，天生之难，祖宗得之为尤难。王者知其如是，凛凛焉未尝不以民生为重，闻其害则除之，睹其利则举之，牧守非其人则易置之。今夫鹰师、幸人，所掌者不过人主服御之一物，而人尚以内侍重之，刺史、县令乃为祖宗为国家牧养斯民者，反视为不切而漫畀之，是爱民不如鹰犬，重内侍不如受祖宗国家一方生灵之寄者，岂不颠倒失体哉？大抵下之所以为，惟上是视，在上者诚有重民之心，而天下不治者，古今无有也。

远虑第四

天下之事，知其已然，不知其将然者，众人也。因其已然，而将然未然逆而知之，非深识远虑者不能。室已焚而徒薪，舟已溺而市壶，疾已成而求艾，虽殚力为之，无及矣。今夫隆然之堤有容蚁之穴，宜若无所损，然周于识者必塞而实之，虑其久而必底于讧溃故也。天下之事皆能如是虑之，尚何后患之有哉！大抵自古国家之所以不治，臣子之所以不轨，固非一朝一夕之积，良由今日以某事为小过而不谏，明日以某人为小罪而不惩，日引月深，不自知其祸乱之成也。故臣之于君，献可替否而不敢萌一毫姑息之心。始以为无伤，卒至大可伤；始以为不足虑，卒至深可虑。惟君子为能见微知著，思患而预防之；于饮宴则防流连，于田猎则防荒纵，于营膳则防踰制，于货财则防损民，于爵赏则防僭及，于刑法则防滥杀，于君子则防疏远，于小人则防玩狎，于听览则防容奸，于征伐则防渎武。夫君之于臣，亦有所当远虑者：虽爱而不锡以过分之赏，虽旧而不授以非据之官，虽亲而不交以亵渎之谈。盖尊卑之分严，则上下之体定；上下之体定，则祸乱无自而生，天下之事可次第而治矣。

调燮第五

人皆曰燮理阴阳为宰相事，然举世第能道其辞，迄不知阴阳何术可以燮理。按《书·周官》："三公论道经邦，燮理阴阳。"盖周之三公即今宰辅。而汉丞相平亦曰："宰相上佐天子，理阴阳，顺四时。"厥后又有灾异免三公之制。世俗所云，盖本诸此。窃尝即是以思，宰相所以调燮者，非能旱焉而使之雨，雨焉而使之旸，要不越尽人事以来天地之和而已矣。夫天之与人若判然，而实相表里。盖政事顺则民心顺，民心顺则天地之气顺，天地之气顺则阴阳从而序矣。若乃怙势立威，挟权纵欲，恶人异己，谄佞是亲，于所言者不言，于所救者不救，上下相蒙，惟务从命，如此欲望民心顺、阴阳之气和，难矣。大抵天道之灾祥视民心之苦乐，民心之苦乐视政事之失得，政事之失得视宰相之贤与不贤。昔丙吉舍死人问牛喘，自以为得体，殊不知天道逆顺当于政事观之，固不在区区一牛之喘与否也。晋庾冰为相，或谓天文错度宜尽消御之道，冰曰："玄象岂吾所测，正当勤尽人事。"冰之此言，可谓简明切要，深得宰相之体者矣。苟政事修整，虽阴阳之和不应，乃天道之变也，又何慊焉？苟政事庞焉芬焉而不理，虽祯祥集而风雨时，若顾敢以为治乎？呜呼！凡为相者，诚能以是求之，则天人之理瞭然矣。

任怨第六

夫为人臣惟欲收名，而不敢任怨，此不忠之尤者也。居庙堂之上，凡有所为，惟当揆之以义，义苟不失，悠悠之言奚恤哉！今夫两军之交，兵刃丛前，而心诚报国者尚冒之而不顾，夫临政之与临敌，其安危利害相距霄壤，此犹顾惜，抑不知于万死一生之际为何如？昔范文正公患诸路监司非人，视选簿有不可者，辄笔勾之。或谓："一笔退一人，则是一家哭矣。"公曰："一家哭其如一路何？"呜呼！如是处心，斯不负宰相之职矣。大抵天下之事有易有难，有利有害，难而有害者人多辞避，利而易行者人多忻然以为，殊不知官有长佐之分，体有劳逸之殊，长者逸而佐者劳，此天地之大义也。以朝廷言之，

君上逸而臣下劳；以一家言之，父母逸而子弟劳；以一身言之，头目逸而手足劳。呜呼！人而知此者，必不遗君父以忧，措其长于众怨之地矣。近代为执政者，往往姑息好名，一疾言厉色不敢加于人，事或犯众，激使居己之右者发之。呜呼！夫治家而使父母任其劳，为国家而使君长任其怨，尚得为忠孝乎哉？况有罪不责，有善不旌，虽三代不能为治。故刑罚不患于用直，患乎用之而不公。昔威公夺伯氏骈邑三百，没齿而无怨言；诸葛孔明废廖立，而立闻亮死辄泣下；为宰相诚能公其心如是，则天下蔑有不服者矣。

分谤第七

夫共署联事，一人努力而前，则余者皆当辅相以成其志。苟彼前我却，彼行我止，动焉而不相随，语焉而不相应，则事功之成者能几？此古人所以有推车同舟之喻也。其或共舟以济，而一人溺焉，则凡在舟者无论疏戚，所宜并力以救之，此贤不肖之所共知也。况同为臣子，同受天下国家之寄者，可坐视一人被祸而不恤哉？使其为一己之私自贻伊戚，固无足恤。其或知无不言，言无不尽，公家之务一以大公至正处之，彼非为己为家而得罪，则凡同官者安得不挺身而前，与之共难也哉？大抵一人不幸而得罪，为长者若曰“此我之罪”，为二者亦曰“此我之罪”，使阖堂之人皆争引为己罪，则彼获罪者虽不能释，亦必不至于重论矣。古之敢于谏争者，其遇不见听纳，至谓“与其杀此人，不若杀臣”，尚为如此求解，其肯坐视同官冤抑而不省哉？呜呼！使分谤引咎之事为宰相者诚能力行于今，将见士大夫之名节愈厉，民间之薄俗可敦，而国家他日亦不患其无仗义死节之士矣。一事之行，所系如此，孰谓任怨分谤为宰相细行哉？

应变第八

事机之发，有常有变，常者中人处之而有余，变者虽上智亦有所不足。樽俎之下卒然而报兵，遽然而闻寇，则当详其虚实，度其逆顺，殆不可一闻其言辄仓皇上变，征发百出，未见敌而先自挠也。且事固有声虚以钓实，乘间以拘利，传微为巨，以无形为有形，疑似之间，不可不察。若夫国有大奸，境有大敌，彼既非常，而吾则以非常之计备之。若乃泥文守经，终见动辄有碍，而事亦无所济矣。故古人遇此，权以济才，随宜应变，如丸转于盘而不出于盘，如水委曲赴海而不悖于海。王商闻大水之言，君臣皆惊，而商独必其无事。桓温将移晋祚，声诛王、谢，而谢安雍容谈笑以折其锋。回纥、吐蕃合兵泾阳，郭子仪单骑以往喻。盖宰相者，非常之任也，居非常之任独不能为非常之事，可乎？故前辈谓："镇定大事，非至公血诚不能。或死或生，举置度外。"呜呼！世常以大臣国家柱石者，其谓兹与！

献纳第九

人臣之纳言于君也，事未然而言之，则十从八九。无事则游畋般乐，日相亲比，一旦有所不可，乃左遮右挽，极其力以救之，殆未见其济者；政使或允，亦必出于勉强，而非其本心。若夫善于纳言者则不然，或因进见，或因讲读，或因燕居，先事陈说如是则国安，如是则国危，如是则为圣君，如是则为暴主，或引古昔，或援祖宗，必使之心悟神会，表里牟然，乃可陈善，而无扞格之患。昔孟子三见齐王而不言事，曰："我先攻其邪心。"大臣事君，职当如此。古人甚至有难于自言者，往往旁召耆年宿德，置诸左右，使人君有所畏惮而不敢咨，则其为虑亦深远矣。虽然，臣之于君也，入则恳恳以尽忠，出则谦谦以自悔，凡所白于上者，不可泄于外而伐诸人，善则归君，过则归己。其若是者，非欲远嫌避祸，大臣之体所当然也。坤之六三"含章可贞"，盖亦此意。尝见近代执政有所建白，呶呶焉惟恐人之不知，卒至谗谮乘之，中途见弃。《易·大系》所谓"君不密则失臣，臣不密则失身"，谅哉！

退休第十

博施兼善，士君子通愿也。然有志而无才则不能，有才而无位则不能，有位而不见知于上则不能；见知矣，而小人间之则不能。呜呼，此士夫所以出而用世之难也！上焉耻其君不及尧舜，下焉思一夫不被其泽，若己推而纳诸沟中。世俗所乐，若声色，若宫室，若珍异、车服之奉，一皆无有。其所有者，自顶至踵，天下国家之忧而已。为君上者，诚能亮其如是之怀，凡有所言，优容喜纳，犹或庶几；其或疑其夺权违己，卖直售名，将见举动皆愆，而身死无所矣。所以自古忠直为国者少，阿容佞诈惟己之为者多，此无他，盖由为己则有福而无祸，为国则有祸而无福故也。呜呼！人君能以是思之，则凡尽忠于我者，万不至于谴责矣。虽然圣人谓"道合则服从，不可则去"，为人臣者亦当烛几先见，退身于未辱之前，庶几君臣之间两无所慊。尝见前代为臣不免者，大率皆由知进而不知退，恋慕荣宠以致之，殆不宜独咎国家也。或谓："不可则去，无乃于君臣之间太薄。”窃谓君臣以义合者也，其所以合者，非华其爵也，非利其禄也，不过欲行其道而已矣。道行则从而留，道不行则从而去，不使久而至于厌鄙诛窜之地，乃所以厚君臣之分也，奚薄焉！

“嗯，‘道行则从而留，道不行则从而去’，希孟贤弟，汝真道出吾等为人臣者之守律矣！”

张养浩听元明善如是评价，微微一笑，沉吟道：“窃以为，经纶所以行道，人之处世，亦无非奉道义而无憾矣。”

元明善敛容言道：“希孟此三事忠告，必将传世而不朽焉，他日当践吾言！”

至治元年（1321）丁亥春正月，正式登上帝位的硕德八剌，欲于内庭张灯为鳌山，以志庆贺耳。时身为参议中书省事的张养浩闻之，觉甚为欠妥，遂意上疏谏阻。

正月七日凌晨，张养浩斋沐过，即伏案书起所谓《谏灯山疏》来：

至治元年正月初七日，大中大夫参议中书省事臣张养浩，谨斋沐信宿，顿首百拜，昧死实封，献书于皇帝陛下。

伏念臣养浩才行无奇，窃食于官殆三十年矣！每愧出仕明时，无有寸报。兹盖伏遇皇帝陛下英明仁孝，自登大位，近除凶慝，远镇边荒，亲祀祖宗，溥恩黎庶，薄海内外为臣为民者，无不欢忻踊跃，以为世祖规模，复见今日。而陛下又颁诏旨，凡百政务，一遵世祖皇帝旧制，为臣为民者愈益欢忻，思观治化。

臣养浩近闻一事，不无所疑，欲默不言，受国厚恩，有所不忍；欲言，恐天威一震，势无生全。然人臣事君，宁坐犯颜，不敢缄默。外人皆曰：“今岁正月十五夜，圣上欲于宫中结绮为山，树灯其上，盛陈诸戏，以为娱乐。”臣养浩初闻其事，意为妄传，岂有万乘英明仁孝之君，临御之初，而肯为此浮华无益之事。既而质诸近侍，颇以为然。臣养浩不敢远引古昔，钦惟我世祖皇帝在位三十余年，每值元夕，虽市井之间灯火亦禁，盖圣人之心所虑者远，所防者深，况宫掖之严，尤当戒慎。往岁曲律皇帝，由辅导非人，创构灯山，喧哄数夕，迄今中外百官，嗟惜不已。虽取乐于一时，而史册书之，适足为大不乐于千载。臣养浩于今月初六日，密言此意于左丞相拜住，丞相第曰：“已知。”臣养浩不胜蝼蚁微诚，尘渎天颜，僭陈所见。伏愿皇帝陛下，以世祖皇帝崇俭虑远为法，以曲律皇帝喜奢乐近为戒，寝其灯宴，止其所为之山。臣养浩虽获罪于圣明，而于平昔报国之心，庶少白今日矣。其从与否，伏乞圣鉴。

臣养浩俯伏玉阶，罪当万死，诚惶诚恐，顿首谨言。

书毕，张养浩搁笔，身子往太师椅靠背一倚，闭目，深吐一口气。昨日散朝后，他的确就此意递进那左丞相府上，得到的回复却只有“已知”两字，这令其颇感失望，思之再三，今遂决意直接上疏英宗皇帝。盖张养浩秉性刚正使然，又岂顾因此犯上而惹祸及身焉！

这正是：

宁坐犯颜上，当疏致帝尧。受恩焉独汝，谏诤愧同僚。

再表当张养浩将此《谏灯山疏》呈于左丞相拜住时，这位二十八岁的宰相面露不悦，却亦无言以拒呈，遂进宫呈递英宗皇帝御览。

当下那新君展阅，毕竟年轻气傲，一见其中谏言便愠怒于色，右手重重拍在这奏折上。下面站着的拜住心头一震，正待亦请罪，却只听那十八岁的天子突然又呵呵一笑，言道：“非张希孟不敢言。”拜住一时摸不准皇上转嗔为喜的心思为哪般，又听圣言道：“有臣如此，朕复何忧。拜住爱卿啊，你中书省台有此好诤臣，当予以奖掖！”随即口谕赠参议中书事张养浩帛二匹，又遽令罢元夕设灯山事。

却说回头拜住召张养浩言呈疏事，不冷不热褒赞几句，却又暗示自己这位直言敢谏的僚属收敛些。这令张养浩颇感心寒，自此便萌生退隐之意。不久，张养浩便因一桩家事，退意愈决。

欲知后事如何，且看下回分解。

第十五回
激流勇退归来兮　散曲悠抒闲适哉

诗曰：

道合从焉否便去，弗行其志度何留。
激流勇退前贤效，野鹤清鸣虚谷修。
水榭长歌水月淡，云庄小筑柳云悠。
曲坛幸甚齐东老，玉振金声誉九州。

却说张养浩直言敢谏，所呈《谏灯山疏》，乃劝谏即位不久的英宗皇帝罢元夕灯会。虽为采纳，但张养浩知道已使龙颜不悦，连那中书左丞相拜住亦给开罪了，便感到继续在朝为官会有危险。时朝中那帝、后两党争相倾轧，险象环生，亦使禀性刚正的张养浩极为厌倦，遂暗生退隐之意。

端午节逾日，张养浩接到次子张引写来的一封家书，云其祖父染疾。这使张养浩心急如焚，想老父已年届八十耄耋高龄，今得病万小觑不得，倘有点闪失，自己作为老爷子唯一健在的儿子，岂能不守在床前！再者，自己亦早欲脱身这颇令人失望的朝廷。于是，张养浩当即以家父老病祈归奉侍为辞，书以请致仕折。

翌日，张养浩便将祈归奉亲折子呈上。数日后，上方准。在京城的一班同僚好友如元明善、曹元用等闻知，皆来张养浩寓所送行。因张养浩主持科考而中进士的张起岩、许有壬、黄溍、欧阳玄等亦纷至沓来，恭送恩师。这使张养浩感到十分欣慰，因为当年他与元明善主持入元以来第一、第二次科考，选拔的这些进士，经实践证明，皆堪称德才兼备的栋梁之才，为仁宗朝所谓“延祐之治”做出了不俗贡献。

且表在僚友门生为己举办的饯行宴上，张养浩感慨万千，一时吟得《辞参议还家》诗一首，相留赠诸君：

平昔微官本为亲，归来一意奉常珍。
都将丹漏门前晓，办作斑衣膝下春。
忠孝谁云难遂意，始终今喜得全身。
呼儿为我修园圃，从今无心走世尘。

此诗首联坦陈当初做几任小吏只为用微薄俸禄去养亲，如今辞官归里，已遂意。颔联用老莱子侍亲典故，云自己以后将把侍君的全身心精力，来取悦高堂欢心。相传，年逾七旬的老莱子，为让父母二老开心，曾专门制作了一套斑斓的彩衣，装扮成顽童在中堂嬉戏。颈联以反问表自己如今亦算忠孝两全，侍君罢又可还乡侍亲，欣慰之情溢于诗表。尾联阐明从此自己将于梓里携子乐耕，再无意出外做官了。观此诗，亦直奉老莱子所倡言“无为”修行为上矣。座中能羡哉，怕唯那元复初为甚了。源于此，这饯行酒，亦数这仁兄与他的希孟贤弟对饮为多吧！其实，此时元明善因参与撰修《仁宗实录》等国史，夜以继日而积劳成疾，其亦欲辞官却弗能。如此情形下，又与挚友话别，其内心苦隐可想而知。这正是：

生逢知己有缘深，道合诗文三十春。
此别焉知成永诀，再相聚日却凡尘。

却说再次由京城返归梓里，看到次子张引、侄儿张居等一班后辈在官道旁恭候时，下车来的张养浩自是感慨万端：唉，上回还有长子强儿来迎，如今却再也不能见到吾强儿的身影了。前年，才二十二岁的长子便不幸染疾故去了。白发人送黑发人，真真人间一大悲哀矣。念及故人，张养浩又悲伤地追忆起同里恩师中庵先生来。刘敏中业已于延祐五年（1318）在桑梓故去，享年七十六岁。元廷赠其光禄大夫、柱国，追封齐国公，谥文简。

当下，张引见家父脸色欠佳，只以为是旅途劳顿，遂请老人家上车入庄。张养浩却摇摇头，徒步徐行往庄中来。张引等子侄亦便尾随其后。

却说张老太爷张郁此番果然病势严重，但一见到归家来的三子张养浩，原躺卧在床榻上的老人家，硬是自己半坐起来，面色亦由苍白转红润了些许。这令全家人见了皆欢喜非常。

张养浩坐至床沿上，爷儿俩执手相视。张郁问道："吾儿如何这般快就回家来了呢?"张养浩见问，强装笑颜回道："爹！这回是获皇上恩准，儿从此便可在家中侍奉您二老，再无须回去了!"张郁听了，眯起一双老花眼，端详着三儿那灰白的鬓发，喃喃道："我希孟儿也见华发了。嗯，好，回家来好，好!"

在场家人闻听张养浩此番乃系致仕还家，皆大欢喜，尤其是那郭夫人和次子张引，最是悲喜交加。

是夜，久久难寐的张养浩，写下了归家来后的第一阕散曲词《中吕·普天乐·辞参议还》以抒怀：

> 昨日尚书，今朝参议。容华休恋，归去来兮。
>
> 远是非，绝名利，盖座团茅松阴内。
>
> 更稳似新筑沙堤。
>
> 有青山戏酒，白云伴睡，明月催诗。

且说闻知张养浩致仕还家奉亲，远近亲朋良友纷纷登门邀请去叙旧。于是，接连十余日，款款情叙，日日筵张，应酬不暇，风雅连续。为此，张养浩赋有曲词《越调·寨儿令·辞参议还家·连次乡会十余日，故赋此》一阙：

离省堂，到家乡，正荷花烂开云锦香。
游玩秋光，朋友相待，日日大筵张。
汇波楼醉墨淋浪，历下亭金缕悠扬。
大明湖摇画舫，花不住倒壶觞。
这几场，忙杀柘枝娘。

这日，同窗好友段旭、士绅曹整等于大明湖北岸水门上的汇波楼宴请张养浩。无官一身轻的他，与一班乡里良朋欢饮，果如苏东坡诗句所言“狂吟跌宕无风雅，醉墨淋浪不整齐。”

酒至半酣，雅兴勃焉。张养浩挥毫写下《双调·殿门欢·登汇波楼》曲词一阕，以示友一笑：

四周山，汇波楼上倚阑干。
大明湖铺翠描金间，华、鹊中间。
爱江心六月寒，荷花绽，十里香风散。
被沙头啼鸟，唤醒这梦里微官。

当下，那段熙先又提议移饮大明湖上。于是，下人又将酒馔搬到租赁的一艘画舫舱中，这几位又说笑着下楼来复登船上。前后两位艄公掌控着这画舫向湖中徐徐移去。

把盏画舫上，烟波之间，云光之下，那心情更喜洋洋焉。张养浩兴致高涨，又即兴吟得《中吕·普天乐·大明湖泛舟》曲词一阕：

画船开，红尘外。人从天上，载得春来。

烟水间，乾坤大，四周云山无遮碍。影摇动城郭楼台。

杯斟得金波滟滟，诗吟得青霄惨惨，人惊得白鸟皑皑。

兴尽而归时，那章丘士绅曹整又约请张、段诸君，待重九之日，去登长白山（东山）。众欣然应下。

且说张养浩自辞官归里伊始，便嘱次子张引着人修葺故宅。唐北海李太守曾和诗圣杜甫登齐州（济南）城头北眺，留下“泰山雄地理，巨鳌眇云庄”的诗句，故张养浩便给自己位于济南城北的别业命名为“云庄”，其在《云庄记》中云：“违治城西北十数里为先茔，其西百举武为别业，第宅一区，始皆茅茨，且狭，近年侈而易之以瓦。”张养浩又特意让人在宅边植柳五株，故此，这村庄便被其称为“五柳云庄”矣。这庄名起得甚巧，“五柳”者，盖暗喻居此主人如陶渊明般淡泊荣辱之心志也。昔日陶公有《五柳先生》云：“闲静少言，不慕荣利。好读书，不求甚解，每会意，便欣然忘食”“常著文章自娱，颇示己志，忘怀得失，此自终”。显然，张养浩颇以陶公自诩；“云庄”，则索性用作自己别号，或兼爱野鹤闲云之自由意。果然，张养浩又着人去买来几只白鹤，置于庄园之云锦池中放养，赏之快意哉。张养浩亦留下专吟鹤诗数首，今录四首：

惜鹤十首并序

鹤，仙禽也。由凡翼非其必，恒不为世人所爱，而爱之者往往皆山林中人，盖物以气合，理势然也。予尝得其一，豢之既久，蹁跹与人相习。日者为田妪伤其胫，凡病两月毙。惜哉！因取其始末作十诗，将以慰其不幸云尔。

购鹤

野处幽独甚，千金得令威。挟云出尘网，领月到柴扉。
縻足防飏去，遮庭使学飞。至今湖上路，树石亦光辉。

病鹤

渠本仙家种，胡为久不安？强行时塌翼，欹立恐遗丹。
谁药相如渴，独怜范叔寒。一鸣虽喻喻，犹自彻云端。

挽鹤

共处人烟外，谁期祸乃身。九皋空有恨，四野欲无春。
华表云应泪，瑶台月亦尘。当年林处士，泉下定相亲。

忆鹤

玉立昂藏态，山中我与君。几年游赏共，一夕死生分。
徐步闲窥沼，高飞远带云。为谁重起舞，倚仗立斜曛。

其爱鹤怜鹤之心，跃然诗表。

再说致仕归里后的第一个中秋节，为了让病中的老父亲高兴一点，张养浩遂决定将节庆办得热闹一点。节前，张养浩又着人去购来两只小猿猴，为的是让其欢态可掬的表演，能让高堂看了开心。果然，中秋良宵，举家庆宴时，家仆与孙儿们取果蔬逗引得那两只猿猴上蹿下跳的样子，逗得全家人笑个不停。老爷子张郁那被病魔折磨得消瘦的脸上，亦露出了开心的笑容，张养浩看在眼里，由衷地感到宽慰。其实，起先修葺住宅，在张养浩想来，亦主要是为讨老人家欢心。在那扩建的云锦池周围，遍植杏、桃、柳等各种林木，此乃张养浩祖父张山由章丘老家迁徙至此时亲手所栽。如今张养浩为其起名“香雪林”。这片林子，是其家父向日最爱逗留的地方，因此张养浩此番归家来，只要逢上日暖天，

便会和儿子张引搀扶着老爷子来这池畔林间晒晒太阳。每见家父脸上显出惬意的神色，张养浩心下欣慰非常。

且说这中秋佳节，张养浩特意召集本家族近百口人一同度过。有一侄孙即席吟诵了一阕前代豪放词宗辛弃疾的词《太常引·建康中秋为吕叔潜赋》，博得家人喝彩，词亦果然当得节令：

一轮秋影转金波，飞镜又重磨。
把酒问姮娥：被白发欺人奈何！
乘风好去，长空万里，直下看山河。
斫去婆娑，人道是清光更多。

座中的张养浩听着这阕稼轩居士的中秋词，不禁感慨良多：自己这位济南同里，二十五岁南下归正后，虽才干卓著，但豪迈倔强的性格和执着不移的北伐激情，却使他难以立足于那怯懦畏金而又嫉贤妒能的南宋朝廷，近二十年只是飘忽不定地奔波于江南各地为地方官员，致使其壮志难酬，累年忍受着压抑、痛苦的煎熬，其上呈的强兵复国具体规划，如《美芹十论》《九议》等，皆不为宋廷采纳，最终一腔忠愤发而为词，自四十二岁罢免归隐江西上饶至病故二十五年间，创作了近千阕稼轩体长短句，在宋代词坛上与苏东坡齐名，被合称为“苏辛”，豪放派词因之发扬光大。

稼轩居士一生，张养浩是颇感同身受的。入仕为官，不过是当作实现自己致君泽民之远大抱负的途径而已。所谓行道惟上，倘道义不得遂，且不如归去，故吟得一阙《双调·沉醉东风》以表明心迹：

万言策长沙不还，六韬书云梦空叹。
只为他进身的疾，收心的晚，终不免有许多忧患。
见了些无下梢从前笋班，因此上功名意懒。

又倍感宦海浮沉，蹉跎岁月，那高官厚禄又如何，使人患得患失烦恼多，遂又喟叹着吟了一阕《双调·沉醉东风》：

昨日颜如渥丹，今朝鬓发斑斑。
恰才桃春，又早桑榆晚，断送了古人何限！
只为天地无情乐事悭，因此上功名意懒。

如今多好，能得全身致仕还家，能得以合家团聚，上有高堂，下有儿孙，济济一堂，所谓老有所乐，少有所为，夫复何求！

感之欣慰，张养浩起身离席，独自踱至那明月映照下波光粼粼的云锦池畔，凝思良久，一时低吟而成中秋词曲一阕《双调·折桂令·中秋》：

一轮飞镜谁磨？照彻乾坤，印透山河。
玉露泠泠，洗秋空银汉无波，比常夜清光更多。
尽无碍桂影婆娑。
老子高歌，为问嫦娥，良夜恹恹，不醉如何？

此际的张养浩，心如止水，“泯迹于民，甘老云庄”之意念坚定矣。移日，一事见证斯心矣。

却说中秋节逾日，突有朝廷诏书直颁下云庄来。张养浩整装接旨，方知是朝廷复召其委以吏部尚书职。当下张养浩稍作思量，便请那御使回京转谢龙恩，复以家父病重须侍奉身边为由，谢辞不赴。

是日，送走御使的张养浩，独坐书斋“遂闲堂”中，提笔书下一阙感怀曲词《中吕·朱履曲》：

弄世界机关识破，叩天门义气消磨，人潦倒青山慢嵯峨。

前面有千古远，后头有万年多，量半炊时成得甚么？

该曲词反思了自己入仕作吏为官三十载，多次向皇帝进谏，绝少被采纳。而置身权贵间，终识破那尔虞我诈的官场丑恶，遂萌生人生无常之意，而漫滋生归隐田园出世之心，无奈情怀难掩矣。

旋又吟得题曰“警世”之《中吕·朱履曲》，以表达自己对曾身处险恶四伏的官场之揭露：

才上马齐声儿喝道，只这的便是送了人的根苗，直引到深坑里恰心焦。

祸来也何处躲？天怒也怎生饶！把旧来时威风不见了！

此时张养浩真奉持了一向尊崇的庄子之“唯无心而不自用者，为能随便所适，而不荷其累”之“清静无为”、与世无争、独善其身的自修之道。

重阳节前夕，好友段旭至云庄来。张养浩与之小酌时，便将自己辞聘不赴事相告，并出示自己作的一组《中吕·朱履曲》散曲，给这一向乐田园不慕仕途的同窗挚友。段旭即兴吟诵起来：

其一

那的是为官荣贵，正不过过多吃些筵席，更不呵安插些旧相知。

家庭中添些盖作，囊箧里攒些东西，教好人每看做甚的。

其二

正胶漆当思勇退，得参商才说归期，只恐范蠡、张良笑人痴。抻着胸登要路，睁着眼履危机，直到那其间谁救你？

…………

一时吟诵毕，段旭笑着赞道：“希孟贤弟真彻悟矣，却还有多少热衷其间未醒者，真该一读大作！”

张养浩亦微笑回应道：“悔不当初。当效熙先仁兄，乃为大智耳！”

“呵呵，所谓彻悟得道，通彻历者后醒悟，为大彻大悟，道之上乘也！”

张养浩听了，诙谐应道：“悟道尚须入那东山拜谒白兔子公，先行问道，尔后或有所悟焉，走吧！”

当下二人各骑坐骑，离了这五柳云庄，直奔东来，乃去往章丘赴曹整文友之前约，登高以度重阳佳节。

欲知后事如何，且看下回分解。

第十六回
痛失高堂驾鹤去　悲伤明善知音无

诗曰：

亲友皆缘几世修，伤悲今世又分头。
音容笑貌杳如梦，松鹤浮云渺远眸。
严训长铭遗泽厚，君诚恒鉴正直悠。
相逢来日应无愧，大义奉持生死俦。

话说至治元年（1321）九月初九日，应老家章丘县清平乡绅士曹整邀请，张养浩、段旭二人同赴曹家庄一叙友情。

却说这位曹绅士正是那年张、段二人登长白山时，所小憩曹家庄庄主曹文艺之子，亦是位饱读诗书、不喜仕进的乡贤，盖与段旭一向交善，甚为投缘，互引为知己。

单表这位士绅曹整祖父曹宁，于元初携族人一支迁徙至这祥云缭绕、山奇水沛的青龙山麓，计七户人家在此结庐而居。庄东南三里有峪幽美胜处，为曹氏族人所钟，遂名以曹峪。

且说张养浩、段旭、曹整三人由曹家庄东南入曹峪来。原来曹员外在此建书斋一处，环境幽静，草木葳蕤，果然是有丽禽悠鸣，有清泉明溪欢流，张养浩置身其间，直啧啧称羡起来。

当下，三人由此石径攀缘而上。及至那双龙峰巅，登临四望，章丘大地尽揽眼底。张养浩俯视山南，自己的老家崖镇竟亦遥遥可见，禁不住仰首笑着感慨道："安得白兔兮，游吾章邑！"

曹整亦笑着言道："佳辰雅聚，岂辞一醉！"遂令跟随上来的家人即摆酒馔于这双龙峰上。于是，曹整与张、段二友把盏临风，以佐登高雅兴。

酒至半酣，张养浩赋得《九日》诗一首以记之：

一行作吏废欢游，九日登临拟尽酬。
诗有少陵难着语，菊无元亮不成秋。
云山自笑头将鹤，人海谁知我亦鸥。
幸遇佳辰莫辞醉，浮云今古剧悠悠。

却说张养浩致仕归籍以来，亲朋相邀，日以登山玩水相娱，暇时便爱独坐书斋中读史书消遣。所谓以史为鉴，往往有所感怀，遂赋得咏史诗以抒之，今录几首以飨诸位看官：

咏史

至治元年，余辞官归里，日以文籍山水自娱，因观秦汉至魏晋事，若有感于中者，遂为咏史诗四十六首以见意云。

左师触龙

水惟曲折海能通，指事直言未必动。
尝爱左师开赵后，雍容宫殿满春风。

触龙者，春秋战国时赵国左师也。其“开赵后”典出《战国策》中：秦攻赵，赵求救于齐，齐王要赵威王以次子长安君为质，作为出兵条件。那赵太后溺爱次子，执意不肯。触龙觐见，因势利导，巧妙地说服了固执的赵太后，从而同意派长安君出质于齐，由此解除了赵国危机。此诗点明劝谏以“水惟曲折”法，未必就“指事直言”，可谓云庄省己之悟矣。

苏武

为臣惟命敢辞难，脱遇艰难亦自安。
试看子卿持节处，雪花如席不知寒。

苏武者，奉汉武帝命出使匈奴，被扣押，却始终以大节为重，不屈以降也。班固赞曰：“孔子称：‘志士仁人，有杀身以成仁，无求生以害仁’‘使于四方，不辱君命’，苏武有之矣。”张养浩向奉“义之所在，生死以之”，故对苏武这样宁死不屈之义士，自尊崇有加。

庞涓

纵横才略一孙卿，底事将军气未平。
只此便知优劣了，何劳树下看输赢。

庞涓者，与孙膑同受教于鬼谷子先生，却对孙膑妒忌非常也。尝屡施阴计谋害，却机关算尽，终害了卿卿性命，最后被孙膑设计射死于大树之下。此诗咏古喻今，盖暗指当下尔虞我诈嫉贤妒能之官场险恶矣。

龚胜

解印归来老分甘，素衣不受一尘沾。
忽惊有诏从天下，顿觉衰癃十倍添。

龚胜，字君实，汉时居官谏议大夫，以直言敢谏闻名。王莽篡汉后，遂致仕归里。如此经历，与张养浩何其相似耳，故读其传记，当感同身受，引为隔世知己矣。

齐威王

君道从来本不难，令行惟在赏刑间。
烹阿封墨须臾顷，便觉全齐重泰山。

张养浩昔居京任翰林侍讲学士时，尝著有《经筵余旨》，分从君德、君道、君体、君威和君治五个方面，细致阐述“致君尧舜”之道，而今对治国有道的一代贤君齐威王欣赏备至，对齐威王吏治亲为，奖罚严明之举，尤为盛赞。这亦侧面对时下朝廷有所讽刺。因此亦可见，归里后张养浩内心并非全然放弃了对朝政的关注，所谓漠不关心，表面而已，盖情非得已，政局使然。

入冬以来，张父突然病情加重，张养浩夜不解衣，亲守在父亲病榻前侍奉。延请济南城中数位名医前来诊治，皆叹曰回天乏术。张养浩暗自悲泣，念及自幼沐浴父爱，接受严训，今视老人家垂垂危矣，虽人寿天定，一切理顺自然规律，但眼见亲人将去，孝心素重的张养浩，焉不戚戚甚然！

挨至十二月二十八日，张郁知已寿限已到，目视爱子，艰难遗言后，遂溘然逝矣。执笔以记的张养浩眼睁睁看着老父亲瞑目溘逝，当即抚体大号。全家人闻知，老爷子已寿终正寝，登时哭声一片，如天塌也似。

嗣后，张养浩偕张氏族人为先考举行了隆重葬礼，将其灵柩葬于祖父张山墓侧，并亲撰《先茔碑铭》，全文为：

维我张氏之在济南，其宗属有二：一居阳邱，一历城。居阳丘者为伯祖父，历城则祖父也。伯祖父讳万，享年九十三；祖父讳山，享年九十一。其世其行，具见翰林学士承旨姚先生燧所撰阳邱先茔碑。祖父二子，长讳兴，早失兵间，后三十年至自泰安。其状貌动止言笑，与祖父甚相肖，享年七十二卒，葬泰安梁氏村；次为先君，讳郁字威卿，享年八十，以至治元年十二月二十八日见弃。初寝疾，谆谆训孤养浩："乃祖考早从事戎，性直喜施，有所得，靡计多寡，辄周济人，家务一不屑。吾年十六，即身任之。家甚寒，贷货于人，仅公私给。后天兵克宋，人心未给。出万死不一生之计，贾江淮间。以俭济之，致有今日。吾茹其苦，遗汝辈以甘；吾任其劳，遗汝辈以逸。若不可不思乃翁成家之难，骄汰从陨吾业。夫骄者贵之贼，汰者富之蠹。富而不汰家必裕，有位而不骄则贵必恒。今吾荷祖宗余庆，既富且贵，吾恐汝辈不能守，故此戒之，昔柳谓'成立之难如登天，覆坠之易如燎毛'，吾每三复其言，必为焉心病，以是知作者固难，保守为尤难。汝辈其以是言铭心，则吾瞑目无憾矣！"命孤养浩以笔志之，志讫而逝，呜呼恸哉！

孤养浩又尝记：先君言尝驱驴走京师，困极始一乘。阪焉则下，水焉则涉。为弃骨刺其趾，血出。欲乘，则恐半途而乏；欲步，则其创痛不可忍。孤养浩闻之，不觉首泪下，先君亦为哽噎。呜呼！大抵先君以艰难勤俭起家，虞养浩辈不能慎持厥盈，故缕镌诲若此。其燕翼保艾者，可谓至矣！

先君三子：长英，次塞，俱早逝；季为养浩，奉命仕者三十余年，幸无所。历膺清要，有司考仪，赠祖父某安远大将军、益都路淄莱万户府中万户、轻车都尉，追封济南郡侯。祖母苗氏、杨氏，并追封济南郡夫人。先君封通议大夫、吏部尚书、上轻车都尉、济南郡侯。先妣许氏，追封济南郡夫人。今尚氏，封济南郡太夫人。先兄二子：长居，简雅才干；次安，山东转运司益昌库副使，三十八卒。养浩二子：长讳强，二十二卒，集贤侍讲学士元君明善为撰埋铭，今碣于隧；次引。

呜呼！保家之道，先君言之悉矣！孤某不敢复有所列，谨掇其绪余，拜手泣血而为铭，曰：

维作室，完且钜，必累年。

欲其驰，不一旦，瓦砾然。

尊者遗，恣奔弃，名逆天。

嗟尔后，亘斯世，毋逆先兮！

却说在守丁父忧期间，张养浩每思父祖辈创业之艰难，倍生感恩之心。而对先考遗嘱，则念之再三，心情尤为沉重，继而惶恐矣。老人家所转言“成立之难如登天，覆坠之易如燎毛”，尤刻骨铭心，思当慎持耳！

短短一个月时间，继母尚老夫人、夫人郭氏及儿子张引等便担起心来，因为一家之新主张养浩沉浸在痛失老父的悲伤哀痛中，有时竟整日茶饭不思，人自然骤然消瘦下来。于是，张引便进到家父房中，跪求其保重身体，为了合家老老少少，莫再废食。

张养浩目光柔和地望着自己目下这唯一的儿子，示意他站起身来，尔后深沉言道：“惟远吾儿，坐到那儿，与你讲话。”

张引顺从地坐至一旁的圈椅上，将双手放在膝盖上，聆听父训。

张养浩陷入回忆中，娓娓讲起父祖辈是如何由老家章丘崖镇迁徙至这历城，由几亩荒地开垦、几间茅草屋赖以存身，开始艰难经营家业。言及自己少年时，家境尚贫困，尔后渐渐通过勤俭持家，拥有良田数顷家底渐变殷实。“惟远吾儿啊，汝祖父临终时最担心的是什么呢？是如此富贵，吾辈汝等不能守住啊！所为创业难，守业弥艰。但凡世间事，概莫如是，当如履薄冰般，须谨慎为重，汝可能奉持否？”

“父亲大人，儿谨铭记严训，万不敢稍纵败奢！”听了爱子这句承诺，张养浩微微颔首，突然叹息一声：“汝曾祖离老家来此创业，汝祖父十六岁即独立出外为全家生计而辛劳奔波，为父本有兄弟仨而独剩孤身，如今汝辈亦只剩吾儿一人耳，如是岂非天命使然？唉，为父唯希祖宗荫护，使吾张氏这一支人丁兴旺，虽百代亦勿忘老祖宗创业之艰难矣！”

却说接下来，张养浩继续素衣素斋守丁忧。这日，突然接到讣告：居京城的好友元明善于二月初七病故。这真真又不啻一枚惊雷击打到张养浩心坎上！复初！复初！汝怎就这般突然舍吾等便去了呀！如是心灵再加重创，张养浩终于病倒了：家父仙逝弗久，挚友又撒手而去，如此接二连三的悲哀事加身，孰能受得！

躺在病榻上，张养浩缅怀追忆着与元明善相识相交长达近三十年的友谊。自至元三十二年（1295）于御史台，两人结识同官，彼此便引为知己，与曹元用同被誉为“三俊”。在后来撰书的《故翰林学士资善大夫知制诰同修国史赠某官谥文敏元公神道碑铭》中，张养浩深情追忆道：“肇余吾复初，殆三十余年矣，相与同官八，台则余掾于内，君掾于江之南，每计事至京师，必剧谈极欢乃去。地虽不同，均台掾也。省则同掾丞相府；仁宗在潜邸，同为太子太学。入翰林，余待制，君直学士，后传侍讲，余又以直学士代君。在礼闱，尚书则君，侍郎则余。未几，又同宾幪，又同知延祐六年贡举。呜呼！世之同官者，又多或一二，又多或四三，如吾二人联武台阁且三十年，拟亦言所无焉今有也。”由此铭文可见，张、元二人履历相似，且均负有才名，但事实上二人相交甚契，绝无分毫那文人相轻臭癖。兹有延祐二年（1315），张养浩那首《留别元复初》诗中句为证：

台阁联飞二十年，临歧欲别重凄然。
人言廉蔺才相轧，谁信雷陈志愈坚。

而对元明善的文才，张养浩是由衷钦赏的，曾赞评云：“金源氏以来，则荡然无复古意矣。天开皇元，由无科举，士多专心古文，而牧庵姚公倡之，驳驳乎与韩柳抗衡矣。其踵牧庵而奋者惟君一人。盖其天分既高，又济以经学，凡有所著，若不经人道，然字字皆有根据，陈列而戈矛森，乐悬而金石者，山拔而山峭，斗揭而光芒寒。”

而元明善对张养浩亦惺惺相惜，尝于至大三年（1310），应堂邑县之请而撰书《县尹张养浩去思碑铭》，可见其对挚友、时已任秘书少监的张养浩人品官品之钦赏：

夫养民失道则人之生也。或不以义强者不翼而飞，不爪牙而攫噬弱细者病矣。智者舞其巧，谲者骋其捷。饕餮者恣于欲，顽暴者勇于敢。风之以淫昏，扇之以夭艳。斯立者、摇倾者、委非杰然者，不能以义中处上之人，为此惧也。变酷虐之法，施惨毒之刑，彼不白讼夫已之所由非义，方讐视其上而萌复之之心，此秦汉之所以废兴也。若夫生有养也，死有藏也，幼有学而壮有业也。孝弟者兴于家，顽愚者迸诸远。乡有仁厚之风，里有雍睦之俗，以是道而养民，民有不趋于义者乎？世罢封君，县令之职实与民比求，治切者恒重其选，是盖不能复古而欲征之于目前者。然也，一令之贤，万室由之而安，义以之立兴。夫养之以道者一也。令之选可不重耶？天下之县至众也，乌得令令贤乎？一有植身端洁，牧人有恩者，居则爱之，去则思之，至于勒碑颂德，若将世世戴焉者。由此观之，则好治恶乱，又人之恒性也，特狃于薰习而操守不坚者始变矣。堂邑有德，令曰张君，其才赡而心仁，以得长民为喜，亦以为惧。其言曰："吾始以儒而未试，今长大县，吾所学或得以利夫人，然地方百里，丁黄数万，治平日久，其封植滋厚，日向于矜夸浮靡，则徼倖变诈之俗相扇而炽尽，以古之道治之，则压于势，有不容吾尽者，苟焉以塞令之责而又媿夫吾所学。"下车恪勤厥职，除一弊若隄水而扑火。曰："令实民师帅，非清白其何能律。"乃取太尉震之言，榜其堂曰"四知"，曰："人不闻于教而务寻鞭挞，是虐之也。老者使笃伦理，幼者、壮者登之于学而教之，敢有弗率，罚之无宥。"曰："胥皂在官，禄不足养，家日以肥，是必弄奸，愚以椎剥之也。豪猾者、逐良愿者止。"曰："更漏不明，一县聋聩。"乃建鼓角楼以节昕昏。崇三皇之祀，馆医学其中，而使学者学，医而精其业。曰："岁秣国马，班处甸民，民苦之甚。"乃创都廐四十有三，匈叔官既予直，而马有常处。曰："卒旅辍兵而漕恶于亡赖，贼民于隐。"乃与长明约束之，至县界者，皆敛手惕息，不敢与民索一饭。曰："害吾民者，虽贵强吾不彼贷。"曰："民皆赤子，一笔刑版将不得齿善始。"至有尝为盗者五人，乃召与约曰："能改即削汝盗版。"及去，削者三人。盖令之治人也才，存心也仁。其潜施默运，使民阴受其赐，有非言语之所能既者。然三年之间，田者赢，工贩者足，老幼服于礼节，强者不得病夫弱细矣；智者、谲者、饕餮顽暴者，戢而不得肆矣。得尽其才，得尽其力，庶几以道养民者也！然则堂邑人化令之教殆近于义乎？不然何张君之既去久犹不忘，相率伐石记美，属其邦彦监察御史申君从敬走二人京师，亟求余文也。余与张君同丞相掾，同太子文学，同学士院，而余之县实邻堂邑，知张君莫余若余，与邻邑之人亦乌得不同其乐善之心，故首述民情，继纪张君之善，以念诸来者，系之诗歌以遗申君俾归刻之。歌其辞，想其人，类古之遗爱者焉。张君，济南人，名养浩，字希孟。今为秘书少监。其诗曰：畇畇甫田，穀叔茂止。力者诜诜，佃彼长亩。妇子馌之，相之草薙。税驾于桑，令维田畯。尝其壶飧，笑言以温。邑人敏生，劬躬服贾。永作俭勤，耄倪与与。罔敢惰骄，废其教语。令有鞭笞，庭将媿汝。哲令柔仁，刚强之克。引养而恬，先事口食。虞饱而嬉，乃绳之职。人有退言，始若戾余。室富而安，令悔吾初。乳煦蒙稚，令维母慈。母去稚遗，孰恤寒饥。令马骙骙，如翰云飞。跂望而悲，莫愿我来。曳石于山，刻颂于石。世无磨泯，式歌明德。

知己者，患难尤见真情。大德七年（1303），元明善因受“朱清张瑄行贿案”牵连而免职，张养浩撰《送元复初序》，语多殷殷宽慰鼓励：“盖经纶所以行道，著述所以传道，其升沉显晦虽若不同，揆诸事业则埒也。故士之处世，近不欣，退不戚……孟子所谓‘空乏其身，行拂乱其所为’者信矣。吾恐复初此行，非惟不能深藏久遁，将因是反得厚其所养，而趋其所未至，他时挟所有而复来，则赫赫于时者，非君其谁哉！”事实亦果如张养浩所预言，非知己者何以慧眼识鉴如此准矣！

“唉，复初啊，而今汝归那无何国兮，吾归更待何时！”张养浩突然喃喃自语道。他又想起了与元明善同在礼部共事期间，同赴许氏别墅雅聚往事来。当时自己所吟诗句中有“人生佳处无何国，钟鼎山林恐未然”，盖《庄子·列御寇》中有云：“彼至人者，归精神乎无始，而甘冥乎无何有之乡。”

“惟远，扶我下床！”守护在床榻前的张引听到父亲这般吩咐，疾起身近前搀扶。张养浩在爱子帮扶下，移步至遂闲堂中，复命研墨。张引明白，老父亲这是要给故去的元伯父写点什么，于是不敢怠慢，亲自着手来做。侯铺好宣纸，又将笔递到父亲手中。只见老人家握笔的手微微颤抖着，但很快便有如神助一般，笔下如千钧力注，旋墨落下。张引俯视去，纸端现出“挽元复初”四个字，继而又见家父复蘸墨，凝神题下：

韩孟云龙上下从，岂期神物去无踪。
知君本自雄才刃，顾我安能直箭锋，
一死一生空世隔，三薰三沐为谁容？
平生碑版天留住，不朽何须藉景钟。

后学摩诃子有诗作《礼赞张希孟元复初二贤》，专吟赞此二贤挚谊：

幽冥相隔夕阳中，今世续缘云与龙。
知己一生能得几？念吾三俊不容并。
虚无内敛修真悟，实有外和理性融。
才赡心仁行大道，往来无愧两清风！

欲知后事如何，且看下回分解。

第十七回
再下诏令聘不赴　重登标山铭之游

诗曰：

道之行否去留遵，智者含章兮可贞。
合义慎持观宇宙，惟真敢谏正君臣。
古今遍历云和月，吉凶相随冬复春。
高蹈逍遥由我定，老庄孔孟俱修身。

却说至治二年（1322）八月十五日，尝权倾朝野不可一世的铁木迭儿，终以老病惊恐死于家中。监察御史盖继元、宋翼奏参铁木迭儿“上负国恩，下失民望，生逃显戮，死有余辜”。英宗皇帝遂诏命毁铁木迭儿所立碑，并追夺其官爵及封赠制书，籍没其家。九月，答己太后亦病故。

且说这铁木迭儿和太后相继逝去，英宗皇帝压力顿觉减少，在推行新政上便再无掣肘羁绊，于是就大刀阔斧一番作为起来。其中一项即是启用汉族儒臣。王约、吴元珪、赵居信、王结、张珪等人纷纷应召进入中书省、翰林院并担任要职。

很快，一道起用张养浩的诏令又飞抵济南历城，此番依然委聘其为吏部尚书一职。

这一回张养浩以守丁父忧为推辞，又将那颁诏御使给打发回京城复命。

是夜，张养浩独坐书斋遂闲堂中，边啜着香茗，边沉思着朝廷诏令自己的用意。他当然亦知那年轻的皇上急于施新政，正需人才为其所用，但对所谓后党的大清洗，又在朝中引起惊恐。此时，即使有心入朝辅佐，张养浩亦是不会贸然应召晋京的，何况他如今本无此心。但是，作为曾经的朝臣，看惯了朝廷此际朝政易手的血腥，所以心中不免生出一份隐忧来。

俟微曦映窗，小憩后的张养浩即复起身来，照例踱出房来，散步至云锦池畔、香雪林中。他先活动了一下筋骨，这才又缓步折回，坐至遂闲堂中那张书案后，提笔抄录下新斟酌好的一阕曲词《双调·雁儿落兼得胜令》：

也不学严子陵七里滩，也不学姜太公磻溪岸。

也不学贺知章乞鉴湖，也不学柳子厚游南涧。

俺住云水屋三间，风月竹千竿。

一任傀儡朋中闹，且向昆仑顶上看。

身安，到大来无忧患；游观，壶中天地宽。

严子陵者，少时尝与汉光武帝刘秀一同游学，及刘秀位登大宝，遂遣人访得旧友，并授以谏议大夫职，但严子陵却推托不就，归隐乐钓。姜子牙晚年钓鱼渭水之滨，后遇寻访隐贤的周文王，相谈投机，遂被起用为国师。这二人，在张养浩眼中，皆不慕也，却只想修身养性，欲参观那人间大道，幻想登上那昆仑巅峰，俯视纷纭红尘。或许有心冷眼旁观那风云变幻的燕京风景，亦未可知，盖一颗忧患难泯之心使然矣。

再说那京城大都中，不久便风云突变，果如张养浩所担忧的那样。

其实，对英宗皇帝大权独揽后所展现出“果于刑戮”，使“大臣动遭谴责”“延臣懔懔畏惧”的朝中实况，张养浩隐隐得悉后，便心有异议，感喟之余，借咏古诗感怀之：

不信忠良信诡随，于兹可灼乱亡机。
东京党锢迷臧否，西晋玄谈混是非。
被祸枉投冠在地，复仇空拔剑挥衣。
因知高蹈邱园者，不是区区爱翠微。

此诗显以吟汉桓帝、灵帝时党锢之祸，暗指时下京都中英宗皇帝清洗后党和严酷御下之所为。投冠，即弃官，语出后汉陈蕃“以谏诤不合，投冠而去”之典故，当有作者自喻，乃避祸非特独恋田园之意也。

又咏古吟叹云：

季子纵横六印随，张仪无语不投机。
周衰遂使诸卿显，孟出方知二子非。
奚止古今知轨范，要令杨墨尽冠衣。
理明天下无难事，可惜时君力量微。

季子，系苏秦字。《史记》载：苏秦先以“合纵安燕”说服燕文侯，资以车马金帛使已使赵、魏、韩、齐、楚五国，终游说成功，得佩六国相印。张仪曾与苏秦同师从鬼谷子先生，其精习权谋纵横之术，苏秦亦自叹弗如。张仪凭其才智为秦惠王器用，拜为相。随后张仪游说离间原本有合纵之约的六国叛约而连横事秦，遂解秦之危机。苏秦、张仪成功之处在于极力宣扬所谓“霸道”以诱使诸侯就范。在此，张养浩应暗喻时任丞相拜住等当朝权贵。而张养浩所推崇的则是亚圣孟子及其阐明的“王道”。孟子主张“王道”而反对“霸道”，在张养浩看来，这正适合当下。他认为朝廷当施仁政，连政敌亦须持善待之举，所谓感化，由此对英宗皇帝所为便生出“可惜时君力量微”之喟叹，乃叹今上未以仁政理天下。事实亦证明英宗皇帝主政后，任用拜住等推行的内外酷政，却适得其反，竟至引火上身，落得个被弑下场。史载，英宗与拜住尝有一番对话——

“臣少无能，蒙陛下拔擢，待罪丞相。方欲除恶进善，致治隆平，诸人共诅挠之。”

“卿有言，第言之，他人言，朕弗也。”

于是，英宗唯拜住进言为用，实施强力清除异己、威压朝野之酷冷吏治，却又罚重赏轻，对该赐爵封官的近乎吝啬。所有这些，致使朝廷中出现仇者恨亲者亦不快的局面，就连英宗一直信任的铁失亦生了叛逆之心。原来，英宗皇帝借审一桩“诳取官币案”之机，诛杀、流放了包括铁木迭儿两个儿子在内的一批后党官员，铁失亦涉案，虽得皇上赦免，但仍被恐惧折磨得寝食难安，只怕有朝一日被那冷酷的皇上法办，遂决意抢先下手。在其身边，聚集了共十六位同朝胁从者，如枢密院事也先帖木儿、大司农失秃儿、宣徽使锁南、枢密院副使阿散、佥书枢密院事章台及铁木迭儿之子锁南等。他们将动手的时机定在了八月，因为那时是时在上都的英宗皇帝移驾回大都皇宫的时间。地点则选定了由上都返回大都的必经之地南坡驿。而沿途的禁卫军，正是铁失所掌管的阿速卫军。八月二日，铁失遣心腹斡罗思赴漠北，晋见成宗皇兄之子，亦即英宗的堂叔晋王也孙铁木儿，利诱道：“铁失与哈散、也先帖木儿、失秃儿谋已定，事成，拥立大王您为皇帝。”八月二十七日，弑君计划按约实施。是夜，离开上都的帝驾一行驻跸南坡驿。早已受命的阿速卫兵包围了行宫大帐，尔后率叛兵首先冲进了丞相拜住的住帐。拜住闻帐外嘈杂声，手秉烛台，正欲查问，却猛见铁失的胞弟索诺木持刃第一个冲进帐中。拜住强作镇定喝问：“汝等意欲何为?”那索诺木更不回话，抢上一步，一刀便砍断了拜住举烛台的右臂，旋即站在他身后的叛兵一拥而上，登时将拜住剁为肉酱。

那厢，由铁失亲自率领的一批叛党径直闯入英宗皇帝寝帐。时年轻的皇上已就寝，闻声披衣，却不闻下面回禀，正疑惑间，猛见铁失等劈门闯入。英宗见势不妙，疾呼“救驾”，却哪里有亲信侍卫趋近前来。惶急之下，眼见着自己的大舅哥、一向宠信的铁失恶狠狠地跨至御榻前来，手起刀落，砍向自己这九五之尊的头颅。年轻的皇帝旋即身首异处。此即血腥的“南坡之变”黑夜事。刚开始方一载的所谓“至治新政”，亦随着英宗皇帝、拜住丞相这对君臣主角被杀，而黯然落下帷幕。年仅二十岁的“英明天子”和年仅二十八岁的青年辅宰，以这种惨烈的方式上演了一出“赍志以殁”的历史悲剧，凡世之志士智者孰能不为之悲慨痛惜。俟远在济南隐居的张养浩闻此国家大变故，又焉不悲愤喟叹！

张养浩悲愤萦怀，遂又借咏古感怀诗以抒之：

揖让雍容万喜随，纷纷攘夺费心机。
前车才覆后车继，曩日为公今日非。
神器果难承正统，博徒亦复著黄衣。
云翻雨覆无从诘，可是天公寓意微！

阅此诗，隐忍悲愤郁闷萦怀，真真瞋目噙泪如在眼前矣。此诗名曰《读史有感》，起句即以禅让和攘夺两种截然相反的获取帝位的方式发论。揖让即禅让，乃古代氏族社会时帝位相传制。孔颖达《尚书·正义序》载云：“勋（尧，字放勋）华（重华，即舜）揖让而典谟起，汤武革命而誓诰兴。”昔载尧考舜贤且孝后，遂欣然将帝位让予，然后世历代，却更多的是为夺皇位而费尽心机不择手段，上演一幕幕闹剧。此诗首联暗讽张养浩所处的元廷，自显而易见。颔联承上联感慨，近乎直接挑明前车之鉴，后朝历代鲜有警诫，而屡犯至覆国。《礼记·礼运》有云：“天下为公者，天子之位传贤而不传子也。”然试看上古尧舜之后，焉有遵循此择贤传帝位之良制乎？远的不言，前代宋太祖赵匡胤传位于其弟宋太宗赵光义，而太宗则传其子。当朝武宗夺其位，乃践约传其弟仁宗，后仁宗却毁约，将皇位传给了自己的儿子，致有祸端伏下。遑论传贤更不逮矣，以致三代以后多见一个王朝为后一个王朝灭而取代焉。颈联继续发论，并以“陈桥兵变黄袍加身”的赵匡胤夺帝位事引论。神器，代指皇位。张衡《东京赋》中云：“巨猾间衅，窃弄神器。”博徒，指宋太祖赵匡胤。庄绰《鸡肋编》记载：“太祖微时，往凤翔谒节度使王彦超，得钱数千。遂过原州，卧于田间，而树阴覆之不移，至今犹存，谓之‘龙潜木’。至潘原，与市人博，大胜。邑人欺其客也，殴而夺之。及即位亡几，欲迁废此县，故以‘赖’为耻。”后周时，赵匡胤为太尉，却阴谋夺权，率军出征，至陈桥，与心腹演出了所谓被部下披以黄龙袍拥立为帝之闹剧，史称“陈桥兵变”。故张养浩道赵匡胤非承正统，乃夺位也。尾联便感叹道，如是政权更迭攘夺如翻手为云覆手为雨般热闹，又哪里去指诘哪一个，或许如上天那变幻无常之自然风云般，天公亦不当事体来看待吧！果悲愤至极之无奈叹语。

却说京城大都中，那铁失之流在上都南坡弑杀英宗皇帝后，便要再立个新君出来临天下驾御黎庶。政变前，铁失曾派心腹亲信斡罗思前往漠北诱劝晋王也孙铁木儿共谋逆反，并言明“事成，拥晋王为皇帝”，只是晋王当时出于是英宗的皇叔，做了顺理成章的事，将说客予以关押，并派人去向正在万里之遥的英宗通报即将发生政变，后人有认为其举乃系故作姿态，因为政变迫在眉睫，万里通告已来不及云云。九月四日，弑君成功的铁失逆党即捧着皇帝玺绶赶至漠北，请也孙铁木儿起驾回京登上空出来的皇位。当下这晋王遂于龙居河畔即位，是为泰定帝，改明年年号为泰定。诏曰：“朕荷天鸿福，嗣大历福，侧躬图治，夙夜祗畏，惟祖训是遵。乃明岁甲子景运伊始，思与天下更始。稽诸典礼，逾年改元，可改明年为泰定元年。”

且说这泰定皇帝即位之初，即对弑君而拥戴他为九五之尊的一班

“功臣”统统予以加官晋爵封赏。铁失赐以知枢密院事，也先帖木儿袭封为安西王，孛罗为宣徽院使，完者、秃满、章台等分别委以枢密院事、同佥枢密院事、同知枢密院事等职，并颁诏大赦天下。

正当铁失等因弑君另立新君而得封赏高官、弹冠相庆之际，孰料仅过了一个月，那被他们拥护登上皇帝宝座的泰定帝便龙颜大变。十月初六日，泰定皇帝便颁一纸诏令，将陪侍在他身边的也先帖木儿、锁南、秃满、完者等处死。同日，遣使至大都，以即位奉告天地、宗庙、社稷。旋即又任命近臣旭万杰为中书右丞相，通政院使纽泽为御史大夫，并命二人赶回大都，奉诏令将铁失、赤斤铁机、脱火赤、章台等逆党人悉数诛杀，并全部戮其子孙，籍入家产，从而以雷霆之势彻底肃清了发动“南坡政变”的铁失逆党一干人等。

再说对泰定皇帝对铁失逆党先赏后诛之举，张养浩主持的延祐年间科考进士、时任监察御史的许有壬在致恩师的信函中评言云，“各贼雄踞两郡，或握兵权，或操省印，或在宪台，布满要地，号令百姓”，故此圣上必英明先“宽恩而释其疑惑，使恶逆之徒，有以自安，不至狂肆”。此一说可证明：这位泰定皇帝当得“英明”二字。事实亦果然如是，甚高明的泰定皇帝及旭万杰等一班近臣，伺铁失逆党放松戒心，大局稍定后，迅速诛杀之。

却说泰定皇帝通过严惩铁失逆党，从而向天下人表明自己与那南坡政变并无牵涉。十一月由龙居河移驾大都之后，首先极力平抑蒙古贵族的积怨，召还在英宗朝时被贬黜放逐的诸王，恢复各自的名爵及被没收的家产；十二月，又颁诏将原被铁木迭儿诬杀的杨朵儿只、萧拜住等及被英宗诛杀的观音保、锁咬儿哈的迷失全部予以平反昭雪；对仍在朝中任用和被罢免的一班汉人儒臣皆予以信用礼遇。安抚各派势力，体现出这位新君不同于武宗、仁宗之处，其希望遏止延续两朝的酷烈党争，改施仁政之心，自彰显无疑，亦果符合所取泰定年号之“泰和安定”之意矣。前有那中书平章政事张珪，监察御史许有壬、赵成庆、脱脱等纷

纷上疏，要求彻底清查铁失逆党之流，盖建言一律诛杀之。然泰定皇帝却言“逆党胁从者众，何可尽诛”！因此除诛杀铁失等首逆外，其他如御史台经历朵儿只班等名列铁失党羽中人，皆予以赦免或从轻处罚，此可为这位泰定皇帝仁心一证矣。

再表此时已然隐居乡里的张养浩，在接到门生、时任监察御史许有壬传书禀京城大都中这一系列大变故后不久，便迎来了朝廷遣御使送达的第三次诏令。此次乃委以詹事丞兼太子经筵说书职，不可谓不信重矣。元置詹事丞院，设詹事丞二员，正三品衔。

只说张养浩接诏书后，却没像上两回那般毫不犹豫地予以回绝。盖因阅过门生许有壬那详实介绍所谓“南坡政变”前后之事的书函，张养浩对那位泰定皇帝所表现出来的仁政一面，有一个较好的印象。泰定皇帝即位后对武宗、英宗两朝旧臣采取安抚任用并举的姿态，与武宗、英宗严厉清除前朝臣子之举，可谓形成了鲜明对比。这正是所谓“王道”与“霸道”之迥异体现矣。因此在心目中，张养浩对这位新君生出了一份好感，继而寄予了一种希冀，认为其可能正是自己及所有怀有致君济民远大抱负的仁人志士所期盼的尧舜一般的贤明君王，自可依之实践大济苍生之理想矣。如此意念下，张养浩原本“泯迹民间，甘老云庄”的归隐之心，便有些动摇了。盖贤达士子，最怕遇到礼贤下士的君王之聘举，古今皆然。

最终，张养浩决定，姑且赴京看看再说。

泰定元年（1324）春，张养浩辞别家人，离开退居四个年头的五柳云庄，应召赴大都。随行的有从己学的门生谕仁本，还有书童周末、家仆张倜等随侍。谕仁本，名立，清江人氏，殖学好古文，颇得张养浩欣赏器重，已客居云庄处馆从师一年多，此番张养浩携其同往京师，欲替这得意门生在京城中谋一职堪用。

且说行前一日黎明起来，张养浩特偕谕仁本、周末、张倜等，去往距云庄西四里许的标山登高一览。

单表济南城北郊有东西并峙两座山，山上青石层叠如铺，少见林木。石径坦整易攀登，山顶平阔容群坐。当地居民因这双峰兀立，犹如坐标也似，故索性称为标山。

当下张养浩一行人沿石径而登，及巅处，观览一番，复至那洞口处席地而坐，取所携酒肴铺于青石上，一时把盏临风，好不惬意。谕仁本举杯请道："学生随先生幸游，快哉！先生何不趁雅兴铭文以记呢！"张养浩闻听，微微一笑，亦举起酒杯，一同饮下。随即令书童周末取出带来的文房四宝，俟其研好墨，张养浩握笔饱蘸，复饮下一杯谕仁本给斟满递上的美酒，随即双目投向纸端，略作沉吟，旋挥毫题起：

绰然亭西三四里，有双山曰标。各广四十亩，童无树林。东西并峙，皆青石叠伫，势陂陀可步而上。按《舆图经》无其名，盖土人以旁无他山，惟此若标可望，故以名之。其居东者，上有洞如屋，可避风雨。

泰定甲子三月，命童携酒肴，偕馆客清江谕仁本登焉。始有小劳，既戾其上，神超气逸，身欲羽飞。环视众山，手若可即。其联岩属巘，盛于东南，而微杀于西北。诸支流之水，萦络交碧，练横绳引，析而复合。盖郊外可登眺者，莫此胜焉！

尝欲构亭其上，时杖履往来，以豁心目，因仍未暇。既而坐洞屋中，出觞更酌，咏古人闲适之诗，如陶、谢、韦、柳者数篇，其清欢雅思，悠悠而集，若世若形，两忘其所恃。加以烟岚坌涌，相与冥合，窅乎不知余之为山，而山之为余也！

于是，仁本举酒相属曰："乐其哉，公之游乎，殆不可以无记！"遂书而贻之。

当下谕仁本拜阅罢，挑指赞道："妙哉！先生此篇游记，当与这标山同名于世而流芳百代矣！"

这时，张养浩由袖中掏出一张纸片，微笑着递给谕仁本，言道："仁本啊，今晨起，偶见书案上登高大作，遂次韵试和，今示汝一笑耳！"谕仁本闻听，喜道："拙作蒙先生错爱赏之，学生诚惶恐也。"说着，即手捧细阅之，题曰《晨兴用谕立之韵》：

寒碧洲痕浅，沈青地势平。岩姿吕稚淡，树影碎空明。

窗纳一天晓，人怀千古荣。移床高处坐，遥看日东生。

一时阅毕，谕仁本由衷赞道："先生空灵大作，学生唯有服帖拜阅之份，果然意境广阔，意象万千，更兼吉兆大焉！"

"呵呵，仁本过誉啦，所谓吉兆又当何论？"

"嗯，先生您看呢，您即将晋京履新，岂不正应大作中'遥看日东生'佳句，今后自可每时常临日近，得沐皇恩浩荡，这不就是吉兆应乎！"

张养浩闻听这话，淡淡一笑，沉吟片刻，方言道："仁本，亦未必然。此番为师携汝等赴京，心中自有定规，届时见机而行，姑妄观之吧！"

谕仁本听了，心底"咯噔"一下，却亦不便复言。

未知此去如何，且看下回分解。

第十八回
通州回转莫惊诧　故里高吟真逍遥

诗曰：

船到通州京友迓，畅谈彻夜谊如甘。
得窥政变端倪诧，失望君帏内幕还。
辞聘谢哉缘复疾，归来安矣乃重痊。
莫言明哲修身道，俟济苍生赴难看！

话说张养浩一行人搭船沿运河北上，及抵通州这一运河北起点，遂弃舟登岸来。甫一至驿馆中，便意外见到居京一班旧僚属好友早已在此恭候。这使张养浩颇为感动。这班京友为：翰林直学士曹元用、翰林兼国史院待制张起岩、监察御史许有壬、国子司李术鲁翀等。

啜茶叙谈间，张养浩与曹元用忆起亡友元明善，皆不觉潸然泪下，唏嘘不已。近午牌时分，中书省平章政事张珪、中书省参知政事王士熙二人又结伴由大都赶至这通州驿馆来会晤。彼此多年未见面，相见叙旧，自感慨万端。

作为张养浩的门生，张起岩、许有壬等得知恩师此番应召从詹事丞至京，今后能复得聆听教诲，自然皆欣喜了得。只张养浩留意到那同里门生张起岩面上时现忧色，便关切问起。张起岩告知，在老家的老母亲

年前便染疾卧床，故担忧尤甚。张养浩听了，亦替他心情沉重起来。

交谈中，那中书平章政事张珪见问起朝中近况，又见在座皆系知友，遂报出一内幕来：背后有对皇上非议者，称泰定帝之所以不纳要求彻查弑英宗逆党直谏，乃因此前泰定帝遣近侍参与了那“南坡之变”，其证一便是事前时为晋王的泰定帝即遣心腹倒剌沙之子哈散入京，投在丞相拜住门下，并成为皇宫侍卫，乃专门负责常刺探朝廷事机。而倒剌沙父子与铁失等逆党多有联系，政变发生后，晋王被拥戴为新君，旋拜倒剌沙为中书左丞相。对此身为中书平章政事的张珪及监察御史许有壬作为曾上疏谏言彻查铁失逆党者，私下皆隐忧不已，亦在情理之中。毕竟现为中书左丞相的倒剌沙，身为泰定皇帝的宠信心腹，对他们这些异己早已不满，一旦他日在皇上跟前进了谗言，后果可想而知。

张养浩听了这些内幕，尤其乍听了当下这位泰定帝得登宝座的过程，原来并不够磊落光明，抑或竟有派心腹参与那政变之嫌，心下着实吃了一惊：原来如此则这般看来，这位新君竟比昔年那凭武力强夺得帝位的武宗皇帝阴险多了，而其之所以振以辞曰“逆党胁从者多，何可尽诛”，而不采纳众臣进谏，却原来有偏袒牵涉事变中自己的心腹近侍之嫌哟！嗯，如是而言，眼下这朝中岂不是出现所谓逆党与新党并持朝政之怪相，如此，隐患已然潜伏矣。而那位泰定皇帝却实为作梗者，又岂能改变之？唉，这便如何是好，如此去着力维持所谓平衡，以求朝政平移，危乎哉！而事实上，张养浩所担忧者，亦果就变为现实，此为后话，容后详叙。

彻夜畅谈，俟晨起，众友却被告知张养浩卧床不起，遂至其所居客房探视。只见张养浩果面有疾色，一副萎靡神态，便皆着急起来。

又见张养浩微启双目，乃目视张珪近前来。张珪忙俯下身来，只听张养浩喘息着请托道：“拜托澹庵兄面见圣上时，代为谢罪致歉，余疾复发，恐难履职矣，故为不误大事考虑，乃请辞，容归里养疴耳！”说着，又目视在场众友，复言道：“有负诸君殷望啦，唉，汝等且请各自回转吧，咱们后会有期或有时。”众人见张养浩说至此，复轻咳起来，遂遵命一一告退，却亦唏嘘不已。

俟众友皆揖别去了，张养浩即起床来，命家人张侗速去联系船只，即刻离开这通州返乡。

且说坐在船甲板胡床上，张养浩亲自吩咐周末、张侗等帮那艄公一同解缆撑篙启航。

待船缓缓驶离了那通州码头，张养浩方才暗暗松了口气。再回首望去，见那渐离渐远的两岸风景，心下不禁又生出些许怅然。当耸立于西岸的那始建于南北朝时八角十三层的燃灯佛舍利塔映入眼帘，张养浩原本郁郁的心头陡然一亮：重阳子主张儒、释、道三教合一，倡以“三教圆通，识心见性，独全其真”，道合则从否则去，正所谓君臣以义合者也。其所以合者，非华其爵也，非利其禄也，不过欲行其道而已矣。道行则从而留，不行则从而去，不使久而至于厌鄙诛窜之地，乃所以厚君臣之分也。

当下又喃喃自语道：“老子云：‘祸兮福之所倚，福兮祸之所伏’。”随即便吩咐书童周末置笔墨于舱中几案上。周末明白，自家老爷这是要题吟了。

俟张养浩入舱来，提起笔，抬头却瞥见一只白鹭扑闪着双翅由一旁的沙洲起飞，旋掠过船头。张养浩脑际陡闪出杜工部的两句诗来：“翩翩何所似，天地一沙鸥。”旋挥毫而书曲词一阕《双调·折桂令·通州巡舟》：

呼童解缆开船，见绿树青天，两岸回旋。
欹枕篷窗，觉风波只在头边。
桂棹举摇开翠烟，竹弹斜界破平川。
老子狂颠，高咏诗篇。
行过沙头，惊的些白鸟翩翩。

当下，张养浩与门生谕仁本坐舱中叙谈。张养浩语重心长地言道："仁本啊，惜哉，此番为师原答应汝，但晋京谋职一事且落空矣。不过，正如老子所谓水曰：盈科后进，善待时也。故圣者随时而行，贤者应事而变。汝能明于兹理乎？"谕仁本笑着回应道："学生自然明知，先生啊，老子所云'水几于道，道无所不在，水无所不利，避高趋下，未尝有所逆，善处地也'，学生以奉此为处世警言矣！"

张养浩听了谕仁本这话，欣慰地颔首微笑。

夜幕降临，船停泊河畔。张养浩秉烛阅览史书，一时阅至《庄子·至乐》中句："昔者海鸟止于鲁郊，鲁侯御而觞之于庙，奏九韶以为乐，具太牢以为膳。鸟乃眩视忧悲，不敢食一脔，不敢饮一杯，三日而死。"张养浩若有所思，又翻阅一页，见载云："子见夫牺牛乎？衣以文绣，食以刍叔，及其牵而入于太庙，虽欲为孤犊，其可得乎？"一时掩卷起身来，步出舱间，驻足甲板上，举目渔火点点，船影憧憧，转念此番离家北上晋京时，合家人都赶至那五柳云庄庄头来相送。儿子张引、侄子张居等直送至那长亭边。如今回转，呵，岂不有趣得很！

张养浩当下折身回舱中，这般想来，又轻摇着头笑了。随即就几案上笔纸，复题上一阕曲词《越调·寨儿令·赴詹事丞召至通州感疾还家》：

> 乾送行，谩长亭，被恩书挽回水云情。
> 才到燕京，便要回程，你好自在也老先生！
> 带行人所望无成，管伴使饮气吞声。
> 水和山应也恨，来与去不曾停。
> 几曾经，不睹是的晋渊明？

一时题毕，张养浩又捧起《庄子》来阅，竟不觉达旦。待重新开船南行，张养浩同谕仁本并肩伫立船头，观赏那两岸移动的风景，不时指点谈论着。待入山东境内，同行皆为之振奋，盖近乡人心境使然。

张养浩感喟道："《淮南子》中云：'伟哉造化者，其以我为此拘拘也。'仁本啊，以为然否？"

"先生，诚哉斯言。恰如古贤所云，'四时之序，成功者去'，人贵顺时合道，窃以为。"

"嗯，很好！为师在想，那汉初商山四皓之事。其'逃匿山中，义不为汉臣'，那汉高祖遂以贤之。如此蔑视功名，盖以为那刘邦实慢侮人之流，端的有些意味！"其所言乃指汉初商山四隐士，即东园公、绮里季、夏黄公和甪里先生。四公须发皆白，故又称商山四皓，曾吟《采芝操》以示其操守，故世人称羡仰慕。张养浩在此提及，自诩或然。

随后，张养浩遂以《读史有感》吟成一律：

吉凶消长日相随，此是乾坤造化机。
物胜则衰奚足讶，功成者去未为非。
鵷鶵岂乐金石奏，觳觫乌庸锦绣衣。
试问商岩采芝叟，功名何啻一毫微！

且说重返济南五柳云庄，张养浩身心方重新平复下来。此次应召晋京，却在抵达通州时回转，称疾亦谓实，只此疾究其实而言，乃心疾也。这点其实张珪、曹元用等一班好友皆心知肚明，只不过皆不便说破而已。如今半途知返，可谓明智之举，此途者，仕途也。

是夜，家人皆去歇息，饮过几杯酒的张养浩，照例取过一本书来，端坐遂闲堂中，秉烛而阅。正阅至这《后汉书》中"周燮传"一篇，云延光二年（123），安帝聘燮，族人劝道："夫修道立行，所以为国。自先世以来，勋宠相承，君独何为守东冈之陂乎？"燮曰："吾既不能隐处巢穴，追绮季之迹，而犹显然不远父母之国，斯固以滑泥扬波，同其流矣。夫修道者，度其时而动。动而不时，焉得亨乎！”

当下张养浩阅之沉思，对“夫修道者，度其时而动”句，玩味再三，深以为然。

翌日晨起，谕仁本来给老师请安，见书案上数张诗笺铺开来，墨迹犹未干，便知乃顺庵先生新作，遂捧起拜读，原是题曰《我爱云庄好》诗，计九首：

我爱云庄好，夕烟树半腰。亭高无近瞩，岁未有新谣。
农粪初开地，童梁已怀乔。眼前皆事业，何必立人朝。

“先生，可用《孟子》中‘伯夷，非其君不事，非其友不友，不立于恶人之朝’典？”

“正是。”

我爱云庄好，幽深称隐居。许生好山水，陶令乐琴书。
梨柿风霜后，松筠雨露余。徜徉今数载，心偿一如初。

我爱云庄好，溪流转玉虹。惊飚荷背白，残照鸟身红。
远意微茫外，真欢放浪中。终身能若此，甘作灌园翁。

我爱云庄好，依稀孝敬村。邻夸奋就簇，怒叱犬当门。
流水幽楼谷，深衣犯乐园。只今谁得此，高兴入云骞。

我爱云庄好，衡门画寂然。苔香花覆砌，石润竹通泉。
独处蓬为室，闲游杖挂钱。白头乡社里，未觉愧前贤。

我爱云庄好，绝无声利尘。林篁清耳目，编简肃心神。

种放非樵客，焦先岂野人。此心幸无屈，乌用更求神。

我爱云庄好，柴门俗客稀。行田虫扑帽，坐树蚁缘衣。
云水一铜镜，霜林万锦机。东岗陂故在，辟聘未全非。

“先生可是用周燮典?”
“嗯，仁本博学，正是。”

我爱云庄好，光明四季兼。泉声闻隔屋，花影见垂帘。
丘壑间如傲，门庭静侣严。个中何限福，动止不须占。

我爱云庄好，民风太古淳。如勤丝满矍，儿懒砚凝尘。
秦系唐高士，张融齐逸人。只因疏散久，每每忘冠巾。

诸篇阅毕，谕仁本赞叹道：“学生窃以为，先生自堪比秦系、张融，可谓今之高士也!”

张养浩闻听，呵呵笑着，摆手回应道：“仁本过誉矣，为师唯知进退、善待荣辱而已。”

谕仁本见恩师兴致挺好，遂笑着提议道：“今日风和日丽，仁本陪先生再登那标山以抒雅兴，尊意如何?”

张养浩欣然应允，遂吩咐书童周末去与张侗备酒肴随行。

师生二人乘兴而来，尽兴而归。俟复坐至书斋遂闲堂中，微醺兴高的张养浩，挥毫书就《同谕仁本登标山》诗一首，赠予门生：

香风吹袂落严花，步尽红云景亦佳。
龙虎郊原山障目，凤麟洲渚水明霞。
蓝田有玉常春色，石室无人漫岁华。

从此风烟添胜概，老夫绝辞醉挥鸦。

这日，张养浩正在遂闲堂阅史书，忽见书童周末进来禀报，有“老爷门生张公子谒见”。张养浩便问是哪位张公子。周末笑着回答：“回老爷，便是上回随老爷您去京城，行到通州见过的那位张大人。”

“哦，原来是梦臣啊，快快有请!”

须臾，周末果然领着一位身着素服的青年进到遂闲堂来。张养浩定睛一看，正是时任翰林院待制、自己的同里门生张起岩。又注意到对方着丧服，张养浩猛然间想起在通州会晤时，其言家母染疾事，现时看来显是老人家已仙逝矣，当下忙离座趋前搀扶起给自己行大礼的张起岩。

俟落座谈话，张起岩才告知恩师，其家母日前不治而终，于是便报朝廷知，得准归家来守丁母忧。过百日后，这才登门拜谒恩师来了。

“梦臣啊，不是为师吾责怪汝，缘何不早遣人送讣告来呢?”

见张养浩这般诘问，张起岩忙欠身施礼道：“家有丧事，哪敢便讨扰恩师!”

张养浩听了，沉吟片刻，叹息一声：“嗯，亦不怪汝，说起来吾隐居这云庄，果真与世隔绝一般。说来那济南城，竟也近一年未去过了。”

这时张起岩见谕仁本跨进门来，忙起身见礼。寒暄间，张起岩道一句：“自此几年可常面聆恩师教诲矣!”古制为官者，但逢高堂过世，便须致仕还家，守丁忧三载，故张起岩有此说。

书中交代，张起岩，字梦臣，号华峰，生于元世祖至元二十二年(1285)，祖籍章丘崖镇。其先人张逸，于五代时避兵乱，只身迁居禹城，在那里入赘一吴姓人家。后张起岩高祖张迪，投济南王张荣麾下，因战功授济南兵马辖，后升迁为怀远大将军、右监军、济南府推官。由此迁家济南。张迪子张福，张福子张铎，张铎子张范，即张起岩父，历任潍学正、宁海左侍教授、四川等处儒学副提举。张家五世簪缨之家，皆以清廉传世，均奉持“俸禄足够吃用，房屋足能蔽雨，家无非法积存，决不仗势谋私”之为仕准则。

关于张起岩之“梦臣”字号，竟附衍着一则颇为神秘的掌故。传张母邱氏生他时，尝“梦蛇数丈，入榻下，惊而诞起岩”。巧的是，他与那元仁宗竟是同年同日生，天子为龙种，臣子则为蛇种，似天生便是来世间辅佐仁宗皇帝的。更奇者，至元二十二年（1285）三月乙亥，太史官向元世祖忽必烈奏称“文昌星明，文运将兴”。翌日丙子皇孙爱育黎拔力八达诞生。是夜，张起岩亦诞生。及至这爱育黎拔力八达即位，延祐二年（1315）诏令恢复科考。张起岩考取南人榜第一名，却果应了昔年太史官所奏“文昌星明，文运将兴”之言。

却说张养浩与张起岩闲谈之中，乃知彼此先祖皆系清河张氏，与那昔年济南王张荣系同源分支而已，如此便倍觉彼此亲近了许多。盖同宗之缘、同里之谊兼师生之情，世间有缘如兹深者有几，又焉能不亲！

时张引奉父命在遂闲堂前所建一座亭子竣工，于是张养浩遂偕张起岩、谕仁本往观之。

单表此新亭面对华不注、鹊山两峰，背倚鲍山、龙洞山、历山、佛慧山、玉函山诸山。登亭四望，可谓环亭皆山也，故之前张养浩便为之起名曰“翠阴”。亭前凿出一池，引流而盈，池水中立一奇石，冠以“玉云峰”美名，周围又植以荷花和菱角。倚亭俯视，池水清绿一片，时见红鲤游弋其间，今又放养白鹤翔其间，好一幅绝妙的田园嬉乐图！人置身其间，恍若画中游一般。

当下，张养浩着人置酒肴于亭中石桌上。张起岩、谕仁本相陪两旁，师生把盏和风中，自领风雅之乐。

酒过三巡，张养浩感喟道：“《孟子》有云：‘吾闻之也，有官守者，不得其职则去；有言责者，不得其言则去。我无官守，我无言责也，则吾进退，岂不绰然有余裕哉！’梦臣、仁本哪，斯亭又称它为‘绰然’如何?”那二人皆曰妙。

趁饮酒间，张起岩委婉进言，盖谓恩师年纪未老，如此便绝仕途而赋闲乡里，未免太早而为之惋惜。

张养浩听明白了自己这位同里又经己手选拔起来的状元郎之言意，淡淡一笑，漫应一句："为师宦游三十载，如今但求快心适意尔。汝辈当大有作为！"

一时饮毕，撤去酒馔，张养浩又吩咐书童周末将文房四宝摆置来。原来，他是要趁着雅兴，给这新落成的亭子拟就一篇铭文。张养浩欲文，张起岩、谕仁本二人，自以极大兴致来观瞻恩师即席挥毫赋记。只见张养浩并未立即动笔，而是背起双手，在这亭中踱着步，环视起周围景致来。良久，方气定神闲地移步至石桌前，亦不落座，随即伫立握笔，旋疾书起来。须臾，一篇详实而文雅的《翠阴亭记》遂成焉：

违历城西北十数里，有山曰标，若二而一，皆乱石丛矗，危立道左。其背有水西流，民桥于上；踰桥而东不里许，余别墅在焉。

由城中来者，面华、鹊两峰，而与东南诸山相背；由村而城者，面东南诸山，华、鹊两峰若相踵。大抵左右前后，或断或续，无适而不山伍。余爱其胜，遂临墅起亭，曰翠阴。以余退闲，五官守言责，故又名绰然。前引流为池，中植石一株，曰玉云峰；环以荷芰，岸树倒影，池水益绿。当其雨之霁之夕也，云与山若相娱嬉，往来出没锦翠间，愈变而奇。客至，即盘果于林，筌鱼于渊，或饮或馔，或游历咏歌，以穷厥胜。人既欢洽，物亦随适。家有苍白二鹤，山椒水涯，必与俱往；其他鸥鹭鳞甲之属，亦莫不雍容闲雅，飞咏自如。吾墅之趣，大较若此。

呜呼！人之处世，其去就无越山林、朝市二途。出乎彼，入乎此。其出也，非苟利己；其处也，非苟洁身。要之，各适于义而无歉。况余自筮仕来，凡为年三十有余矣，譬之久笼之禽，困驾之马，一旦翔云霄而纵郊牧，则其快心适意为何如尔！或者乃谓余年未老而闲，为太早计。呜呼！知止知足，栖迟物外者，古之人皆然，尚何年齿衰壮志计哉！因记是亭及之，庶俾过吾墅者，知余之所以云。

欲知后事如何，且看下回分解。

第十九回
廉使不赴廉使访　云庄自适云庄吟

诗曰：

乐适此间豪气消，屡召拒聘竹风浩。
忘机鸥约知心近，掣肘宦游止足遥。
见过从兹君赴日，笑谈携鹤野临朝。
云庄乐府撷云水，千朵奇葩炫九霄。

却说那历城北郊的云庄别业，张公子张引在家父张养浩的授意下，着家人不断扩建，已初具规模。对儿子的这片孝心，张养浩非常欣慰。宦海浮沉三十春秋，归来能有这样一处可供修身养性的佳所，夫复何求？如今的他，每日晨起，最喜散步至那香雪林旁的翠阴亭中，端坐一会儿，顿觉神清气爽，惬意无比。在此赏池光树晖，思红尘往事，自觉此间乐趣世间稀，兴之所至，又不免漫成曲诗以自娱，其诗《翠阴亭落成自和》云：

豪气消磨壮气降，更无忧思到家邦。
地形蛇转林边路，舍影鱼惊水底宜。
工部扶衰归杜曲，贾生摅愤吊湘江。

怀贤政尔心无那，何处飞来白鸟双。

酒令诗筹众所降，虚名谁说可要邦？
一行鹭起沧浪水，半世绳钻故纸窗。
谈麈坐招樵对榻，茶瓯笑与客分江。
红尘千丈人间世，此乐人间倍无双。

不觉一年又逾，去年秋，门生谕仁本请归奉亲后，张养浩身边便鲜复有陪伴。张起岩因守丁母忧，亦不便常来谒见。故这位自号云庄老人的高贤，每常以史书自娱，所吟诗作曲亦便增多，诗作动辄自和十首，题材多吟云庄风景，借以遣怀铭志，倒亦自在逍遥。

单说这日，张养浩的同窗好友段旭造访，这使云庄老人十分高兴，遂同至那云锦池畔香雪林荫下弈棋闲话。

手谈间，段熙先调侃老友道："希孟举棋间，愚兄觉有气定神闲之元宰气度，士别三日果当刮目相视矣，夫安居这云水间得正气浩浩乎！"

张养浩闻听，呵呵大笑，回应道："心静壶天阔，道行棋局宽。窃以为如此，熙先仁兄可认同否？"

"妙哉！悟道无所不在焉，希孟贤弟俨成世外高士耳！"段旭言至此，推盘复道，"如是，愚兄甘拜下风。希孟，闻汝近来赋得散曲颇丰，今何妨以此手谈为题，复添一雅风耳！"

张养浩颔首微笑，捻须沉思，良久，遂乃吟成，即口占一阕《折桂令·棋》：

烂樵柯石室忘归。足智神算，妙理仙机。
险似隋唐，胜如楚汉，败若梁齐。
消日月闲中是非，傲乾坤忙里轻肥。

不曳旌旗，寸纸关河，万里安危。

“妙！只是，希孟啊，果然能弃功名于此老余生乎？”

张养浩闻问，起身面对祖父植下的那片香雪林，张口吟唱道：

说著功名事，满怀都是愁。
何似青山归去休。
休，从今身自由。
谁能够，一蓑烟雨秋。

却是前番填的一首名曰“东隐”的《金字经》曲词。

“妙哉！此间乐，何思燕！”叚旭拊掌称赞。

正在这时，远远看见张引疾步走来。俟趋近，垂手向张养浩禀报道：“父亲，现庄中来了两位御使，言称奉诏而来。”

当下见张养浩收敛笑容，眉峰微蹙起，叚旭便道：“可又是下诏书请希孟贤弟晋京高就乎？”张养浩微微一笑，颔首回应道：“熙先兄所言应是。走，且去看看！”

俟张养浩整衣冠，去中堂接了诏书，方知果然又是朝廷召自己晋京。此次乃委其以浙东肃政廉访使。入元，全国共设二十二道肃政廉访司，隶属御史台，每道设廉访使、副使各二员，佥事四员，主掌对辖下各级官员监察，兼监劝农，属所谓实权派。只是此际张养浩归隐之心坚定，自不为所动。当下照旧，以年衰多疾为由坚辞之。那御使只得悻悻返京复命去。

叚旭稍后得知自己这位希孟贤弟又如前三回般辞聘不赴，遂笑着拊掌称道：“四聘不就，堪称士林佳话耳！”张养浩苦笑以答：“岂恋虚名，但唯适意耳，罢了！”

当下，这二人复把酒欢叙。席间，张养浩击箸而歌助兴：

自隐居，谢尘俗。

云共烟，也欢虞。

万山青绕一茅庐，恰便似画图中间裹着老夫。

对着这无限景，怎下的又做官去！

却说这日，忽由济南城中开出一队车马，队前牙旗招展，甚为招摇。来到五柳云庄前，便见一侍卫下马登阶至门首，冲站立的家丁言道：“相烦禀报给你家老爷大人，就说今有肃政廉使许大人过府造访！”门口站立的一家人闻听，随即折身如飞进内宅去禀告。不大一会儿工夫，便见张引随那家人迎出大门来。这时，那位许廉使也已下马，正稳步上阶来。当下张公子忙揖礼迎道：“家父闻听廉使大人驾临，正在更衣，特命后学晚辈先出恭迎，请大人先至堂上用茶！”遂延请贵宾入内。

再说张养浩整装束带立在上房阶下相迎，见许廉使走来，忙趋前拱手见礼。缘何如此恭迎呢？原来这二人早在京都时便相识，这位许廉使名师敬，字敬臣，乃鼎鼎大儒许衡之子。许衡，字仲平，对儒学特别是程朱理学深研而成大师，在当时儒士中声望极高。元世祖忽必烈非常重视许衡提出的一系列治邦良策，如注重农桑、遵行汉法等。许衡被元世祖任为国子监酒后，以“乐育英才，面教胄子”为宗旨，培养了一大批蒙、汉优秀儒生，如张养浩老师姚燧便是其中佼佼者。因此，张养浩又如何不尊敬许大师的这位四公子，即山东肃政廉访使许敬臣。

且说这位许廉使虽比张养浩年长十余岁，但对如今致仕居里自号“齐东野人”的张布衣，却亦同样尊敬有加，故此特亲自登门造访。

当下张养浩令家人置办酒馔，盛情款待许敬臣。交谈中，许敬臣表露了替对方坚辞御召授以浙东肃政廉访使而惋惜之意。张养浩微笑回应：“愚弟年衰有疾，恐误辜负厚望，故屡辞，无他。”许敬臣闻听，哈哈笑道：“希孟贤弟，焉忘愚兄却比汝尚多虚齿几岁，且我知汝之才

学博高，故愚兄尚能愧任廉使一职，况汝乎！”张养浩却直道“惭愧”，微笑不复多语以辩。

看在眼里的许敬臣遂亦不好在此话题上多言。一时二人又谈论起经学，倒是颇谈得投机。张养浩对已过世的“文正公”（许衡谥号）生前以七旬高龄辛苦擘画制订的《授时历》钦佩不已，对其精研程朱理学而提出的“治生论”尤为尊崇。而许师敬对张养浩所著的“三事忠告”等论仕文章亦很欣赏，他同样一向主张以德为本为国选才，对张养浩主持的延祐科考更是由衷赞赏。最后，许廉使不无遗憾地言道：“希孟贤弟啊，愚兄亦已接诏书，过几日即将入朝任中书左丞一职。自此惜哉无缘再如今日这般谈论雅兴，今权当作别，未知后会复何日矣！”张养浩闻听，心下不免有些戚戚然。

当下张、许二人携手步出云庄来，登翠阴亭，临云锦池。临了，张养浩赠诗《郊居许敬臣廉使见过》与这位相谈甚投缘的许廉使，款款深情溢于诗表：

野处欲忘世，况乃平昔友。寥寥数亩园，甘此养衰朽。
兹晨君见过，童稚骇而走。牙纛明郊原，骑从隘岩薮。
辉光生泉石，意气排户牖。握手论夙心，相看各白首。
亹亹及经术，眷眷接杯酒。嘉我高尚怀，一卧五年久。
自言微亲老，亦欲谢纷纠。从仕非不佳，其奈多掣肘。
所以明哲人，往往去之陡。此言公近谀，彼节余何有。
本期野老俱，孰敢达者偶。渺渺俱黯然，人影乱田亩。

且说是年秋，朝廷第五次遣使持诏书临济南，以翰林学士召张养浩入京。这云庄老人再次坚辞不赴。

据史载，“泰定之世，灾异数见”，天灾不断往往便会滋生人祸，各地民变此起彼伏，而泰定皇帝对应的办法便是派兵严厉镇压。赈灾加之出兵，皆需大量钱物，面对武宗、仁宗二朝遗留下的不尽如人意的财政状况，泰定皇帝采纳了众臣奏请的两项对策。其一是“盐课增价”，即抬高盐税；其二是施行“富民入粟拜官”制度，实际上就是卖官鬻爵，规定：“二千万石从七品，千石正八品，五百石从八品，三百石正九品，不愿仕者旌其门。”虽然出售的皆是低品官职，但一经颁布，顿时出现趋之若鹜局面，府库很快便充盈起来。

再表那位泰定皇帝十分崇信佛教，自登大宝后，更是大兴佛事，修建寺院无数，史载“建西山寺，损军害民，费以亿万计”，“刺绣经幡，驰驿江浙，逼迫郡县，杂役男女，动经年岁，穷奢致怨”，乃至为做佛事，“一事所需，金银钞币不可数计，岁用钞数千万锭，数倍于至元间矣”。泰定帝还对那些海外宝石特别青睐，于是他身边那些宰辅们，如倒刺沙、乌伯都刺等便投其所好，大力逢迎，“中书乃复奏给累朝未酬宝价四十余万锭，复令给以市舶番货，计令天下所征包银差发，岁入止十一万锭，已是四年征入之数，比以经费弗足，急于科征”。这巨大的国用开支，到头来自然还是要摊派到百姓头上，如是结果，自然是民怨遍地。

对于以上朝中诸事，张养浩虽远离京师，归隐乡里，但与京中一班好友书函往来，自然便皆予洞悉，故对如此一班君臣所为，又岂会奉召入朝共事。尤其那位三朝元老张珪告病归里，张养浩得悉其背后真实缘由后，更是唏嘘不已，对泰定皇帝及旭万杰、倒刺沙等一班当国者失望至极焉。原来，泰定皇帝登基以来，以稳定为要，施行所谓“宽仁慎刑”的怀柔之政，但宽得有些重罪亦得不到应有惩治的地步，竟致国家法度形同虚设，诸如“蒙古千户使京师，宿邸中，适民间砂甲妻女车过邸门，千户悦之，并从者以入”这样强抢民女的重罪，面对事主“泣诉于中书”的情况，自为中书右丞的旭万杰却予以包庇造孽同族而不过问；甚至那杀人越货的重案犯，“时宿卫士自北方来者，复遣归，乃百十为群，剽劫杀人桓州道中”，旭万杰亦“奏释之”。

以上等等大罪皆轻而漫之，此与维持稳定简直是背道而驰，适得其反，所谓姑息养奸必酿大患。基于此种忧患考虑，中书省平章政事张珪乃上奏近五千言疏，历陈“弑逆未讨、奸恶未除、忠愤未雪、冤枉未理、赏罚不公、政令不信、赋役不均、财用不节、刑政失度、民怨神怒”诸种弊政，但泰定皇帝却皆未予采纳。固执而忠心的三朝元老张珪遂再奏陈：“臣闻日食修德，月食修刑，应天以实不以文，动民以行不以言，刑政失平，故天象应之。惟陛下矜察，允臣等议，乞悉行之。”其直言种种政策弊端，导致民怨天怒，伤了天地和气，故必须诸项改之方保国泰民安，其言铮铮，其心切切，但“帝终不能从”。屡次上疏进谏不纳，郁郁的老臣遂于泰定二年（1325）夏，以身有疾乞归。泰定皇帝立马便准了，身边去了谏言聒噪，自然清心了许多。哀哉！

且说远在山东济南乡居的张养浩，由那居京任监察御史的门生许有壬书函告知此事详实，当即拍案长叹息道：“如是，何置泰定！”

中秋节后，张养浩接阅京友、经历莫峻德致函。书中对张养浩屡辞召聘不赴深表敬意，亦透露了自己对朝政诸弊端之不满和亦欲归隐之念。

端坐翠阴亭中，手持好友来函，张养浩感喟良多。近来他翻阅较多的是前代大诗人白乐天的诗作。会昌中，这位大诗人以刑部尚书致仕，却与那香山寺僧结缘交善，每每乘坐肩舆往之诗酒欢叙，自号香山居士，又号醉吟先生。这恰与张养浩隐居生活契合，故倍觉亲切。

当下感念古今，张养浩遂命书童周末置文宝来，欲给莫经历复函。一时书毕，另附诗一首《翠阴亭独坐寄莫峻德经历》，以表心迹：

抗俗支尘力不任，故园归卧遂初心。
近山障雾还疑远，浅水涵天却讶深。
幸有鸥盟君与我，无情鹤发古犹今。
年来酷爱香山老，都把悠悠付醉吟。

搁笔，起身，举目望去，天高云淡，耳畔听金风穿林簌簌有声。这使张养浩思绪联翩，至那大都西郊之西山中。那时到长春宫问道，入香山寺礼佛，整日累于朝政的心遂得以小憩。唉，此际金秋时节，香山枫叶红透山坡了吧？京师中的诗朋文友趁暇亦会如往常般结伴登临观赏以抒雅兴吧？尚记得那年重九佳节，与曹元用诸友游香山时吟得《游香山》诗一首：

常恐尘纷汩寸心，好山时复一登临。
长风将月出沧海，老柏与云藏太阴。
宝刹千间穷土木，残碑一片失辽金。
丹崖不用题名姓，俯视人间又古今。

“嗯，常恐尘纷汩寸心，好山时复一登临。”张养浩喃喃低吟着这昔年所赋诗句，嘴角浮出一丝意味复杂的微笑，如今果真正得适此心矣。一时逸兴发而为曲词，朗诵起来：

喜山林眼界高，嫌市井人烟闹。
过中年便退官，再不想长安道。
绰然一亭尘世表，不许俗人到。
四面桑麻深，一带云山妙。
这一塔儿快活直到老。

调寄的是《双调·雁儿落兼清江引》。

张养浩突然又动了登高雅兴，正沉吟间，突见周末引一人走近来。定睛细看，顿时喜上眉梢。原来这来宾正是自己的门生张起岩。当下见礼寒暄。张养浩闻对方特来探望自己，别无他事时，遂言道：“梦臣来得正好，我正意欲去登临那华不注峰，汝且随我去吧！”随即吩咐周末

去与家人张侗备些酒肴，用食盒提上同往。

当下张起岩又向老师邀请道："愚生正想请先生去游大明湖一番，如今那汇波楼新修葺竣工，真可一睹焉！"即行，恰有济南路总管府达鲁花赤遣人来下请柬，居然亦是来邀请张养浩往游大明湖登览汇波楼，其意在诚请云庄老人亲赴为重修的汇波楼作铭记罢了。当下，张养浩遂让来使回禀那都达鲁花赤，只道明日即赴约。

待打发了都侯遣使，张养浩遂携门生张起岩并家人离了云庄，径奔那华不注山而去。

单表这济南城郊东北有一座平地突兀而起的山峰，取名华不注，又名华山，《诗经·小雅·棠棣》有诗云："棠棣之华，鄂不桦桦""鄂不"即"萼跗"，花蒂也。华不注，意为山如花跗注于水中矣，闻名可知山之景色奇美耳。北魏郦道元《水经注》中如斯描绘华山："单椒秀泽，不连丘陵以自高；虎牙桀立，孤峰特拔以刺天，青崖翠发，望同点黛。"华不注山四周沼泽一片，芦苇荷芰丛生，遂成为"莲子湖"，又名"鹊山湖"。唐代大诗人李太白于《古风五十首》之二十即吟赞道：

昔我游齐都，登华不注峰。兹山何峻秀，绿翠如芙蓉。
萧飒古仙人，了知是赤松。借予一白鹿，自挟两青龙。
含笑凌倒景，欣然愿相从。

曾知齐州（济南）的宋代著名文学大师曾巩，亦尝有《华不注》诗传于世：

虎牙千仞立巉巉，峻拔遥临济水南。
翠岭嫩岚晴可辍，金舆陈迹久谁探。
高标特起青云近，壮士三周战气酣。
丑父遗忠无处问，空余一掬野泉甘。

且说张养浩一行至华不注山麓，先入那华阳宫中小憩一会儿，尔后即沿鸟道登攀及巅。是时纵目俯视，只见白云举手可及，层林尽染，沐风而立，踏峰胸襟为之开阔。远眺泰岱遥黛，黄河横带，端的气象万千，令登临者赏心悦目，直欲欢呼。“美哉！观其壮美，不禁让人念及刘梦得之《望洞庭》诗境也！”张养浩如是赞叹。一旁的张起岩随即脱口吟诵起来：

湖光秋月两相和，潭面无风镜未磨。
遥望洞庭山水翠，白银盘里一青螺。

当下张养浩即令书童周末、家人张侗二人将带来的酒肴就山顶一方青石上摆置开，随即席地而坐，边赏景边把盏饮酒。

酒至半酣，诗兴勃焉。张养浩遂命张起岩执笔录下自己即席所吟《游华不注》诗一首：

苍烟万顷插孤岑，未许君山冠古今。
翠刃剸云天倚剑，白头归第日挥金。
攀援直欲穷危顶，歌舞休教阻盛心。
星月满湖归路晚，不妨吟棹碎清阴。

随后下得山来，即于山麓租舟一条，沿湖河去往城中。箕坐船头，张养浩禁不住吟诵起李太白《陪从祖济南太守泛鹊山湖三首》诗来：

初谓鹊山近，宁知湖水遥。此行殊访戴，自可缓归桡。
湖阔数千里，湖光摇碧山。湖西正有月，独送李膺还。
水入北湖去，舟从南浦回。遥看鹊山转，却似送人来。

是夜，张养浩宿于城中张起岩府中。

翌日晨起，用罢早膳，张起岩遂陪同老师张养浩出府来，先往那历下亭一览。这历下亭原位于五龙潭附近，因南临历山，故名历下亭。唐天宝四年（745），大诗人杜甫赴临邑看望其弟杜颖，经济南时，恰忘年交、时任北海太守李邕亦至济南，在历下亭宴宾，杜甫受邀作陪，即席赋《陪李北海宴历下亭》诗一首：

> 东藩驻皂盖，北渚凌清河。海右此亭古，济南名士多。
> 云山已发兴，玉佩仍当歌。修竹不受暑，交流空涌波。
> 蕴真惬所遇，落日将如何。贵贱俱物役，从今难重过。

盖因当时以西为右，以东为左，而济南居大海之西，故云海右。此地出过鲍叔牙、邹衍、伏生、房玄龄、李格非等历史名士，受邀宴饮者亦多为济南雅士，故杜诗有“海右此亭古，济南名士多”之吟赞。

曾巩为齐州知州时，那历下亭已废圮，故又在大明湖南岸府衙后重建。今张养浩登临的即是斯亭。伫立亭中，张养浩忆起那年与段旭尝莅临游览，而今一晃业已三十余载过去，自蔓生感慨，随即口占成诗一首，名曰《登历下亭》：

> 童年尝记此游遨，邂逅重来感二毛。
> 翠绕轩窗山陆续，玉萦城郭水周遭。
> 风烟谁道江南好，人物都传海右高。
> 怪底登临诗兴浅，鹊华曾见谪仙豪！

俟由历下亭转至汇波楼，却见那都达鲁花赤率诸僚属已在此恭候着了。彼此见礼寒暄，相礼让着登临观瞻这修整一新的汇波楼，果然雕梁画栋，比那旧貌大是不同。当下摆宴楼上，一班官员陪张养浩把盏欢叙。待酒过三巡，都达鲁花赤遂请云庄老人赐墨，为斯楼作篇铭文。

只见张养浩端着酒杯，倚栏凝思。良久，折身踱至一旁备好笔墨纸砚的书案前，先将端着的那酒一饮而尽，尔后换笔在手，目光定格到那精致的宣纸上，略作沉吟，旋即挥毫题起。众人探身来围观，见张养浩先书就的乃是一首七律《登汇波楼》：

何处登临思不穷？城楼高倚半天风。
鸟飞云锦千层外，人在丹青万幅中。
景物相夸春亘野，古今皆梦水连空。
浓妆淡抹坡仙句，独许西湖恐未公。

“好！妙哉！”那都达鲁花赤阅毕，首先禁不住拊掌称赞道。

欲知后事如何，且看下回分解。

第二十回
汇波楼中发灏论　趵突泉畔听隐雷

诗曰：

历下湖泉天下奇，登临揽胜撷文诗。
众流汇合大明瑟，沧海通鸣趵突鼙。
是也古今存可矣，物之荣悴久能兮。
舜尧不朽何然故？兴替惟贤万世知！

话说泰定年间，济南大明湖北岸水门之上的汇波楼，因风雨侵蚀，挈挈于坏。都达鲁花赤献出自己的俸禄，雇工修葺。历时两月竣工，遂邀张养浩游览新貌，特设宴于楼中，并诚请为之铭文以记。

却说这汇波楼，近四十年前，有山东东路转运使尝斥资增修过，当时曾任国子司业的张临，为之作过一篇记文。说起这位张先生，张养浩的门生张起岩却并不陌生。盖昔年典试山东济南科举考试，张临亲取张起岩等名士。时著名诗人杨惟桢与张临友善，在所著《鲍孝子传》中记载："至元间由丘园官至祭酒，布衣时读书长白山中，因以自号，乡人至今呼为长白先生。"

且表酒至酣处，张养浩凭栏环视遥峙之华、鹊诸峰，喟叹发论："众山亘古至今阅变故多矣，物是人非，孰能如其长久目睹而莫言。凡登斯楼者，往往燕乐甫洽，而荣辱忧乐万般感慨皆涌上心头，盖登眺而生抚古念今之叹。当思古今圣贤者，惟能无愧于这天地万物，堪足与这山并不朽，而贤名传之万世矣！”

在座的那都达鲁花赤听了张养浩这番慨论，深以为然，遂举杯诚请道：“顺庵公所言极富哲理，足使人振聋发聩，故尚请公铭之文，以振耸吾士民之善心哉！”

张养浩遂凝思良久，随后挥毫书就《重修汇波楼记》，即席见酬，全文录下：

吾乡山之胜明天下，代之谈佳丽者，多以江左为称首，畴尝游焉。南方之山，大概肖其风土，沈雄浑厚者少，秾鲜清婉靓庄雅服之比，道路相望。惟吾乡则兼而有之。

其曰历山者，迤岚突翠，虎逐龙从，南楗岱宗，东属于海；华鹊两峰，屹然剑列，峭拔无所附丽，众山皆若相率拱秀而君之。大明湖则汇碧城郭间，涵光倒影，物无遁形。自远而视，则阏、华又若据上游而都其胜者。至于四时之变，与夫阴霁早暮，水行陆走，随遇出奇。凡可以排嚣宣郁，使人脱凡近心高明，可喜、可愕、可诗、可觞、可图者，靡一不具。

其基城北水门翘然而屋者，为汇波楼。盖济南形胜，惟登斯楼可得其全焉。繇吾乡多名泉，众流至此而合，故以名之。往年官转运者，尝一增葺，今国子司业张先生临为记其成，距兹殆三纪周矣。泰定改元，秋雨甚，城少圮，楼亦挈挈入于坏。舟者仰视索颈，连舞棹过之，怖其见压，于是，司宪诸公以语监郡都侯，侯曰：“是不难。”遂割己禄，鸠工式新厥构，不华侈尚，惟固是图，未浃月溃成，民弗知劳，倏还旧观。

一日，邀余落之。酒半，余指众山谓客曰：“有天地则有是山，其阅变故多矣。盖代有兴替，山则亘今古而自如。惟人

也有生有卒，虽曰最灵且贵，要之反有不逮物之荣悴循环者，况能山之久乎?”故凡登眺者，无论先后彼此，往往燕乐甫洽，而感慨踵至。此无他，盖有见乎是也。虽然，人而苟欲与山并存，抑亦有不难者。前辈谓死而不朽，是谓之寿。臣焉，以皋、夔、稷、契为心；子焉，以舜之事亲为法；儒焉，以颜、孟、伊、洛诸公自期；若然，则其形虽不寿于山，而令闻长世，亦足与山无穷矣，又何感慨之有哉!

于是都侯矍然，洒然喜，引杯相属曰：“公之此言，非直咏景述事，又足廉顽立懦，振耸人之善心，殆不可使无传焉。”遂书以贻之。都侯国人，名某，莅官廉慎，由世为都达鲁花赤济南，故以官氏云。

且说张养浩以参议中书省事职致仕归里，自以其贤名，为云庄所在济南路总管府诸官员所敬，如前肃政廉访使许师敬、今都达鲁花赤等皆然。前回书可知许廉使为名儒之后，讲求以德为仕，今都侯能“割己禄”修葺汇波楼，可知皆有德官者，故张养浩能与之交，亦非偶然，盖古云：“物以类聚，人以群分”，又圣人曰“德不孤，必有邻”，所使然矣。

却说此番难得进趟这济南城，俟汇波楼会宴罢，张养浩意犹未尽，与都达鲁花赤一班僚友揖别后，又在张起岩几人陪同下，前往那趵突泉观瞻。

途经“天心水面亭”时，张养浩叫停车。原来此处乃其故友、曾任国史院编修的李泂侨居济南时所建。李泂，字溉之，滕州人氏。至大四年（1313），张养浩任太子太学，同恩师牧庵公姚燧同为时为皇太子的仁宗皇帝的文学侍臣。时“姚燧以文章负大名，一见其（李泂）文，深叹异之，为荐于朝，授翰林院国史编修官”。张养浩与李泂在恩师府上相识，因为同为济南人，所谓同乡，故相交情洽。李泂被举荐为国史院编修不久，便致仕南归了。当时张养浩曾书《送李溉之序》相送好友，兹录下：

曩余谢太子太学，数往来今翰长牧庵姚公门。时李君溉之以牧庵学。白皙，眉目秀，[illegible]鬒且美，类神仙中人。后又得所述，飘逸有新意。问其里，则济南，父字和甫，仕江南久。余以同乡闾，喜甚。

寻用公荐，授翰林国史院编修官，士夫皆贺得人，而余不见其以是喜者。叩焉，则曰："洞亲老，学且未竟，将藉此以奉欢，归以求吾所未至，敢以小有进画其大耶！"余闻瞿然曰："子乃志是哉！今人甫执卷，已心轩冕，获寸级，辄泥土所业，弃不反顾比比是，子乃志是哉！夫编修官品虽居八，国史之事实预焉。选部执资考法，比较甚严。君素无所阶，一举而班诸太史氏，在他人得之，其自荣幸为何如？而子顾以为不足，欲归以安亲而肆力于学，则其志岂浅浅为丈夫者比哉！虽然，夫圣人之道，闳远高妙，愈求而愈无穷，非心专志确，未易致之。尝闻诸师，为学当若济河而战，必戕舟发梁，焚次夷灶，示士卒必死无还心，如此始可以有得。外陈编简而内思鸿鹄，虽于焉白首，奚益哉！溉之归，其以是勉焉，则于亲、于师、于知己。庶有以慰其心，且不孤其所望矣！

余与君同里，在京师比居，又相好。观其言，则他日所至，殆未可量。于其行，故敢以此勉之。

当下伫立天心亭中，张养浩遂给张起岩讲起与李溉之在京交往情形。张起岩闻听李编修以"奉亲致学"为要而辞官事迹，亦不由得称赞。其实心下亦联想到这与眼前这位顺庵先生当初"以父疾，归里乞养"而致仕相类同矣。一时见张养浩沉吟，即诵诗两首：

久别天心水面亭，风生吟袖喜重登。
谪仙将月游何处？揖遍云山问不应。

放眼乾坤独倚栏，古今如梦水云闲。
南山也解留连客，直送览光到座间。

吟罢，张养浩拱手冲着老友留下的亭子作揖再三，尔后默默登车。

再说位于济南城西关与南关交界处的巷陌中，有一著名泉池，这便是与那历山、大明湖组成“济南三大名胜”的趵突泉。这趵突泉乃古泺水之源，古时称“泺”，《春秋》载云“鲁桓公会齐侯于泺”，即指此。北魏郦道元《水经注》载：“泺水出历城县故城西南，泉源上奋，水涌若轮，觱涌三窟，突出雪涛数尺，声如隐雷。”宋熙宁年间（1068—1077），大文豪曾巩知齐州时，作《齐州二堂记》，乃记在这泉畔娥英祠旧址建泺源堂和历山堂二座供来齐官吏暂住。文中正式赋予这泺水以“趵突泉”名称。该泉又名“三股水”，盖水分三股，昼夜喷涌，所谓“趵突”，意指其跳跃奔突之三窟迸发状。

曾巩尝赋诗《趵突泉》吟赞之：

一派遥从玉水分，晴川都洒历山尘。
滋荣冬茹温尝早，润泽春茶味更真。
已觉路傍行似鉴，最怜杀际涌如轮。
层楼齐鲁封疆会，况托娥英诧世人。

且说张养浩一行驱车来至这趵突泉所在巷子口。下车来，张养浩与张起岩徒步走近来观，留下周末、张侗并车夫等候在巷子外。

二张未及近前，便远远闻见那泉水喷涌发出“咕嘟咕嘟”之声响。走近了，见泉池围栏旁，站了不少游客，皆在俯视谈论着。于是，张养浩、张起岩二人亦饶有兴致地倚栏放眼那泉池中，见今儿那三股泉眼水冒得比往日更欢，盖今秋雨水旺，遂使得那地下泉水增多之故。观那泉水清澈透明，里面水草飘动、红墨鲤鱼游弋，果然一幅天然趣图般，惹人心醉神往。那三股泉水，如被神物簇拥着一般，由地底翻上水面来，竟有二三尺之高，伴以隐雷轰然作响，复翻卷为如雪般波涛，向四周荡开，那状态甚为奇特，为他处所鲜见。

一时倚栏观赏着这“趵突腾空”的景况，张养浩不由得联想及老家章丘明水镇上那百脉泉来。曾巩在《齐州二堂记》中，便有“历下诸泉，皆岱阴潜流所发，西则趵突为魁，东则百脉为冠”的赞誉。金代《名泉碑》所列济南七十二泉中，百脉泉与趵突泉亦齐名并列。

当下，张养浩便与张起岩就百脉泉与趵突泉之异同闲聊一番，引得身旁那几位游客亦凑耳来听。其中两位是江西上饶人，闻所此言，便插言问起百脉泉所在去处。张起岩遂微笑以告。那二位道了谢，即欲赶往章丘一睹那堪与这趵突泉相媲美的百脉泉神貌。望着那二人离去的背影，张养浩冲张起岩诙谐言道：“吾等竟做了咱老家那风水宝地的宣传使一般，倒亦荣焉幸甚！”张养浩说罢，目光又转投向那三股喷涌不歇的泉眼，感叹一句：“虽言这泉与那东海暗通，只是如此冬夏不歇息地欢腾，可就不怕会枯竭乎！”言罢若有所思，沉吟片刻，遂徐徐口占五律一首：

物平莫若水，湮阻乃有声。云胡在坦夷，起立若纷争。
无乃沧海穴，泄漏元气精。不然定鬼物，抟激风涛惊。

一时便又移步至那泉畔北侧之泺源堂，举目便见到堂厅两厢楹柱上悬挂的那副楹联，正是由至元二十九年（1292）出任同知济南路总管府赵孟頫所撰的“云雾润蒸华不注，波涛声震大明湖”佳对。张养浩对这位原宋朝宗室、曾为家乡父母官的赵前贤一向仰慕有加。其在任三年间，写下了大量吟赞济诸名胜的佳章，“济南胜概天下少，试倚阑干眼自明”，如斯赞美，自然爱其诚必亦爱其子民也。其任内做了不少为济南百姓谋福祉的善事，如兴学助士子等，政绩可谓卓然。元贞元年（1295），由济南路总管府知府任上，被召回京，参与修《世祖实录》。后因不满朝廷内争乱象，称疾乞归，在家乡吴兴闲居四载。大德三年（1299），被起用任集贤直学士行江浙等处儒学提举。至大三年（1312），崇尚儒学的皇太子爱育黎拔力八达拜赵孟頫为翰林侍读学士，知制诰同修国史。仁宗登基后，又擢升其为集贤侍讲学士、中奉大夫。延祐三年（1316），又晋升为翰林学士承旨、荣禄大夫，官居从一品。赵孟頫博学广才，能诗文、精绘艺、擅金石、通律吕，特别是书法与绘艺成就最高，其书法被称为“赵体”，与颜真卿、柳公权、欧阳询并称楷书“四大家”。延祐六年（1319），赵孟頫得准复还乡。至治二年（1322）过世，追封魏国公，谥号“文敏”。

目视着赵氏所撰的这副楹联，张养浩随口问张起岩：“梦臣，可能记诵松雪先生（赵孟頫号松雪）那首吟趵突泉的诗来？”张起岩闻问，垂首略思索，随后回应道：“不才倒还记得，现诵于先生听！”遂吟诵起赵孟頫所作《趵突泉》诗来：

泺水发源天下无，平地涌出白玉壶。
谷虚久恐元气泄，岁早不愁东海枯。
云雾润蒸华不注，波涛声震大明湖。
时来泉上濯尘土，冰雪满怀情性孤。

张养浩听罢，颔首未语，尔后踏入这泺源堂中。见里面有香茗待客，另有一长条几案上，竟摆放着文房四宝，原来是专为前来观赏这趵突泉奇观的那些文人骚客吟题而备下的。当下，张养浩见了，逸兴勃发，遂走至近前，提起一支笔来，蘸了蘸旁边已研好的墨，尔后略作沉吟，即用行楷题下《趵突泉》诗一首：

绕栏惊视重徘徊，流水缘何自作堆。
三尺不消平地雪，四时常吼半空雷。
深通沧海愁波尽，怒撼秋风恐岸摧。
每过尘怀为潇洒，斜阳欲没未能回。

最后落款：张云庄作。

却说观瞻过趵突泉，复乘车返回张起岩府中。张起岩令家人设酒馔款待老师。席毕啜茶叙话时，张起岩告知，目前那邹平伏生新祠落成，贵邑侯请自己撰写伏生祠碑铭，方拟稿成，说着取出请张养浩雅正。

张养浩饶有兴致地审阅起来，碑文云：

汉济南伏生祠堂碑

暴秦焚灭经籍，欲愚黔首。黔首固未可愚，秖自愚，以速灭亡。而经籍之在人心者，如日月之揭乎天，固亦不可得而灭也。

噫！秦灭已冷，汉策聿新。孰谓祸难散亡之余，而有伏生岿然久存，独能寿遗经于胸臆，以传来学，而新生民耳目哉！是盖天相斯人，畀之以九十之年，而其所以托之者在也。

济南邹平县东北十余里，号伏生乡，伏生之墓在焉。即墓所有祠，岁久弊漏。县尹大宁曹明叔，视事之岁，躬拜祠下，顾瞻徘徊，眷先贤之所藏，仰遗像之有托，慨然兴怀，营修完善，轮奂一新。率邑人士与凡在官者，具牲醴以祀。复专其子宪来请，曰：“愿有述！”

起岩缅惟先生之有功于斯文，天下所共知，后世论次其功，赠乘氏伯，号曰“大儒”，从享孔庙，天下通祀。唯邹平以其乡，获私展其敬。既别祠县学，又即墓建祠，其趋向可知也。今曹尹复能崇墓葺祠，俾邑人盖知有以景行前哲而进于学，于以化民成俗，是真能举其职矣！

起岩，济产也，闻其请，故不能辞，既书其事，因附所见，俾来者有考，仍系以铭。

按汉《儒林传》：伏生名胜，为秦博士，壁藏书以避禁。兵后亡数十篇，独以二十九篇，教于齐鲁。文帝欲召，时已年九十余，老不能行，召掌故晁错往受之。召宏云：“伏生老不能正言，言不可晓，使其女传言教错。”孔安国书序但云：“失其本经，口以传授。”《艺文志·尚书》二十九卷，乃其所授者，汉儒谓之“今文”。隋《经籍志》乃云：“伏生口传二十八篇，作书传四十一篇，以授同郡张生，张授千乘欧阳生，生授儿宽，宽授欧阳之子，世传至曾孙高，谓之欧阳学。又张生传夏侯都尉，有大小夏侯学。宋叶梦得以书，出伏生者二十三篇，传欧阳歙。《崇文总目·尚书大传》三卷，为优生传。晁氏以为终胜之。后欧阳生、张生各颂所闻，特传大义。各之曰，传其说，互有不同。要之，今文《尚书》出于伏生者则一也。先生为秦博士，秦坑儒，无所施其学。其学至汉始传，然则先生之学，既施于汉，而名显于后世，故余不系之秦而系于汉，题曰：汉济南伏生祠碑云。铭曰：

于惟先生，始焉其屯，终焉则亨。

独抱遗经，以淑后人，以尉幽贞。

行法俟命，天赐耄年，庸待治平。

竟以所授，列于学官，其道大明。

书以人传，人以书显，垂万世名。

稽古之力，斯文与俱，兹不曰荣。

从祀孔庙，遍于寰区，罔不敬承。
矧兹梁邹，乡墓攸在，砺世作程。
沉沉玄扃，体魄所安，祠以妥灵。
茂宰尚贤，有坏必葺，欤观其成。
于乡于学，祀享相望，阅千古龄。
穹碑有铭，被之以歌，用侑尔牲。

一时阅毕，张养浩颔首表赞许，言道：“伏生者，功于儒学传播大焉。我向记阅《汉书·晁错传》云：‘教时，天下亡治《尚书》者。独闻齐有伏生，故秦博士，治《尚书》。年九十余，老不可征，乃诏太常使人受之。太常遣错受《尚书》伏生所。还，因上书称说，迁为博士。’如今梦臣为之铭，亦可圈可点，当树一功！”复言道：“传伏生故居旧隶属章丘辖内，未知然否？”张起岩回应道：“应如是。”

翌日晨起，用罢早膳，张养浩告别张起岩，携书童周末、家人张侗，由济南城中返回云庄。

坐在张起岩遣人驾驭的马车上，张养浩挑帘远眺，那五柳云庄即在前方，又见路两旁黄花绽开，清香飘溢，不由得逸兴又生，随口便吟成一首《中吕·普天乐》曲词以抒怀：

水挼蓝，山横黛。水光山色，掩映书斋。
图画中，嚣嚣外。暮醉朝吟妨得？正黄花三径齐开。
家山在眼，田园称意，其乐无涯。

一曲吟罢，意犹未尽，便又接连吟得数阕。俟归至那云庄遂闲堂中，援笔以书，自喻子美之草堂、渊明之东篱，其乐洋洋：

其一

树连村，山为界。分开烟水，隔断尘埃。
桑拓用，相襟带，锦里风光春常在，看循环四季花开。
香风拂面，彩云随步，其乐无涯。

其二

布袍穿，纶巾戴，傍人休做，隐士疑猜。
鬓发皤，心神怠，拱出无边功名赛，我直待要步走上蓬莱。
神游八表，眼高四海，其乐无涯。

其三

折腰惭，迎尘拜。槐根梦觉，苦尽甘来。
花也喜欢，山也有爱，万古东篱天留在，做高人轮到吾侪。
山妻稚子，团圞笑语，其乐无涯。

其四

看了些荣枯，经了些成败。子猷兴尽，元亮归来。
把翠竹栽，黄茅盖，你便占尽白云无人怪。
早子收心波竹杖芒鞋，游山玩水，吟风弄月，其乐无涯。

这正是：端的其乐无涯，果真田园有情。
欲知后事如何，且看下回分解。

第二十一回
皓首田翁谁识我　素心野老君知臣

诗曰：

竹杖芒鞋蓑笠翁，渔樵对话故园中。
乐邀野老甘醇酒，喜沐羲皇淳朴风。
季鹰率性犹能比，靖节怡然堪以从。
东岗高卧还辞聘，老子逍遥诗咏丰。

话说泰定三年（1326）春，泰定皇帝巡察上都，由中书左丞许师敬与中书省诸官留守大都，代帝处置国政。许师敬遂令省台以翰林学士召致仕在家的张养浩晋京。

再说安居济南云庄的张养浩接诏书后，知乃好友许师敬美意，但经斟酌，最终还是予以婉拒，请那遣使返京转达对许左丞的诚挚谢意。是为第六次拒召不赴矣。

值春耕时节，张养浩时常步出云庄来，去田间观察一下那耕播农事。张家在此垦荒，拥有五百余亩田地。张养浩亦因此每感念父祖辈艰辛创业福泽后人之恩德，每每对儿子张引等子侄提及，警诫其须戒奢侈，持俭守护祖业。每逢春耕首日，张养浩必携子侄辈至田间，亲扶犁开耕，以示榜样。当下，张养浩竹杖芒鞋，戴笠披蓑，只带着书童周末，冒着毛毛细雨，缓步出得云庄，来至不远处的自家田地中。举目望去，喜见那地间麦苗业已泛绿，煞是招人醉心悦目。一时，张养浩倚杖驻足，微晃着头吟诵起来。后面的周末一见，便笑了，他知道，老爷这一高兴，又即兴吟唱起自己作的曲子词来了。于是，他又探头仔细听去：

水绕门，树围村，雨初晴满花草新。
鸡犬欣欣，鸥鹭纷纷，占断玉溪春。
爱庞公不入城闉，喜陈抟高卧烟云，
陆龟蒙长散诞，陶元亮自耕耘。
这几君，都不是等闲人。

张养浩吟的这曲子系《越调·寨儿令·春》。周末听罢，便问：“老爷，怎说这几人都不是等闲人呢？”

“呵呵，末儿，听老叟对你讲来，这庞公、陈抟、陆龟蒙、陶元亮皆何许人也！”接下来，张养浩边举目四望那广袤的沃野，边给自己这小书童侃侃谈起这几位古代隐贤高士的履历来。

“老爷，那位陶渊明先生可恰如您老一般，不爱做官，只钟情于家园山水，还有……还有……”周末听了，笑着言道，却又说了一半便止住了。

张养浩便禁不住将目光转到这书童脸上：“还有什么？”只见周末抬手搔了搔后脑勺，终鼓起勇气，抖胆道出：“老爷赎罪，小的可说了，还有就是和老爷一般，都嗜好那杯中物，嘻嘻！”张养浩闻听，不禁仰面呵呵大笑起来：“是么，不错，你末子亦知用‘杯中物’代之酒了，好，值得表扬！”小书童听了，有些不好意思，脸也红了。

俟由田间返回云庄来，待坐至书斋遂闲堂中，张养浩尚念及小书童那句话，嘴角泛出一丝微笑，一时曲兴又生，遂就案头笔纸，复写下斟酌的《双调·小仙子》曲词一阕：

平生原自喜山林，一自归来直到今。
向红尘奔走白图甚？怎如俺醉时歌醒后吟！出门来猿鹤相寻。
山隐隐烟霞润，水潺潺金玉音，因此上留住身心。

这曲词着实道出了致仕归家几年来，张养浩最由衷的感触，其身心得安，可后来又缘何应召出山了呢？无他，盖因一颗济民之责任心使然矣。

“老爷，有京城寄来的书信两封！”周末进来禀报，随即呈上书信。

张养浩闻听，欣喜得很，取过展阅，乃是曹元用、王士熙二人致函。

时拜中奉大夫、翰林侍讲学士兼经筵官的曹元用在致函中写道，已知悉好友再次拒绝应召晋京高就，却未置评语，只提及泰定初，朝中有劝泰定皇帝罢仁宗重开的科举之法者，而泰定皇帝却采用时任礼部尚书曹元用“科举取士之法，当革冒滥、严考核，俾得真才之用”的进言，并于泰定元年（1324）三月开科举士。

张养浩阅挚友曹子贞之函，自领会对方一番心意。复拆阅王继学来函，知这位祖籍东平，即当初自己入仕为学正之所在地的京友，业已于去年冬升任中书省参议，亦提及自己屡辞不赴事，言语中亦不免流露少许惋惜之意。

阅罢这二位好友的问候函，张养浩闭目凝思，突然就有了赋诗表明心迹以代复函的念想。于是，经过斟酌，随即取过一张诗笺，提笔赋诗《寄省参议王继学诸友自和》回复：

曩昔尘奔为悦亲，而今云卧复天真。
山林充隐当容我，馆阁求览岂乏人。

噩梦久随风散曙，衰容难与物争春。
绰然烟景无穷在，莫怪沙鸥不易驯。
身与功名果孰亲，乃踵何以一瓢真。
若教宇宙无难事，未必山林有退人。
遗语五千方外教，行窝十二洛中春。
老怀久矣忘机巧，猿鹤欣欣燕雀驯。
木密垂枝手可亲，娵隅罗勒味尤真。
诗情沧海骑鲸客，世故青楼掷鼠人。
庭树有阴僧结夏，野花无语女怀春。
清风一榻茅檐底，六贼三尸犬许驯。
鹿豕同游木石亲，家山归卧伪邪真。
情知五袠县舆客，肯作千金鬻帚人。
往事回头皆噩梦，故园投定总阳春。
麒麟掣断黄金锁，为问群仙孰可驯？
好爵于余岂不亲？思之烂熟见之真。
惟知徇货攫金客，不可越乡怀璧人。
庄叟濠梁鱼自乐，虎溪精舍草乃春。
一琴一榻书千卷，明哲他年庶致驯。

这组诗中，值得注意的是张养浩致仕以来，难得袒露出自己选择归隐致仕屡辞聘不赴的真实心迹。“若教宇宙无难事，未必山林有退人”一联，表明自己之所以退隐林泉，并非简单的消极遁世，而是有其不便言明的社会因素，寓意深刻矣。“好爵于余岂不亲？”一句反问，则对所谓“家山归卧伪邪真”的质疑做出反应。自得归隐之真趣的张养浩引用《庄子·秋水》中记庄周和惠子游于濠梁之上的一番对话，以言明自己寄情故园山水，自乐其乐的实况；又用“虎跳溪”古典，以慧远大师自喻，言所身处春色盎然之云庄别墅，殷盼京中诸好友莅临，叙旧论道焉。

且说给京友复函书毕，张养浩又开始整理起自己的《归田类稿》来。该集收录了其诗、赋、古文和乐府作品，至今业已八百余首。这是累年积聚下来的心血结晶，之所以束以集，盖出于示于子孙，所谓史书传家之殷念矣。

一时编修毕，看着案头这数十卷手稿，张养浩感慨良多，遂吟成一首曲词《中吕·山坡羊》概论之：

> 无官何患，无钱何惮，休教无德人轻慢。
> 你便列朝班，铸铜山，止不过只为衣和饭，腹内不饥身上暖。
> 官，君休想；钱，君莫想。

翌日晨起，张养浩吩咐书童周末道："今儿回章丘崖镇一趟，你与张倜到少爷那厢，一起预备些礼物！"原来，昨夜很晚睡下后，张养浩入梦中，竟又梦见了老家的老龙湾。因而一早起来，张养浩便决定回趟老家去看看那儿的亲戚，亲近一下那儿的祖居山水。

当下张养浩携周末、张倜乘车出了云庄，向东奔章丘而来。时值春暖花开时节，沿路一派生机盎然景象，令人赏心悦目。车至龙山，张养浩适时地给周末、张倜二人补上一掌故课："赋得'明月几时有，把酒问青天'的前代大文豪苏东坡尝到过这里，并留下诗一首！"年方十五岁的书童周末听了，瞪着一双大眼睛问道："是么，老爷，他是到这龙山来游玩的吗？""呵呵，小末子说对了，东坡居士当时卸任密州，改任前往山西途中，来看望其任咱济南、当时称为齐州掌书记的胞弟苏辙苏子由。不巧苏二爷去京城公干，接待东坡居士的是他的三个侄儿苏迟、苏适、苏元。多年后，东坡居士以诗记之：'忆过济南春未动，三子出迎残雪里。我时移守古河东，酒肉淋漓浑舍喜。'"周末听了，笑着道了句："敢情当年苏大学士来时，咱济南正下着雪咧！"

张养浩微笑颔首，接着言道："当时那齐州太守姓李名常字公择，是苏学士门生黄庭坚的舅舅，和苏氏兄弟俩均为好友。在济南期间，李太守陪着苏学士畅游了咱这儿的名胜古迹，便亦来到了咱章丘这龙山。当时，大学士即赋诗一首相赠李太守，题曰《阳关曲答李公择》：'济南春好雪初晴，行到龙山马足轻。使君莫忘霅溪女，时作阳关断肠声。'"

"老爷，这首诗听着前两句不难懂，只是后两句有些费解！"

"嗯，末子啊，这是苏大学士跟那李太守开了个玩笑，乃戏言咱这济南山水秀美，便道公在此为太守可莫忘了家乡的美女哟。《阳关三叠》乃古代一首离别曲子也！"

"哈，有意思，看来当时这位苏大学士心情可真不孬咧！"

"嗯，确乎。东坡居士亦的确跟咱章丘有缘。知道吗？前朝词女易安居士的父亲李格非，便是苏大学士的得意门生。而李清照父女可是咱章丘人，是吾桑梓之骄傲哟！"周末与驾车的张侗听了这话，都笑起来，果真皆觉得也扬眉吐气了许多。

却说在章丘崖镇，张家如今人丁兴旺。张养浩的伯祖父张万生六子：泽、彬、德正、德林、秀、敏，其各生子孙，皆勤俭持家，创下殷实家业。张养浩每次返回家来，便住宿在祖父张山的一座老宅，如今早已着人翻新，平日里有其侄孙给看护着。张养浩自致仕归里，每年春节、清明节必返回这崖镇老祖宅住上几日，偶尔像今遭不逢节气的日子亦回来过，与侄孙辈叙叙亲情，抑或去那长白山中的圣泉寺礼佛。

今儿见到张养浩突然乘兴而来，其侄孙皆大欢喜，当下便置办丰盛的家宴款待这位长辈。

翌晨，周末起身来到上房伺候老爷起床，却发现床榻上已空空如也：咦，老爷今儿起得比往日可早多了，这是去哪儿了呢？转身到院中兜了一圈，也未见到老爷身影。正纳闷间，张养浩的侄儿前来请安，得知伯父一大早便不见了踪影，遂笑了，冲着周末言道："末子，别找了，你家老爷一准是独自去往那山中的圣泉寺逛游去了。你先去吃饭，回头再说。”

果然，张养浩的侄儿猜得一点没错，这云庄老人一回到这祖居崖镇，便变得率性而为了，仿佛一个离开很久又返回祖辈身边的稚童，这儿的一切对其而言，皆充满了诱惑。于是，天刚蒙蒙亮，他便起身来，至后花园，从那儿的后便门出得宅来，回头微微一笑，尔后拄着竹杖缓步来至大街上，定睛朝朦胧曙色中的长白山凝望了会儿，遂徐行而去。

途经那老龙湾，张养浩见那水滨有一位年龄与自己相仿的布衣老者正在垂钓，便凑上前去，低声问道：“敢问老哥，如今这老龙湾中尚有大鱼否?”那钓翁侧脸瞅了一眼这陌生人，随即淡淡一笑，回应道：“有，但不太钓得着了。只是俺蛮高兴这静待的乐趣罢了!”张养浩听了，觉得这话说得蛮有哲理，道声“不叨扰了”，遂又凝视了一下这老龙湾，这才复奔东北而去。

因为前日的一场春雨，田野间、乡山中，一片青翠欲滴的清新气象，空气中亦弥漫着一种令人沁醉心脾的凉爽。离那长白山近了，那种远离尘嚣、渐入道境的超然感觉，笼罩着整个身心，张养浩遂漫吟成《郊行》诗一首：

远山如遁藏，近山如见逼。老夫缓策行，超遥历阡陌。
清风动林木，浮岚上巾帻。云雾自远来，忽觉川陆黑。
霏微数点雨，顾视衣不湿。野色含苍茫，如游化人国。
平生喜清景，揽之欲杯吸。讵惟可乐饥，亦足已沈疾。
幽闲自能年，直恐人未识。千载桃源春，莫谓访无迹。

当下又随口吟唱成《中吕·朝天曲》一阕：

恰阴，却晴，来往云无定。

湖光山色晦复明，会把人调弄。

一段幽奇，将何酬应？吐新诗字字清。

银莺，数声，又唤起游山兴。

不觉间，已走入山套中。张养浩依稀记得这儿即离那圣泉寺弗远了，于是脚下又增了力道，拄杖前行。

及山麓，见有几间茅屋掩映在几株杨柳树下，篱笆墙边鸡犬相闻，一条潺潺流动的清澈小溪由不远处的峪口蜿蜒流来。又见山溪两旁麦田平整，俨然一幅令人心仪的田园适乐图。此刻，张养浩便感觉自己宛如画中游一般，禁不住上前来推开那篱笆扎起的院门，移步入院中。那犬吠声引出一位须发皆皓白的老翁来，见闯进家园来的同样是一位年纪与己差不离的老者，便笑着热情招呼道：“哦，老伙计，欢迎光临寒舍！来，进屋来喝碗粗茶吧！”

见主人好客，不速之客张养浩也乐得借机与这山翁攀谈一番，于是便随着步入那茅屋中，就座啜茶。交谈中，那姜姓老人告诉来客，自己乃山前姜家套庄人，儿孙满堂，亦皆孝顺，如今和老婆子选择在这峪口清幽处闲居。说着，一垂髫儿童跑进堂屋来，姜老头便喝止住，命道：“泉子，还不快过来给这位爷爷请安！”随即给张养浩介绍道：“这是俺最小的一个孙子。”张养浩笑着点点头，便伸手想掏点小钱打赏这顽童，这才发现自己起得早又走得疾，身边竟未带分文出来。当下只好冲那泉儿喃喃道了句：“你瞧，初次见面，我这做爷爷的竟没钱给你，呵呵！”那姜老头听了，一摆手笑道：“哪这般多礼道，俺看你老兄是来玩山的吧，那圣泉寺就在峪中，不妨一观。”

张养浩便应道：“正是，只是前几年也曾来过，却未见老兄你在此仙居哟！”

“哈哈，俺这是两年前在此结庐而居的，难怪咱们不曾相见！”说着，又试着问道，“敢问老兄，是哪个庄上的？怎的称呼您呀？”张养浩微笑着作答："不瞒老兄，我姓张，老家是崖镇上的，父祖辈却迁徙到那历城。今儿回老家来，这不一早就走来玩山了！"

"哦，原来如此。那今儿咱是有缘了。这样，咱老哥俩就在俺这寒舍喝几杯，请不要推辞。"说着，不由张养浩分说，即起身去堂屋外喊老伴张罗预备酒肴。张养浩见了，也为这初识的山翁如此热情好客而感动：这儿的山里人果真朴实啊，有民风淳朴如斯，让人仿佛置身上古羲皇年间矣！

这时，那姜翁折回屋中，冲张养浩提议道："张老兄啊，咱让她们娘们家先预备着，俺趁这空档陪你去逛逛那圣泉寺如何?"张养浩自然高兴，遂欣然应往。

俟观瞻过那圣泉寺，转回来，只见那位老妪在儿媳的帮衬下，已宰鸡杀鱼，烹饪好了一桌颇丰盛的农家宴。于是，姜翁便请张养浩入席。喝的酒乃是老人家亲手酿制的果酒，张养浩品了一口，果觉得这野果酿制的酒味道奇特，如饮甘醇。主人盛情频劝饮，张养浩也觉得到至亲好友家一般，无有了隔阂感，亦便痛快地对饮起来。酒至酣处，张养浩击箸即兴为主人吟唱诗一首，却是当年在堂邑为县尹时吟得的旧作：

疏麻淋沥露藩篱，鸡犬花阴白日迟。
抔饮洼樽存太古，摽枝野鹿见今兹。
荒城路转山孤耸，古庙墙摧树半欹。
我本三生田舍叟，买牛卖剑定何时！

听罢，那微醺的姜翁拊掌称赞："张老兄果高士，来，再饮一杯！"饮下这杯酒，张养浩趁酒兴，又即席赋诗一首诵起：

肇余故园复，宵梦亦晏如。投趾皆春台，夙累久已除。
有酒略贵贱，见请辄同娱。兹晨饮田家，翁媪良勤劬。

呼僮为割鸡，催妇仍脍鱼。坐我桑拓阴，清风来徐徐。
满前太古意，仿佛羲皇余。虽未无何有，已觉春敷腴。
人生电之影，此酒何可无。为乐然多端，未必能胜余。
题诗林舍壁，用托渔樵徒。

“哈哈，张老兄莫非是那退隐山林的大人不成？”

听姜翁如此问，已有些醉意的张养浩笑着摆摆手，道一句：“不说也罢。”遂又朗声吟唱一曲，正是一阕《中吕·喜春来》：

一场噩梦风吹觉，依旧壶天日月高。
白云深处结团茅，山更好，岚翠滴林梢。

那姜翁也不再问，只与这贵宾开怀畅饮。这时，院中忽拥进几个人来。原来正是张养浩的侄儿并周末、张侗等寻来。当下向姜翁谢过，遂搀扶酩酊的张老爷子返回崖镇。

再表倚靠在车上的张养浩，经一路颠簸，醉意醒了许多，再回首望去，那长白山下的姜翁家园已淹没于一片苍茫中，便有些怅然萦怀，遂徐吟《山行》二首感喟之：

徐徐忘路远，偶尔到山村。断岭云通气，颠崖树倒根。
望深增暝色，坐久怆吟魂。岁莫求田意，悠悠孰与论。

一懒将成性，春游尚尔勤。花欹知雨力，水皱见风文。
碧落一明月，青山半白云。却愁从此去，尘冗又纷纷。

翌晨醒来，张养浩回想起昨日情景，方知自己难得地醉了一回，禁不住哑然失笑。转念那姜翁活得那果真叫一个自在，便问了句：“我醉如何?”那书童周末咧嘴笑着搔搔头，回答道：“老爷啊，末子可是头一遭见您老醉呀，可见您老昨儿个是真开心到极点了，嘻嘻!”

张养浩闻听，呵呵一笑，边披衣，边吟唱起来：

昨朝醉田间，欲借山为枕。青山不肯前，却枕白云寝！

俟坐至书案后，复提笔题下新曲词《中吕 · 十二月兼尧民歌》一阕：

从跳出功名火坑，来到这花月蓬瀛。
守着这良田数顷，看一会雨种烟耕。
到大来心头不惊，每日家直睡到天明。
见斜川鸡犬升乐平，绕屋桑麻翠烟生。
杖藜无处不堪行，满目云山画难成。
泉声，响时仔细听，转觉柴门静。

欲知后事如何，且看下回分解。

第二十二回
七次谢辞真轻位　一朝赴召乃重民

诗曰：

忧国忧民心岂歇？乐山乐水志难消。
勇担正道臣恒守，敢赴义途士永操。
七聘不从叹昔日，一鸣乃应看今朝。
只缘西土驰恶报，故起揺揉肝胆昭！

话说泰定四年（1327），隐居梓里的张养浩，基本编撰成《归田类稿》，录入所吟诗文乐府计九百余首，其自序曰：

文章天下难事，自昔耗精殚神以蕲立言，而迄泯泯无闻者，何可枚数。呜呼！奚作者伙而传之于今者不多见耶？余蚤尝从事焉。筮仕来，益知非易。欲中辍未能，间虽操瓢弄翰，第因事寓怀及应酬徵索而已。初，非有心班古人甲当世，以图不朽之传也。历年既久，所述寖多。顷因退休家野，出而录之，凡得诗、若赋、若文、若乐府九百余首，歧为四十卷。名曰《归田类稿》。柜而藏之，用示张氏子孙，使知吾家亦有嗜学勤文如仆者。庶因而有所观感兴起，增光其前。讵不愈于贻贷利以愚子孙者乎！恐或者訾其不火而存之，故自列其所以然于编首。云庄老人张养浩序。

另集成所作散曲，冠名以《云庄休居自适小乐府》。五柳云庄，成为张养浩创作丰收之园地，其《云庄遣兴自和（十首）》诗，可见其乐此心迹焉：

投闲自笑未能闲，犹有微营方寸间。
乱拔浮萍嫌盖水，稀栽垂柳恐遮山。
万金难买田园福，一醉从教鬓发班。
脱帽解衣磐石上，和云坐着鸟飞还。

伊谁知我此时闲，笑颜白云入坐间。
虢国门前何少我，云龙楼上尽多山。
向来矛戟蜗双角，此去琴书豹一班。
可是绰然风景好，斜阳吟落不知还。

飞黄幸尔出天闲，自在忘机草野间。
田种有时深积水，村居无处不宜山。
半檐残照余金彩，一往杂花乱锦班。
三十余年星火底，岂惟卷马解知还。

中年才过即归闲，好在河汾屋数间。
病里捡书多为药，老来忘事不因山。
犁翻平野禾抽颖，锦委深林苟脱班。
莫恨韶光太相促，若非衰暮讵能还。

非是幽人酷爱闲，无穷佳思水云间。
儿要去鹤斜趋往，童觅亡羊宜越山。
坐喜檐牙摇竹影，行嫌屐齿被台班。
杜陵枣熟行人打，快唤王阳去妇还。

鸡犬衡门竟日闲，挟书移榻坐花间。
淡无情绪烟中柳，暴有精神雨后山。
便可蹑云寻李愿，莫教看日后列班。
忘机却是长生诀，何必论溟访大还。

归来心迹两俱闲，日日春风几案间。
有土不多惟种秫，无人可语只观山。
隔山竹韵风鼓玉，匠横苔痕两渍班。
说与王生莫相消，从今老犬不家还。

故园抢指六年闲，尽慰身心笔砚间。
人世尘如虚客梦，野云奇似郭熙山。
羲经自契先天妙，殷鼎犹存太古班。
图史满前琴挂壁，恍疑太素为余还。

半世求闲始得闲，酰鸡飞云瓮中间。
盆池游戏均沧海，块石达观即太山。
对酒便当烹郭索，伤人且莫语黄班。
风烟满目归来好，物我从今付入还。

人云五十未宜闲，我道彭笺亦梦间。
五斗折腰惭作县，一生开口爱淡山。

荒村未暮门先掩，老树才秋叶已班。
只因溪翁厌喧聒，隔林遥唤野猿还。

泰定五年（1328），那泰定皇帝龙体有恙。二月，改元致和，以当年为致和元年，似乎欲用改元来冲喜。皇上贵恙，九位得以宠信重用的原潜邸旧臣皆忧心忡忡，然武宗、仁宗两朝旧臣却暗中开始蠢蠢欲动，另谋所图。当然，只要那泰定皇帝在位一日，这些暗流便不敢冒出，绝不敢轻易造次。

三月，泰定皇帝照例要巡幸上都。诸王满秃亦随驾。临离开大都之际，满秃密嘱佥枢密院事燕帖木儿道："今圣上之疾日臻，将往上都。如有不讳，吾党扈从者执诸王、大臣杀之。后大都者，即缚大都省、台官，宣言太子已至，正位宸极，传檄守御诸矣，则大事济矣。"

七月，泰定皇帝于上都晏驾。此时左丞相倒刺沙却不立即拥戴皇太子阿速吉八承继大宝，而是别有用心地"专权自用，逾月不立君，朝野疑惧"。八月，原武宗朝旧臣燕帖木儿等留守大都的一派党羽便趁势起事了。八月四日，燕帖木儿召集在京百官于兴圣宫，宣布"祖宗正统属在武皇帝之子，有不顺者斩"！随即擅自委前湖广行省在左丞别不花为中书左丞相、太子詹事塔失海涯为中书平章政事，他自己则与中书右丞相赵世延、翰林学士承旨亦列赤、通政院使寒食分典机务，共同掌控朝政。同时，派重兵防守居庸关等长城关隘，并增兵河中府，欲御上都泰定皇帝近臣率兵来打。

当下，燕帖木儿又遣心腹赴江陵急迎武宗次子怀王图贴睦尔。八月二十七日，怀王在河南省平章伯颜亲率五千精兵护送下抵达大都。九月十三日，这位时年二十四岁的怀王图贴睦尔在大明殿即位，是为文宗，改元天历，以致和元年为天历元年。旋颁诏封燕帖木儿为太平王，并加府仪同三司、上柱国、录军国重事、中书右丞相、监修国史、知枢密院事，其他用力功臣亦各得加官晋爵，各赏赐丰厚金银宝物。

且说上都方面，倒剌沙这才拥立皇太子阿速吉八为帝，改元天顺，是为天顺帝，随后便以皇帝名义号令颁下，联络漠北诸王及陕西、四川诸行省，兵分四路向大都进攻而来。燕帖木儿闻报，则举大兵，将四路来敌予以各个击破。十月中，倒剌沙奉玉玺向燕帖木儿军队投降，拱手让出了上都。自此，文宗成为元国唯一天子。

再说天历二年（1329）伊始，御史台又荐致仕居家的张养浩为翰林侍读学士，随后宪台遣使驰奔山东济南宣召。

且表张养浩接诏书后，迎遣使于遂闲堂用茶。随即将堂上老母业已八旬高龄，膝下只剩他一子奉养之实况告之，乃诚请将此为难处回禀，所谓忠孝难以两全，委实无所置，请予谅解。

俟这遣使去了，次日，突又有宪台遣使来，令张养浩颇为惊愕。当下复摆香案接旨，方知御史台又荐己为陕西诸道行御史台御史中丞，此为仅次于御史大夫的正二品衔。

这着实叫张养浩犯起愁来。不出两日，朝廷连颁下两道诏令，日前方打发了前拨遣使，今又当如何辞他！但自己委实不愿奉诏入仕，再做那让多少世人争相渴慕的高官位也。看来这回再如前番几回搪塞敷衍推辞，朝廷必不会满意而甘休。于是，张养浩便对这后来的遣使道：“尊使先请回禀，言愚稍后便会专门呈奏一辞聘侍亲谢表进，详细分解愚难处矣。”

俟复送走这拨遣使，张养浩便开始斟词酌句该如何书写辞谢表。移时，熟虑用词后，方提笔书来：

辞聘侍亲表移山东宪司进奏

维天历二年正月吉日，陕西诸道行御史台御史中丞臣张某，谨薰沐稽首敬奉表皇帝陛下。

臣闻君犹天也，其对越之严，靡容毫发有伪。《诗》曰：

“惟皇上帝，临下有赫。”盖言天监昭明，无隐而不烛也。钦惟皇帝陛下，圣聪天纵，好古隆文，入正宸极，神人胥赞，克清国难，曾不逾时。所恨臣某，诞际休明，寖及衰暮，重以母年喜惧，兄弟独无。日者伏闻有旨，特除臣翰林试读学士，寻用台荐，又除西台御史中丞。臣某有何勋伐行能，两日之间，叠膺二品清要之职。抚心自省，感愧交集，不及此时具陈其愚，将恐厥任弗荷，自贻伊戚。

伏念臣某甫出弱冠，所学未竟，恪遵父命，黾勉仕途，降志趋荣，以为亲喜。幸无颠踬，历尘省台，间有所为，实出狂瞽。或者因指为能，每自反观，甚弗安也。夫士固有偶尔致名，夷考其实，则空空无有者。臣某往闻我世祖皇帝兴师伐宋，兵驻襄樊。众方习武，一校独燎铛作食。倏报寇至，即仓皇覆实，穿铛耳以悬马后，铛尚焦炽，烙马，马奔，径突而前，寇为披靡。主将壮其骁勇，拔之行伍，超授以官。臣之才名，诚不异彼。今若羞于自白，万一再诛战勋，则臣前日侥幸所获者，必将瓦裂不能有存矣。所以自臣先父违世，泯迹于仕，甘老云庄，垂历十年，凡七承召命，然迄不敢探荣冒昧一起者，其故职此。

兹者朝政鼎新，贤能汇进，宪台今除，横被龙光，遂思自奋，政使身名或陨，不失为忠，拟于当月二十四日就路。臣母闻行，执臣之手，且泣且言：“我年迫八旬，汝发亦素，此别之后，再见无期。”因感寝疾，见臣辄泣。臣阳言不往，连曰：“汝已属官！汝已属官！”使臣进止两难，委质无所。欲不告而去，则惧得罪于亲；欲中辍其行，则惧获罪于上。君亲皆重，既惧且悲，二罪曷任，若肩嵩华，因忆晋温峤有行，力为其母挽止，太真不留，断袖而去。臣欲效之，虑其先行，又所不忍。洪惟皇帝比下去，以孝友为治，其极功至德，辉光古今，黄屋无心，于斯尤著。

自今以始，臣知世道复隆，皇图永固，中外臣民，必有安分甘菽水之欢，悔讼以熟埙篪之好者，翕然偃风，云从而雨化矣。且前代帝王曲全人子为亲之心，稽诸方册，千古一辙。伏惟皇帝陛下怜臣母老，悯臣身孤，宥臣言繁，矜臣才拙，姑如所恳，以纾母忧；或准六十致事，以彰《礼经》亲年八十“一子不从政”之义，则老母洎臣某仰荷殊恩，其视古之宠锡鱼轩、一日九迁者，殆无以异矣。

臣某负知九重，罪当万死，故不敢循例台请，僭具表文，冒渎天威，无任惶恐战越待罪之至。某官臣某顿首，昧死谨言。

书毕，审阅再三，张养浩这才封缄，随即唤来儿子张引，令其亲自进城去，将此表奏交于那肃政廉访司，请廉访使进呈皇上。张引领命而去。

俟张公子由路府返回云庄，却捎回那位都达鲁花赤写给张养浩的一封短函，上书：

顺庵明公钧安：

实言奉告，兹朝廷因陕西数年大旱，致民四流亡，竟有饥民相食惨事滋生。乃念公久负仁治能臣贤名，牧民有度，故委以重任。西土灾民翘盼拯救，公忍见此乎！谨请明公自裁。

当下张养浩阅毕，幡然慨叹：“吾退处梓里，侍母训子，乃七辞聘召。今西土黎庶饥殍流亡，忍不起而拯救哉！”当即起身去继母尚老太太房中如实禀告，尚氏垂泣言道：“汝已属官，逢此国民有难时，理当赴之。我无妨，只盼吾儿早日述职归来！”

张养浩深为老母的深明大义而感动，当下跪伏饮泣道：“容儿嗣后再奉孝！”

尚老太太颔之又道："俟老身为吾儿过了一甲诞辰，吾儿即赴任吧！"

张养浩闻听，再次泣告："多谢母亲大人还念着这般仔细，儿遵命就是。"

是日，张养浩再书谢表，依旧请山东宪司进奏，表示即日便赴陕西履新云云。

且说在尚老太太亲自为儿子操持置为庆寿家宴上，张养浩提出了一项经过深思后的决议，其实事先他业已就此征得老母同意，即疏散家里所有财产用以救济贫困乡亲们。最后，张养浩谆谆教训子侄们："夫君子立身莫重于保守名节，人臣为政莫急于康济斯民。吾高祖于乱世白手创业于兹，汝等当因知其艰难不易，继以勤俭兴业之家风，则无愧先祖，无憾后世。易曰'积善之家，必有余庆'，汝等须铭记在心。"并叮嘱明日代己多在祖母尊前尽孝侍奉。张引含泪应下。

对于家人有不解自己此前七聘不赴，今却应召之举，张养浩释解道："今关中连年遭逢大旱，致有饥民相食之恶事发生，吾能忍而不起乎！"众闻之皆默然。

是夜，张养浩独坐遂闲堂中，侍奉老母，教诲晚辈，自给自足的田园生活于他而言，实是铭心刻骨的钟情，也因此，之前朝廷七次下诏聘之而不赴，本已抱定"泯迹于间，甘老云庄"之念。孰知，这当下朝廷又委己以陕西行台御史中丞职，而首要政务便是要入陕赈灾。闻那关中自泰定二年（1325）至今已连着三载赶上特大干旱。此前又祸与兵乱，可谓祸不单行，以致目下赤地千里，饿殍遍地，甚至出现了饥民相食的人间惨剧。自幼受儒家学说"仁者爱人"熏陶的张养浩，对这民生极度疾苦自是同情万分。他此际的心情恰如其崇敬的伟大诗人三间大夫屈原所感喟的"长太息以掩涕兮，哀民生之多艰"，想到关中灾民正翘首企盼朝廷派命官前去赈济他们，张养浩便夜不能寐，一刻亦坐不住了。挨至天微明，张养浩便步出遂闲堂。他是要再好好看看这容纳自己安宁心灵的美好家园。

当下张养浩踱步至绰然亭畔，徜徉于香雪林中，耳畔鸟鸣啾啾，登时心绪得以沉静下来，自然又念起自己在所赋《翠阴亭记》中那番感悟来："人之处世，其去就无越山林、朝会二途。出乎彼，入乎此。其出也，非苟利也；其处也，非苟洁身。要之，各适于义为无歉。"然哉，如今民有难，正是自己赴之济苍生行道义之时，安忍不起！想及此，张养浩不由得仰面朝天，深吸一口气，徐吟诵道：

屈指归来后，山中八九年，七见征书下日边。
私自怜，又为尘事缠，鹤休怨，行当还绰然！

又吟道：

天上皇华使，来回三四番，便是巢由请下山。
取索檀，略别鹊华山。无多惭愧，此心非为官。

这两阕《南吕·西番经》曲词，可谓袒露出了这位云庄老人对家园山水的殷殷眷恋之情及此去赈灾毕自当返归重侍亲的心迹。

俟由绰然亭折回，用罢早膳，张养浩去与老母告别。随即在众家族人夹道恭送下，张养浩登车就道，身边照例只带了书童周末、家仆张侗二人随行。儿子张引、侄儿张居等直恭送至三里外长亭边，父子侄方依依惜别。眼望载着皓首老父亲的车子渐渐远去，张引终忍不住潸然泪下。伫立良久，方怅然返回云庄。

书中交代，值此张养浩赴陕西就职之际，那关中一地业已惨状不忍睹。《元史·文宗本纪》载："陕西自泰定二年，至是岁（天历二年）不雨，大饥，民相食。"面对如此巨大天灾，元廷却只拨给灾区区区五万锭赈灾款。而天历二年，那文宗皇帝赏赐给鲁国大长公主用于建豪宅的钱竟达四万锭，如此鲜明对比，怎不令朝中有良知的臣工寒心！相较那班一味骄奢淫逸的王公大臣们，本绝意仕途安居乡里的张养浩，闻民有难而毅然决然散其家之几乎所有，随即登车奔赴灾区施救的义举，能不感天撼地乎！

且说张养浩由济南出发，至长清复转乘舟奔西南而下。俟至东平县安平镇，忽报有陕西行台御史台李宣使在此迎候。张养浩便在船上接见了这位僚属。见礼寒暄才知，这位李宣使之父时任河南江北等处行中书省都事，而张养浩于皇庆年间任中书省直司都事时，尝与李父共事过，如此一聊，使得彼此感觉亲近了些。李生告知："卑职迎至长清，闻公由水而西，所以追及此，乃获瞻拜。"张养浩听罢，又见其谦恭端正，遂道了辛苦予以抚慰。又问询起陕西灾情实况，见这李宣使皆应答甚详细，心下对其更添了一份欣赏。

且说张养浩一行复又改乘马车赴前。这李宣使一路殷勤备至，一直是提前去传令沿途驿馆安排食宿诸项。

由山东入河南境，驱车沿途渐渐迎面与一些逃荒的难民相遇。抵达新安县硖石黄河渡口，所见在此拥集的灾民景况更令张养浩心下戚戚然。他注意到那些奔逃来的难民皆一脸菜色，身体曲背瘦削得吓人，宛如鹄鸟一般，又哪里复有人样！接下来，更惨不忍睹的骇人场景，令张养浩见了心如刀割：那饿死"路倒"的饥民尸体叠枕，散发出的恶臭味隔着几里地也能闻到。当下，张养浩即令李宣使带着张侗等随从去寻找当地管事的来，尔后一同挖坑穴将死难者予以掩埋。伫立下葬地，张养浩不觉泪流满面。想想自己六十岁生涯，自幼生长于山东富庶之乡，眼前这因饥饿而死的惨象，却是头一回亲眼见到，心下戚戚然自难以言表，亦愈加感觉到了自己重任荷肩之艰巨使命感。所谓责无旁贷，英勇赴义之心志亦愈加坚定了。

这正是：闻民难兮何以忍，赴道义兮安能辞！

欲知后事如何，且看下回分解。

第二十三回
伤心一路哀民苦　祷雨二朝慰众欣

诗曰：

哀流民泣天能泣？天雨粟何时降系。
天若有情天亦老，雨如无意雨焉迟！
兴亡皆苦替谁诉？今古联思为政治。
安致舜尧怜万物，今古黎庶复忧疾。

话说受命赴陕西赈灾的张养浩离了历城家园，迎住来接的李宣使，一路西行，入河南境，沿途见到越来越多的逃亡难民拥来，并目睹了饿死人的惨景，真是五内俱焚，眼中噙泪，倍感重任荷肩，又为关中数年大旱致灾情严重而忧心忡忡。途中投宿驿馆，夜难入寐，千般心事吟成《哀流民操》一首，可见其哀民之情巨沉痛矣：

哀哉流民，为鬼非鬼，为人非人。
哀哉流民，男子无缊袍，妇女无完裙。
哀哉流民，剥树食其皮，掘草食其根。
哀哉流民，昼行绝烟火，夜宿依星辰。
哀哉流民，父不子厥子，子不亲厥亲。

哀哉流民，言辞不忍听，号哭不忍闻。
哀哉流民，朝不敢保夕，暮不敢保晨。
哀哉流民，死者已满路，生者与鬼邻。
哀哉流民，一女易斗粟，一儿钱数文。
哀哉流民，甚至不得将，割爱委路尘。
哀哉流民，何时天雨粟，使女俱生存。
哀哉流民！

且表这日，张养浩一行驱车行至位于黄河南岸、古城洛阳北邻的北邙山。盖因这处土厚水深，乃应了古人所崇尚的“枕山蹬水”风水之说，故自后汉建武十一年（35）成阳王刘祉葬于此，其后历朝王侯公卿多选墓地于此，诸如汉光武帝刘秀、曹魏、西晋司马氏、南朝陈后主、南唐李后主等，致唐代诗人王建诗吟“北邙山头少闲土，尽是洛阳人旧墓。”

当下张养浩下车来，迎着春寒料峭的二月风，登上这北邙山寻古一览。眼看着脚下那残缺的碑铭，张养浩感慨万千，念及埋葬于此的君君臣臣，生前可谓把荣华富贵、风云庆会享受个够，死后却皆不过变为黄土一抔。一时间，千般感喟吟成曲一阕《中吕·山坡羊·北邙山怀古》：

悲风成阵，荒烟埋恨，碑铭残缺应难认。
知他是汉朝君，晋朝臣？
把风云庆会消磨尽，都做了北邙山下尘。
便是君，也唤不应；
便是臣，也唤不应！

再说过了北邙山，便来至古都洛阳城。历史上，东周、东汉、曹

魏、西晋、隋炀帝、武则天先后于此建都，堪称千古帝王城。当下张养浩一行至桥上，俯视桥下滚滚洛水东流去的景象，又抬头远眺，心中不禁发出慨叹：那舂陵王气已不复见矣。《后汉书·光武帝纪论》载云："望气者苏伯阿为王莽使至南阳，遥望见舂陵郭，唶曰：'气佳哉！郁郁葱葱然！'"舂陵，汉光武帝祖父舂陵侯刘仁尝迁封于此，故望气者语乃暗示彼处有王气，当有王者出之意。后果应验，刘秀称帝，辅佐者二十八位将军，亦被汉明帝于永平年间（58—75）在南宫云台中绘图像记之。而如今，这些帝王将相却皆已随雨打风流去。念及此，一股伤感的情绪化为衷曲一阕，遂吟出《山坡羊·洛阳怀古》：

天津桥上，凭栏遥望，舂陵王气凋衰。
树苍苍，水茫茫，云台不见中兴将。
千古转头归灭亡。
功，也不久长；
名，也不久长。

是夜，投宿于古都驿馆中，张养浩又岂能入寐？所谓功名者，乃其如今所轻视者也。经历了屡屡直言敢谏为当国者所不容，此番虽复起用，焉知后果如何？不过，一朝应召只为民也，又岂顾忌太多，但求无愧于心矣。

简短截说，张养浩一行由河南入陕西境内，先抵达那有关中大门之称的潼关。潼关始建于东汉建安元年（196），历来为兵家必争之关隘。据《三国志·武帝纪》记载，建安十六年（211），魏王曹操曾于潼关破马超。潼关西靠华山，南临商岭，北距黄河，关势甚为险要。

张养浩坐在马车上，眺望着这素有"畿内首险"之称的雄关，油然生出感慨：《左传》有云"表里山河，必无害也"，可经行处，那黄土沃野，可皆曾经是那秦皇汉武称霸所建的豪华宫阙，如今又哪得复见规模！想当年，可是大兴土木劳民伤财啊！果真是兴亡也罢，唯苦了黎民百姓矣！

及伫立潼关山道上，张养浩胸臆发慨，直吟出《山坡羊·潼关怀古》：

峰峦如聚，波涛如怒，山河表里潼关路。

望西都，意踌躇。

伤心秦汉经行处，宫阙万间都做了土。

兴，百姓苦；

亡，百姓苦！

且说复行至华阴县境，已是日暮时分，投宿于西岳寺院中。原来，张养浩正想在此间向那上苍为关中黎民祈雨一番。《水经注》载："远而望之若华状，故名华山。"《史记》中有黄帝、尧、舜巡游至此之记载。秦皇汉武等十数位帝王亦曾在华山举行过祭天仪式。因此，这华山自古便被奉为神山。

是夜，张养浩虔诚地沐浴更衣，尔后亲自拜至西岳大帝神像前，颂念所著祷文，念至"民饥而死"悲语处，竟失声痛哭，盖想到了沿途所见饥民饿死之悲惨景状而难以自控矣。

祈祷毕，张养浩有意在这岳祠中暂驻车，只欲祈雨降下再复前行。李宣使劝道："公为民之心，神已洞悉，只是公欲待雨临乃去，只恐偪神过甚。况公家有高堂，倘公有累致疾，便是公为民而不为母也，请公三思！"张养浩闻听默然，随即停止悲哀，向对方致谢，即登车复行。至华州，天转盛阴云集，旋大雨倾盆下。张养浩在车上见了，竟一时喜极而泣，当即不顾雨势瓢泼一般，跑下车来，双膝跪在湿地上，叩拜感谢上苍如此怜民之苦而降下这久违甘霖来！

及至李宣使同周末上前搀扶起来，回到车上，张养浩身上的衣服已湿透了，但其身心荡漾的那股狂喜暖流，却使他浑然不觉，嘴中还直道："末子，这是上苍可怜关中万兆子民而赐下的久违天雨啊！"周末自然能体会到自家老爷此刻喜欲狂的心情，听了自是猛劲地点头称是。

狂喜之下，自然要吟曲一阕以抒发胸怀，题曰《双调·得胜令·四月一日喜雨》：

万象欲焦枯，一雨足沾濡。
天地回生意，风云起壮图。
农夫，舞破蓑衣绿；
和余，欢喜的无是处！

且说这喜雨亦果然给力，连着就下了二日。俟张养浩一行至西台拜印时，雨尚未歇。这样的欢迎"重礼"，使这位方履新的西行台御史中丞最是欣悦。

当下一班同僚便欲张罗摆宴席为中丞大人接风洗尘。张养浩微微一笑，拱手称谢，言道："此岂为乐时耶？"随即祷雨社稷坛。随后即率僚属下去察视灾情。这雨果然下得丰沛，那田里的禾黍皆滋润自生。秦地百姓闻知新来的西行台御史中丞大人祷雨之事后，便感恩戴德地皆称这久违才降的甘霖为"相公雨"。《元史·张养浩传》记载："及到官，复祷于社坛，大雨如注，水三尺乃止，禾黍自生，秦人大喜。"

张养浩因这喜雨而喜不自禁，复吟曲《南吕·一枝花·咏喜雨》抒怀：

用尽我为民为国心，祈下些值玉值金雨。
数年空盼望，一旦遂沾濡，唤省焦枯。
喜万象春如故，恨流民尚在途。
留不住都弃业抛家，当不的也离乡背土。

｛梁州｝恨不的把野草翻腾做菽粟，
澄河沙都变化做金珠。
直使千门万户家豪富。
我也不枉了受天禄。
眼觑着灾伤叫我没是处，只落的雪满头颅。
｛尾声｝青天多谢相扶助，赤子从今罢叹吁。
只愿的三月霖霪不停住，
便下当街上似五湖，都淹了九衢，
犹自洗不尽从前受过的苦。

再说张养浩携一班僚属遍巡一遭，发现城内外流民不见减少，心下又悲悯起，便命有司准备搭棚舍粥济民，僚属皆曰不妥：“大人，这粥棚一设，远近的饥民必然蜂拥而至，稍后若供给不上，又如何应对那大批流民?”张养浩闻听颇不悦，质问道：“那这样，就只能任由大批灾民饿死不成?”遂先拿出自己从家来时带的银两，交与有司，命去购米。尔后在城中设三处舍粥铺，并命李宣使往来监督。一时间，流民得稍解饥。

移日，李宣使向张养浩反映，时下市上斗米值十三缗。老百姓持钱钞去米店购买，倘钞面稍有不清楚，米店掌柜的便拒收。无奈，老百姓只得去钱库兑换。而库管却只给兑换面值的一半，甚至有时这样也兑换不到，结果弄得怨声载道。

张养浩闻听了这情况，当即拍案而起，怒斥道：“竟有如此丧了良心的污吏!”随即令李宣使去纠察那些趁火打劫为非作歹、不按时给饥民兑换救命钱钞的典守者与豪吏。随后，又亲自到钱库中，检察清点出未毁尚可流通使用的钱钞，尔后令在这些钱钞背面全部盖上官印；同时又刻五贯、十贯为代银券，散发给那些贫困的饥民，并传命所有米商，但凡见到盖有官印的钱钞，就须按市价卖米给饥民，然后便可持此种钱

钞到钱库中按实际数目兑换。这样一来，那些想借灾乱营私敲诈民财的吏属便再也不敢胡作非为了。

再表在每日的巡视中，张养浩又发现瘟疫在饥民中开始滋生传染，到处能听到被疾病折磨的哀号之声。张养浩为之泣下，对僚属言道："吾辈在职忍见此乎！"遂命医囊药，分疗病危者。

这日，张倜由外面回衙署禀告自家老爷，方才在大街上听到一则惨事：西关一徐姓居民为解救自己快饿死的老母亲，竟杀了自己的幼子烹肉喂母！张养浩听了这世间罕闻事，登时恸哭起来。随后边泣边由箱中取出百缗钱，令张倜即刻送去徐家。众僚属得知，亦自觉地各捐钱济贫。

如此重灾情，光靠捐助自是杯水车薪。因此，张养浩连书上疏，奏请朝廷发放大量赈灾钱粮，同时请下输米授爵之令。奏疏中，又附诗曰《哀民苦》，叙灾情惨重状：

西风匹马过长安，饿殍盈途不忍看。
十里路埋千百家，一家人哭两三般。
犬衔枯骨筋犹在，鸦啄新尸血未干。
寄语庙堂贤宰相，铁人闻此也心酸。

请得准后，张养浩即命行台监察御史持赍檄分驰各道，告以富人大户输粟赈济陕西灾民，则授以官爵奖赏之。

正在这时，那位一直遵命忙碌奔波于赈灾诸项事务尽职尽责的李宣使，却不幸染上了瘟疫。张养浩即往视，含泪即命寻长安城中最好的郎中来给医治。最终几拨大夫先后来诊治，皆回天乏术。敬业的李宣使竟至不治逝去。张养浩扑伏大恸，彻夜不离。感念与这位可敬尽责殉职的僚属相处的这些赈灾日子里的一幕一幕，真是悲痛万分，继而含泪书成《祭李宣使文》一篇，痛悼寄以哀思：

维天历二年六月丁亥朔，越七日癸巳，资善大夫陕西诸道行御史台御史中丞张希孟，谨遣令使贾仲榦等，以清酌之奠，致祭故西台宣使李生之灵。

呜呼！人之寿夭，皆所素定，但行不愧心，顺守其正，年虽不暇，其流声于人则无穷也。

今年二月，余自历下之官西台，舟次安山，而生乘传来逆，且拜且言："驰至长清，闻公由水而西，所以追及于此，乃获瞻拜。"余见其端确卑慎，劳慰久之。时访西事，应对甚悉。凡所经过，传送供帐，辄先告集。余第受鞭而驰，舍策而憩，宴然不知身之为客，而道路之为修阻也。

路出河南，流民寖遇；抵新安、硖石，则纵横山谷，鹄形菜色，殊不类人。死者枕藉，臭闻数里。余即命生躬督主者，坎而瘗之。余年六十，生长齐鲁富庶之乡，饿殍流民，雅未尝见，一旦遇之，心酸鼻辛，不觉泪之交颐。生见余哀，往往先路而行，挥使避之，民不循途，多致颠沛。自后，余虽悲不使生见之，而生亦不知余心之为益哀也。行次华阴，宿于岳祠，时旱灾甚久，遂为文祷之，文辞甚悲。祷之夕，余自读其文，读至悲所，不觉失声，生与一二道流，亦皆哽咽。余欲驻车祠下，雨然后去。生跪而泣言："公为民之心，神已洞监，必雨乃去，无乃偪神太甚。况公家有老母，万一因是致疾，是公为民而不为母也。"余蹶然辍哀谢之，即趣其行。至华州，雨连夜不止。诘日，命生市羊一豕一，反而谢之。比回，余已视台印矣。每出阁，生必骑随。见流民与曩过无异，于是余又悲，欲命有司为粥食之。皆曰："粥诚一设，饥民必四远而至，后或不给，奈彼众何？"余曰："若然，则将听其死欤？"余遂出私镪若干，令有司诡为鬻粥者，凡三处食之，命生往来覆视，民稍宁息。后又患库钱细民艰于交易，又命生监莅，几其为奸不时给者，库各一启，病民云集。生资廪素薄，其毒恶之气乘之而入，遂感成疾，凡更数医，迄不能起。呜呼，恸哉！

生有父，为今河南省都事，余都事右司时，尝与共事，侃侃和易人也。顷走书安西，恳余指示提诲。今而若是，将何辞以复其父乎！夫生之所以得是疾者，实由余救民心锐，以生勤不惮劳，故每事命之，初不期生竟以是而不寿也。然则生之死，非其命然耶？其因余责频任数而然耶？呜呼！闻生有弟，年逾冠矣，余哀生之没于官事，将令其弟复为宣使，以慰生之不幸，以赎余之所失，以足生未遂之心，以终其父相倚托之意。若然，又未知生知乎？否乎？为有憾乎？为无憾乎？呜呼哀哉，尚飨！

李宣使之殉职，对张养浩打击过大，以致其数日悲不能寐，须发一夕雪白，瘦削脱形。僚属苦劝其辍哀弗能。而赈灾诸事务，张养浩唯无稍暇不顾，且愈加勤理。乃以此而稍期缓解对李生故去之憾失也。

且说在书童周末、长随张侗二人眼里，老爷自上任以来，整日忙碌于赈济灾民等事务，常常顾不上吃饭。更甚者，每夜必要亲自焚香祈祷上苍，常长拜数时不起。每念起灾民尚饿殍未得全救，便悲泣竟夜，如是哀痛甚焉，对年届花甲的老爷而言，岂能消受得！然孰能劝止其哀民之苦心于万一！

这晚，周末陪老爷祈祷毕，突见张养浩起身来，却险些跌倒，慌不迭地上前搀扶住老爷，急切地问道：“老爷，您哪儿不舒服？”

张养浩抬手揉了揉额头，摇摇头回道：“无妨，大概是有些劳损罢了。”

当下张养浩让书童扶着来至台署，他还要写奏请朝廷发放赈灾钱粟的折子。

且说张养浩到这陕西西行台任上，已四月有余，却一直未尝回寓所安寝，每日只在公署中，夜祷昼赈，一心只扑在赈灾救民上。书童周末瞅在眼里，痛在心中，却又不敢多加劝言。这时，见老爷不顾劳累，又伏案疾书起奏折来，只得退下来，去厨下给煮了些稀粥，然后端着复折回，却惊讶地看到自家老爷身子歪倚在太师椅上，一只胳膊无力地垂在扶手外，又瞥见那支笔竟掉落在地上。周末顿时便慌了神，急放下粥碗，疾步上前扶住张养浩，嘴中轻轻唤道："老爷！老爷！您醒醒！"良久，张养浩方醒转来，睁开双目，有些恍惚地问道："哦，末子，你怎么哭了？"周末见自家老爷从昏厥中醒来，便破涕为笑，却欲言又止了："老爷啊，您可吓坏末子了，方才您……您……"

张养浩旋即明白过来是怎么回事了，随即脸上浮出一丝淡淡的微笑，反过来安慰起眼前这位因自己突然昏迷而被吓着的忠实书童来："嗬，末子怎么变得这般胆小了，不碍事，老爷命大着呢，不过是累乏罢了，小憩一会儿而已。"说着，又猛觉一阵眼胀脑眩，想努力坐正身子，却发觉手足皆不听使唤般动不得了。张养浩心中明白问题严重，遂对周末言道："末子啊，扶我去床上躺会儿。"周末便来搀扶，一搭手便感觉比往日要费力许多，情知不妙，遂去唤来张侗，尔后二人一同搀扶起老爷，慢慢扶至床榻上躺下。周末不敢怠慢，旋连夜找来城东关一位老郎中，给自家老爷诊断。

却说这位悬壶行医数十载的老郎中给张养浩仔细一探诊，脸色便凝重起来。

张养浩睁目认出了这位老郎中，便是前番请来给李宣使医治过的那位，据说在这古城中算是医术数一数二的郎中，当下便微笑着寒暄道："原来是布大夫啊，这段时日可辛苦你了，听闻你还免费给一些患疾流民施以援手，本官在此向老先生你致谢啦！"

那布姓老郎中没想到这位行台御史中丞大人竟知道自己这么一个普通布衣，便忍不住心酸，脸上挤出笑来回应道："惭愧呀，愚乃平头百姓一个，又哪敢比得大人您为俺们老百姓琐事而勤不辞劳哟！大人啊，只是恕小老儿冒犯您尊严进劝一句了，切切要静养些时日为宜!”

张养浩听了对方这话，心中顿明了自己病情的严重性，遂微微一笑，称谢道：“多谢老先生你关心了。唉，只是眼下灾情这般严峻，你亦知道，如今疫情泛滥，几乎每日皆有饥民死亡之事发生，本官又岂能安下心来静养得住!”

“哎呀，大人啊，实不相瞒，您的身体如今虚弱至极，万不可再如往日那般奔波劳顿了!”那老郎中一时心急，竟脱口道出实情来。甫一道出，又猛觉不妥，遂惶急得不知所措来。

张养浩见状，便呵呵笑着宽慰起这位心地极善良的老郎中来：“布老先生且请勿多虑，其实本官又岂不知悉自身状况，无妨无妨!”随即示意一旁侍立的书童周末去取医资来，尔后对老郎中言道：“这么晚讨扰你来一趟，多谢啦，本官就不多留你叙话了，咱改日再聊。好，你且回去再歇息会儿吧！末子，送老先生回府去!”

接下来几日，张养浩竟起不得床来，一班僚属闻知中丞大人过劳致疾，纷纷赶至公署探望。

张养浩虽时清醒时昏厥，但一旦醒来，必先问起赈灾进展情况。这使得众僚属无不感动泪下。

再说这城乡中许多士绅得知能祈得“相公雨”给他们带来福祉的行台御史中丞大人累病了，便相约着也赶到公署来慰问探视。

张养浩躺在病榻上听知了，心下很是欣慰，随即令属下出署门去代致谢，并请这些可爱的属民不要再来。

是夜，周末等陪护在张养浩病榻前。周末遵老爷嘱，将张养浩口吟的几阕感怀灾民良善的曲词《中吕·喜春来》，执笔抄录下来：

余登华岳悲哀雨，自舍资财拯救民。
满城都道好官人。
还自哂，比颜御史费精神。

俟周末抄录毕，张养浩便给释解道："颜御史者，唐代大书法家颜真卿也。《旧唐书》其传载：'四命为监察御史，充河西陇右军试覆屯交兵使。五原有冤狱，久不决，真卿至，立辨之。天方旱，狱决乃雨，郡人呼之为御史雨。'"

周末听了，便道一句："恰如老爷您祷雨降而被这关中百姓敬称为'相公雨'呀!"

张养浩闻听，脸上浮出一丝欣慰的笑来，又道："末子，再记起——"

路逢饿殍须亲问，道遇流民必细询。
满城都道好官人。
还自哂，只落得白发满头新。

吟至此，张养浩轻轻晃了晃皓首，苦笑一下。良久，复又吟来：

乡村良善全生命，廛市凶顽破胆心。
满城都道好官人。
还自哂，未戮乱朝臣。

此刻的张养浩，又挂念起那仍处在灾荒中的流民存活来；对那些在市面上只昧心想借天灾发财坑害百姓的奸商和沆瀣一气的污吏，则深恶痛恨；而对朝廷中那些漠视灾民生死，只顾擅权误国的奸臣则更恼怒。这关中何止天灾，亦有那连年兵祸，亦真真使秦人横遭涂炭，苦之极致啊!

转而，张养浩又想起那故园的亲朋挚友来，还有那大好春光笼罩下五柳云庄的一草一木来："唉，云庄，无恙乎——!"

十年不作南柯梦，一旦还为西土臣。

空教人道好官人。

还自哂，闲杀泺湖春。

“泺……湖……春……”

周末猛听着老爷的声音变得虚弱起来，急停笔抬头往床榻上探视，登时大惊失色。

原来，张养浩已溘然长逝矣！

欲知后事如何，且看下回分解。

第二十四回
鞠躬尽瘁此心鉴　报国无私浩气存

诗曰：

天降硕才元幸甚，原来使命济苍生。
三书忠告全臣责，七聘难召辞仕程。
合义纪纲行道者，正音心曲与鸥盟。
起哉许国时艰赴，浩气存焉宇宙恒！

话说天历二年（1329）七月二十七日夜，济南云庄上空突现星光下射，映照得那遂闲堂如同白昼间光亮。张引闻家人禀报，急披衣起视，那陨光渐消失，一时惊疑不定，未知此何兆。

移日，突有随张养浩去陕西就任的家人张侗，身着一袭丧服策马归家来，乃携老爷业已病故西土噩耗归。全家人顿时哭号成一团。张公子这才猛醒悟：那陨星莅临之夜，竟恰巧是家父驾鹤西去之祭日矣！当下便放声大恸："父亲啊，原来您老人家早魂归矣！"一时又强忍哀痛，预备赶赴关中去迎回先考灵柩。

却说张养浩于任上投身于赈灾而致积劳成疾，竟至不治逝于西土。关中父老乡亲得知，皆感念这位到任之后，为他们夜祷于天昼则出赈而劳累过世的行台御史中丞大人之厚恩广德，皆如丧父母般陷入哀痛中，

纷纷拥至公署来祭奠。一时间，悲哀氤氲弥漫在这关中大地上。

“我善养吾浩然正气”，此乃亚圣孟轲的名言，而张养浩，又字希孟，盖张父为其取此名与字，乃寄予了很大的期望，希望儿子像孟子先生那般做一正直有气节的国家栋梁之材。而张公果不负殷望，幼即好学有行义，以才名著称于世，亦因之被荐于仕。为邑侯，体恤黎庶，致去后数载，民尚念其恩德而为其树碑以颂；为御史，直言敢谏，做到入则和皇上争是非，出则和大臣辩可否，以致为当国者所难容，遂致仕还乡侍亲；但逢关中大旱，却毅然受命往赴主赈灾，而甘心放弃居乡安逸之生活，最后竟为赈灾忙碌而积劳成疾，逝于这三秦大地。

如是以天下苍生为念，心怀黎庶疾苦的贤臣良官，古今又有几尊！

张公素崇敬前朝那位奉持“先天下之忧而忧，后天下之乐而乐”、大济苍生的一代贤相范文正公，赞吟之“至今忠义气，高压万仞壁”，而公自身之奉道秉义行为，不亦与前贤侪身乎！

摩诃子有诗赞曰：

贤哉张相公，少立泰山东。大志天行健，济民尽瘁躬！

话说张引携家人张侗等由山东星夜赶赴陕西。及至长安城，举目乃见遍是当地百姓为先考张养浩竖起的招魂幡，沿街搭灵棚供奉的亦皆是他老人家的灵牌。当下便不由得热泪盈眶，知三秦黎庶是那般感念亡父鞠躬尽瘁为苍生的厚恩大德。

且说，西台一班官员将已故中丞大人的二公子迎进公署，随即举行隆重的再祭奠仪式。当下告知张公子，已将张大人殉职详细上疏朝廷，呈请皇上予以追封嘉奖。张引揖谢过。

俟祭奠毕，此地官员便派人与张公子一同起张公灵柩奉归山东梓里。士民皆泣送沿途。

一路徐行，九月初二日，终于护着张公灵柩返归济南云庄。家人早已事先将两年前卒而下葬的郭夫人墓穴开启。在举行了隆重的下葬仪式后，张引等子侄辈，一起将张公灵柩与郭氏灵柩合葬在一穴中。

是日天降小雨，分明是上苍亦在为这一代贤相魂归梓里而洒下伤心泪矣。

至顺二年（1331），元廷赠摅诚宣惠功臣、荣禄大夫、陕西等处行中书省平章政事，柱国，追封滨国公，谥文忠。

张公门生，时任翰林侍读学士张起岩奉敕，为恩师撰神道碑铭，兹录下以缅怀贤哉张公：

大元敕赐故西台御史中丞赠摅诚宣惠功臣荣禄大夫陕西等处行中书省平章政事柱国追封滨国公谥文忠张公神道碑铭

天历二年己巳秋七月廿七日，陕西诸道行御史台御史中丞济南张公薨于位。奉元士民感公之德，里巷聚哭，绘素以祭，导送归柩，络绎相属于途，群有司大夫士执绋郊送，靡不挥涕痛悼。文而知公者为祭文挽诗；台察仪曹为之请谥，章疏交上。

越至顺二年，天子遣使观四方民风。使者还，疏言陕西兵荒之余，储蓄一空，饥疫相仍，死亡流散，而张中丞独任台事，区划荒政，极力殚虑，闵民之穷，苦泣忧思，感疾以卒。耆老扶携，数十百人，具其行迹，请加褒赠，以慰其死。于是，制赠公摅诚宣惠功臣、荣禄大夫、陕西等处行中书省平章政事，柱国，追封滨国公，谥曰文忠。

今皇上即位之三年三月廿三日，诏翰林臣起岩撰碑铭，奎章臣巙巙书其文，臣师简篆碑额。臣起岩伏惟生与文忠同里

闬，为乡后学。应进士举，文忠为侍郎，实考会试，为门生。兹承诏属笔于臣，臣曷敢辞。

谨按：公讳养浩，字希孟，姓张氏，先世济南章丘人。大父奠居济南，遂为济南人。大父讳山，累赠中奉大夫、行中书省参知政事、护军，追封清河郡公；父讳郁，累赠资善大夫、行中书省右丞、上护军，追封清河郡公。祖妣苗氏、杨氏，妣许氏，并清河郡夫人。继母尚氏，清河郡太夫人。右丞三子，公其季也。质魁伟重厚，幼岁岿然如成人。初入小学就读，即晓悟如夙习，不数年，大通经史旨趣。于书务无所不窥，每诵读至夜深，未曙起续读。大父虑其勤或至疾，戒毋恒诵，入夜弗与灯，公匿灯屏处，候大父就寝，以衣服蔽窗，举灯取书，默诵不辍以为常。年十七八，以才隽闻。甫逾冠，部使者荐之，遂计偕入京。

时太傅鲁国康里文贞公以平章居政府，方汲引多士，公袖书往谒，一见许以国士，辟掾礼部。一时名人，如缑山陈文靖公，牧庵姚文公，中庵刘文简公，皆为知己。转掾御史台，有幞官为台臣所诋，奋然去职，间日复出视事，公以廉耻大节面数之，或者以为侵官，公历引故事以辩，众不能屈。辟丞相院知管差，除为东昌堂邑尹。知管差除掾满，例得朝官，公素有时名，顾乃出宰外县，官复七品，人谓公将不平。公欣然曰："县近民，而堂邑大县，生齿数十万，今以畀予，儒之效或得以利夫人，固所愿也。"至官，以四知榜其堂，清心涤虑，思所以施之政者，起而行之。利兴敝革，扶植善良，紧戢凶暴，尤无良者杖杀之，强宗豪民，皆重足立。王邸使者及漕卒过其境，不敢肆暴。于刑狱审察研究，得真杀人者寘之法，复能化为盗者改悔为平民。旱乾水溢，有祷即应，不再岁，县以治最闻。去官七年，民思之，为刻石纪其政。

仁皇在春宫，召为太子司经，阶奉训大夫，未至，改太子文学。俄拜监察御史。时方立尚书省，立又言其变更法度，易置官府，将厉天下，遂诣肃政堂扬言曰："台察，所以制治也，今尚书生横恣，御史言之，抑而不闻，何哉？昔桑葛事败，世祖皇帝切责台臣不先事言，今若复尔，将恐他日无以辞责矣。"未几，尚书省奏除御史大夫、中丞、侍御史。公喟然曰："是尚可为哉？"称疾不出，犹疏时政之敝，上之几万言。于是柄政者深衔之，奏改翰林待制。不数日，诬以罪黜，且谕台院永不录用，犹未慊也，复欲中以他事。人皆为公忧，密告之，故趣使避之。公乃诡服亡去。数十日，朝士大夫过其门，不敢正视。尚书省罢，公乃还。

仁宗皇帝御极，首拜中书右司都事。一时发号施令，更革庶务，公预图回，知无不言，言复无所顾忌。人亮其诚，所言皆见之行。擢翰林直学士，寻奏代秘书少监。贡举初立，转礼部侍郎。明年进士集京师。或谓试之严，可得真材。公曰："场屋废且百年，一旦急之，得士必不广，恐沮后来。"竟议如公策。而不第者，皆赐秩有差。改陕西行台治书侍御史，省臣重其去留，再任。延祐四年，拜右司郎中。未几，升礼部尚书。先是，拟一某官为尚书。上不怿，曰："春官大宗伯，须用读书人。"数日奏公，上曰："斯其人矣！"詹事院奏，拟太子谕德，上不允。借参议赠左丞元文敏公明善，知延祐五年贡举。

英宗初年，拜参议中书省事。时右丞相以疾不赴，中书事皆决于左丞相东平忠宪王拜住。公竭诚匡赞，言无隐情，临事处之泰然，猜疑不恤也。尝都堂会食，因言："与人交，食其食，至于再三。他日，其人有托于我，犹必竭蹶应，况国家以高爵厚禄盛馔待吾辈，其所报效，当如何哉？”且历举某人可用，某人不可用；某事可行，某事不可行，丞相深以为然。

明年正月，留守臣奏请，元夜构灯山大内，如武皇时。命下，公蹙然曰：“圣上初政，宜辅以节俭，奈何示天下以侈？”归，闭阁草疏以闻。大略以谓：世祖临御三十余年，每值元夕，闾阎之间灯火亦禁，况阙庭之严，宫掖之邃，尤当戒慎。今灯山之构，臣以为所玩者小，所系者大；所乐者浅，所患者深。伏愿以崇俭虑远为法，以喜奢乐近为戒。上览其奏大喜，趣罢灯山，辍少府钱五千贯赐之。丞相曰：“彼位亚执政，职所当言，重赏恐未必受。不若赐上币，使衣之，以旌忠直。”上可其奏。中外翕然，咸谓谏诤路辟，由公启之。

时，右丞年且八十，公坚请还养。右丞疾，公侍汤药不去左右。以吏部尚书召，辞。右丞以天年终，执丧哀毁，葬祭一遵古礼，结庐墓次。明年，再以吏部尚书起，公复力辞。服阕，以中奉大夫、太子詹事丞兼经筵官召，行次通州，以疾还。即茔所别墅构遂闲堂，名所居曰云庄。所居境亦清旷，溪山映带，林木荫翳。北华不注山、鹊山，若对立拱揖。即前阜为亭，曰绰然。面南山，俯清流，凿池其中，名云锦。杂植荷芰菰蒲，奇石竹树垂柳，为湾碕钓台。亭之左为处士庵，后雪香园。公尝衣长衫、幅巾檐帽，曳杖行吟，逍遥自得。舞鹤驯鹿，导从后先，人望之如神仙。客至，觞咏终日，或清谈，亹亹忘倦。安于隐逸，若将终身者，不知前日之显达也。除江北淮东道肃政廉访使，不起。两以翰林学士召，辞益坚。

文宗皇帝入缵大统，改西台中丞，仍资善大夫。命下，公幡然曰：“吾退处丘园，七辞聘召。闻西士民饥殍流亡，忍不起而拯救哉!”乃治装就道殣，抵新安硖石，遇流民顿踣相属，为解行囊周其老疾者，不告以姓。驻车临瘗道殣。见食草根树皮者，亲取尝之。有弃儿收载车中，畀善类养之。过华岳祠，作文祷雨，自读其文，至“民饥而死”等语，涕泗被面，从者观者，皆为沾襟。时久不雨，忽阴晦变，赤色下射，民尽骇。夜乃大雨，雨二日。四月二日，至西台。既视事，同僚张乐宴公，公却之曰：“此岂为乐时耶!”即祷雨社稷坛，太一灵湫，雨复沛，满三尺，禾黍皆自生，秦人谓之“相公雨”。然乱略甫定，帑廪耗竭，民饥而疫，哀号告乏，有司罔知赦济。货易弗通，斗米价十三千，钞或昏漫，粜者弗售。民持昏钞至行用库，累日不得易。典守者结豪吏，易十得五，民用大困。公责所司监商粜米，民得以昏钞籴。复出库本易之，又刻印帖为五贯十贯二等给穷人，俾转鬻于易昏钞者，偕昏钞持以易库验印帖之数，即如数易之，以革典守结构之敝，而穷人得钱自养。又覆库储未毁之钞，其文可验而施之用者，廿一万七千五百锭有奇，刻朱印志其背，赈乏绝家八十缗。命库司他日视志即易，于是户得钞而食得续。人赖公更生焉!累疏于朝，请大发钱粟及下输米授爵之令。既得请，分命御史驰驿赍檄，走各道劝民，输粟价之陕西；命医囊药分疗病者；又即僧寺煮粥以食馁乏；道途弃稚，责诸富人里长月给其食；穿大冢聚瘗馁疫死者，自为文临祭，而野无暴胔。专御史分察救荒官吏，或驰慢者挞于市；有大官梗其事，抗章击去。民有杀子以供母，公闻之大恸，辍己钱百缗与之。行省臣曰：“吾辈在职，忍见此乎?”而省臣亦各与钱如公数。公又出钱千五百缗，及斥台所有金银器皿，臟罚诸钱四千一百余锭，以佐赈济。自始至即寝处台中。旦起理荒，矻矻无顷刻暇。夜则露香拜祷，泯不言笑，时复泣下，由是致疾。迄至薨逝，年甫六十。先是奉元鼓楼梁栋自坏，而济南家庭一夕有光如星，自天而下，家人莫知其何祥也。逮讣至，寔公卒之日。既而公之丧至。九月二日，孤子引葬公先茔，从昭穆也。夫人郭氏，前公二年卒，至是合祔焉！

公既薨，朝廷如所请，出钞百万余锭，暨授爵之钱米，商贩之米大集。岁熟，而病者苏，民茁然有生意，而公不及见矣。西台咨询舆论，镌石纪德，列之通衢。侍御史郭公思贞之文也。公正大刚方，磊落有大节。早有能诗声，每一诗出，人传诵之。好学不倦，自幼至老，未尝一日废书，祁寒暑雨不辍也。诗文浑厚雅正，气盛而词达，善周折，能道人所欲言。其家居，四方求铭文序记者踵至，贽献一不受也。读书务施实用于时。恒以古人自期，深居简出，不屑细务。所与往还，皆名公钜卿。泊于世味，不汲汲于进，故掾礼曹者五年。掾东曹日，不挟艺炫能，若不事事者，而其中凛然，不可干以私。及为政，以力行所学自任。勇于为义，疾恶如仇，不铲刮根蘖不止也！

在官三十年，心未尝不林壑，其自号曰齐东野人，别号顺庵，晚号云庄老人，可见其素志矣。一日思亲，即弃官以归。与人语及闲适之乐，喜色津津见于颜间。好引接后学，称其善如己出。晚生后进经公指授者，作文皆有法云。平日节俭自处，人或病其吝。至于周穷恤匮，复无所靳惜。比西行，出家所有，散施乡里之穷者。其家旧所储蓄，皆以推其兄子。迄终身，言未曾及其善。士数丧不能举，捐赀五千缗助其葬。创闵子书院，起乡贤祠，与钞百锭为之倡。他所施予，多类此。

其著述有：《经筵余旨》《牧民忠告》《庙堂忠告》《风宪

忠告》《卫圣编》，其曰《归田类稿》四十卷。曾置义田，衣食乡族之贫者。又欲建学云庄，收召四方愿学之士，期以西归为之。呜呼已矣！

公兄二人，长英，次塞，皆先卒。二子，长强，早有名，年二十二卒，清河郡夫人郭氏出也；次引。

铭曰：

天降硕材，世盖可数；生岂徒然，与休明伍。
公生盛时，间气萃精；浑厚恢宏，嶷然天成。
早悦古学，忘情禄仕；休休其心，时时行止。
暂试所长，已据要津；匪华其身，唯以悦亲。
疾恶若仇，义形于色；见善乐为，勇不遗力。
兰省荣达，时望所倾；委而去之，浮云之轻。
公归承颜，菽水亦乐；整我旧读，安此林壑。
云卧山房，聘使七来；岂伊显名，易余旷怀。
文皇御天，闵民疲瘵；俾之执法，西顾攸赖。
公曰起哉，民残时艰；如拯溺焚，身遑暇安。
皤然云迈，言苏其瘼；厥或劝留，去意莫夺。
祷雨华山，矢词揭虔；诚感岳灵，膏泽沛然。
发帑振乏，储药起病；掩尸于坎，畴不奔命。
请恩天朝，罄官所储；索及私装，劝分无余。
民未属餍，公悲曷已；民方宁止，公疾不起。
荩臣许国，虑患以周；职思其忧，岂其身谋。
公殁尽瘁，名则在世；帝赐碑铭，臣忠是励。
词臣承诏，纪实扬芳；阅千百年，休有烈光！

后学摩诃子致哀铭文曰：

同里后学，荣焉拜书。文忠贤公，耀鲁光殊。
生平大概，义贯天衢。博学硕德，声名载誉。
忧国惟忠，直谏累疏。悯民亦深，捐资有余。
正音为曲，心声唏嘘。云庄憩间，禾田亲锄。
休居安逸，甘老一隅。甫闻民难，登车就途。
祷雨于夕，昼则赈予。哀民大恸，悲以致虚。
积劳成疾，竟眠弗苏。呜呼哀哉，地唤天呼。
七百年后，拜谒愧余。奉敬前贤，光明与俱。
浩然正气，恒贯太虚。应慰盛世，庚展宏图！

后记

拙作长篇历史章回小说《张养浩》付梓之际，恰接到一份邀请，参加中共济南市委宣传部同天桥区委、区政协主办的“纪念张养浩诞辰750周年学术研讨会”，协办方为柳云社区，张养浩致仕归里处——云庄，正是其前身。如今位于该社区的张养浩墓已是山东省级文物保护单位。是时应邀赴会，与一班张养浩研究专家暨来自全国各地的张养浩直系后裔共同缅怀前贤文宗，幸甚之至。

文学有文脉，循文脉上溯，穿越时空，与前贤神交，通过其文学作品，走进其内心世界，此过程之雅乐，颇愿与人分享，正所谓“独乐乐不如众乐乐”。这正是作为小说《张养浩》作者的心愿和期许，且在应邀参会期间，亦真真享受到了此间乐趣，甚为欣慰。彼时是，此时是，它时希望亦是。同时，也衷心期盼各位方家对拙作提出宝贵意见，不吝斧正，在此先揖谢过。学心明鉴，是为谨记。

曹恒灏

于琴岛摩诃斋

2020年12月